Kinder & Vergangenheit, Gegenwart, Zukunft

Klett | Kallmeyer

Rita Rohrbach, geb. 1951, zwei Kinder und neun Patenkinder, hat als Lehrerin 19 Jahre an verschiedenen Schulen vom Primar- bis Sekundarbereich Erfahrungen im historischen Lernen und Lehren gesammelt. Seit 1993 bereitet sie am Institut für Didaktik der Geschichte der Justus-Liebig-Universität Gießen (JLU) Studierende auf das Lehramt vor, hier besonders für die Grundschule. Rohrbach ist Autorin von Fach- und Schulbüchern und Gutachterin an Institutionen, die sich mit der Planung und Ausführung von Sach- und Geschichtsunterricht befassen.

Kontakt: Rita.Rohrbach@geschichte.uni-giessen.de

Bibliografische Information der Deutschen Nationalbibliothek
Die Deutsche Nationalbibliothek verzeichnet diese Publikation in der Deutschen Nationalbibliografie; detaillierte bibliografische Daten sind im Internet über http://dnb.d-nb.de abrufbar.

Impressum

Rita Rohrbach
Kinder & Vergangenheit, Gegenwart, Zukunft

1. Auflage 2009

Das Werk und seine Teile sind urheberrechtlich geschützt. Jede Nutzung in anderen als den gesetzlich zugelassenen Fällen bedarf der vorherigen schriftlichen Einwilligung des Verlages. Hinweis zu § 52 a UrhG: Weder das Werk noch seine Teile dürfen ohne eine solche Einwilligung eingescannt und in ein Netzwerk eingestellt werden. Dies gilt auch für Intranets von Schulen und sonstigen Bildungseinrichtungen.
Fotomechanische oder andere Wiedergabeverfahren nur mit Genehmigung des Verlages.

© 2009. Kallmeyer in Verbindung mit Klett
Friedrich Verlag GmbH
D-30926 Seelze-Velber
Alle Rechte vorbehalten.
www.friedrich-verlag.de

Redaktion: Dirk Haupt, Leipzig
Realisation: André Klemm
Druck: Mundschenk Druck- und Verlagsgesellschaft mbH, Soltau
Printed in Germany

ISBN: 978-3-7800-1040-7

Nicht in allen Fällen war es uns möglich, den Rechteinhaber ausfindig zu machen. Berechtigte Ansprüche werden selbstverständlich im Rahmen der üblichen Vereinbarungen abgegolten.

Kinder & Vergangenheit, Gegenwart, Zukunft

Was Erwachsene wissen sollten

Rita Rohrbach

Meinen Töchtern Lena und Alissa
sowie meinen ehemaligen Schülerinnen
und Schülern

„Jeder Augenblick, den wir durchleben, verdankt dem
vorangegangenen seinen Sinn. Gegenwart und Zukunft
würden wesenlos, wenn die Spur der Vergangenheit aus
unserem Bewusstsein gelöscht wäre."
(Klaus Mann: Der Wendepunkt)

„Neues ist nicht möglich ohne viel Altes; Zukunft braucht
Herkunft." (Odo Marquard: Zukunft braucht Herkunft)

Klett | Kallmeyer

Kinder & Vergangenheit, Gegenwart, Zukunft
Was Erwachsene wissen sollten

Kapitel 1
6 „Du wärst jetzt mal die Prinzessin und ich der Ritter ..."
Kinder suchen vergangene Erfahrungen

Kapitel 2
10 „Geschichte ist, als wir noch Affen waren"
Vom einem ersten Geschichtsbild zu Orientierungen durch Geschichtsbewusstsein

Kapitel 3
24 „Die Saurier, die lebten in der Steinzeit"
Die Zeit erschließen

Kapitel 4
47 „Ich hab ´ne Lego-Burg ..."
Wo und wie Kindern Geschichte begegnet, Teil 1

Kapitel 5
60 „... und ich hab fünf Bücher über Ritter!"
Wo und wie Kindern Geschichte begegnet, Teil 2

Kapitel 6
71 Kinder kennen Asterix und Obelix, aber nicht die Kelten
Was Kinder schon wissen und was Kinder wissen wollen

Kapitel 7
78 „Reform, das kommt von Reh!"
Vom Wissen zum historischen Verstehen. Was sich Kinder erschließen und wie wir ihnen dabei helfen können

Kapitel 8
91 **„Die Maria Merian, die hat sich alles getraut"**
Lernen an Biografien: Fremdverstehen fördern und die Suche nach Erfahrungen unterstützen

Kapitel 9
98 **„Machst du was mit uns darüber?"**
Was Kinder schon können und wie sich darauf aufbauen lässt

Kapitel 10
111 **„Geschichte in der Grundschule? Gibt`s doch gar nicht!"**
Orientierung und Bildung: Aufbauende Kompetenzen und Inhalte für den Elementar- und Primarbereich

Kapitel 11
120 **„Wann der Krieg beginnt, das kann man wissen. Aber wann beginnt der Vorkrieg?" (Kassandra)**[1]
Orientierung und Bildung: Die Stillen und Großen Fragen

Kapitel 12
142 **Mit Zuversicht in die Zukunft gehen**
Ein Brief an Moritz und Emma mit einem Dank und vielen guten Wünschen für die Zukunft

146 **Anmerkungen**

Edward Burne-Jones (1833-1898): Portrait von Katie Lewis, 1886, Mallett Gallery, London

KAPITEL 1

„Du wärst jetzt mal die Prinzessin und ich der Ritter ..."

Kinder suchen vergangene Erfahrungen

Wie können Erwachsene Kinder im Alter von drei bis zwölf Jahren im Umgang mit der Vergangenheit unterstützen? Brauchen Kinder, die Geschichte noch mit Geschichten verwechseln, überhaupt die Auseinandersetzung mit der Vergangenheit? Hilft ihnen diese eventuell, ihre Gegenwart und sogar Zukunft zu verstehen oder zu bewältigen? Dieses Buch möchte Erwachsene unterstützen, Kindern auf ihrem Weg in die Zukunft ein kundiger Begleiter zu sein.

Viele Kinder können mit dem Begriff „Geschichte" nichts anfangen, aber sie haben Vorstellungen von „früher". Sie wollen spielen wie „gestern" und sagen „morgen", weil sie unsicher im Gebrauch von Zeitbegriffen sind. Im Spiel sind sie Piraten, Prinzessinnen und Ritter, sie basteln Schwerter und Kronen, bauen Burgen und entziffern Hieroglyphen. Sie spielen die Vergangenheit und üben für die Zukunft. Zu Kindergeburtstagen bekommen unsere Kinder die wunderschönsten Kinderbücher und teure Lego- und Playmobilfiguren zu historischen Themen geschenkt – sie werden gebraucht und genau so geliebt! Auch das lesende Mädchen auf dem Bild braucht und liebt Geschichten und Geschichte, es ist Katie Lewis im Alter von acht Jahren. Vom Vater des Mädchens und vom Maler Edward Burne-Jones wissen wir, dass Katie die Legende vom Heiligen Georg liest, dem Drachentöter. Das Bild wurde 1886 fertiggestellt. Seitdem hat sich im Bedürfnis der Kinder nach Unterhaltung und Orientierung durch Geschichten und Geschichte *nichts* verändert und *alles* verändert.

Was bedeutet diese widersprüchliche Behauptung?

Schon immer waren und sind Kinder umgeben von Geschichte, waren und sind fasziniert von Erzählungen über Vergangenes, suchten und suchen in den Erzählungen nach Spannung und gedanklicher Teilnahme an den abenteuerlichen Erlebnissen der Heldinnen und Helden. Schon immer lebten und leben Kinder in einer sich verändernden Kindheit. Schon immer wussten und wissen Kinder von Herrschaft und Krieg, von Flucht und Vertreibung, von Arbeit und Arbeitslosigkeit.

Aber: Noch nie hatten Kinder so umfangreichen Zugang zur Geschichte, sogar zur erforschten Geschichte. Noch nie gab es exklusiv für Kinder so viele Bücher, Filme, Spielsachen, Computerspiele, Ferienspiele oder Ausstellungen mit historischen Inhalten. Noch nie hatten Kinder so einfachen und unkontrollierten Zugang zu Wissen, auch Wissen exklusiv für Erwachsene. Und: Kinder nutzen diese Möglichkeiten.

Kinder suchen Geschichte! – Warum?

- Kinder suchen nach Unterhaltung und Teilhabe an Abenteuern.
- Kinder suchen nach Hintergrundwissen für ihre selbst gestalteten Rollenspiele.
- Kinder suchen nach Vergewisserung und Bestätigung zu ihren gegenwärtigen Handlungen.
- Kinder suchen nach Wissen: Wissen über die Familie und kulturell verfügbares Wissen.
- Kinder suchen nach Erfahrungen im Umgang mit Furcht und Macht. Im Spiel wollen sie sich fürchten, um die Furcht und den Machtmissbrauch zu besiegen. Sie wollen zukünftig unverletzbar und mächtig werden.
- Kinder suchen nach Teilnahme an Erfahrungen mit dem Tod. Sie wollen das Leben erproben und den Tod besiegen.
- Kinder suchen nach Identifikation und Identität.
- Kinder suchen nach Deutung.
- Kinder suchen nach kulturellen Ordnungsmustern und Orientierungen, um in der Gegenwart heimisch zu werden.

Kinder suchen auch das „Beispiel" in der Geschichte, sie suchen nach Gleichheit und Unterschiedlichkeit von Erfahrungen und erhoffen sich Orientierung für ihr Leben in einer immer komplizierter zu verstehenden Gesellschaft mit einem Überfluss an Informationen. Die alte Diskussion, ob Kinder überhaupt Geschichte verstehen können, muss hier nicht geführt werden: Kinder des Elementar- und Primarbereichs hatten schon immer und haben noch immer die Geschichte für sich entdeckt. Im Spiel erarbeiten sie sich die Erfahrungen der Menschen aus der Vergangenheit. Wollen wir die Kinder nicht den Medien und den geschichtskulturellen Einflüssen der Straße überlassen, müssen wir ihnen Gesprächs- und Arbeitsangebote machen.

Nachdenken über Geschichte im historischen Lernen

Kindern einen Zugang zur Vergangenheit zu geben heißt nicht, sie mit Fakten zu versorgen, sondern sie zu beobachten, sie in ihrem Entwicklungsstand abzuholen und sie zu ermutigen, mit uns und untereinander zu historischen Themen ins Gespräch zu kommen, zuerst in der Familie, später in Kindergarten und Schule. Wir beobachten ihre kindlichen Rollenspiele und ihre vielfältigen, oft fragmentarischen historischen Kenntnisse und frühen kulturellen Erfahrungen und verbinden sie mit neuen Anregungen.

Mit der Ausformung ihrer Sprache entwickeln Kinder Vorstellungen von neuen Begriffen und sie entwickeln Geschichtsbilder. Wir helfen ihnen, damit aus Geschichtsbildern ein reflektiertes Geschichtsbewusstsein angebahnt werden kann. Dazu gehört als erstes eine Orientierung in Zeit und Raum, eine Hauptforderung aller Lehrpläne der Bundesländer (Kap. 2, 3, 9, 10). Im vorliegenden Buch lesen Erwachsene, wo und wie Kinder erste Erfahrungen mit der Vergangenheit machen (Kap. 2, 3, 4, 5), was Kinder schon wissen, wissen wollen und verstehen (Kap. 6, 7, 8), was Kinder können (Kap. 9) und was Kinder wissen sollten (Kap. 9, 10, 11, 12).

Über manche Themenvorschläge werden Sie anfangs vielleicht erschrocken sein: Mit Kindern über Krieg, Flucht und Nationalsozialismus sprechen? Ist das überhaupt nötig? Und wenn – wie macht man das (Kap. 11, 12)? Wenn wir da den Begriff „historisches Lernen" statt „Geschichtsunterricht" verwenden, dann drückt dies aus, was wir heute unter angeleitetem Lernen zur Geschichte verstehen:

- das gemeinsame Nachdenken über vergangenes Handeln und Leiden: Geschichte ist und sollte ein Denkfach sein;
- die Begleitung und Förderung der Entwicklung des kindlichen Geschichtsbewusstseins mit dem Ziel, zur Orientierung in Vergangenheit, Gegenwart und Zukunft beizutragen;
- die Vermittlung der Erkenntnis, dass unser Wissen über Vergangenes immer rekonstruiert ist, dass es also „die" Geschichte nicht gibt.

Johannes, 5 Jahre. Diese Zeichnung drückt den Wunsch vieler Jungen nach Kenntnissen über Menschen der Vergangenheit aus, die Macht hatten oder in Angriff/Verteidigung verwickelt waren. Johannes hat einen römischen Offizier gezeichnet, der auf seinem Helm einen Federbusch trägt.

Wie dieses bei aller Verschiedenheit der Kinder in einer multiethnischen Gesellschaft gehen kann, wie nicht bereits „Gedachtes" gelernt, sondern das „Selber Denken" über vergangenes Handeln und Leiden geübt werden kann, möchte dieses Buch zeigen. Es soll ein Buch für Eltern, Großeltern und andere Betreuende sein, ein Buch für Erziehende und Lehrende im Elementar- und Primarbereich.

In diesem Buch sind meine eigenen Erfahrungen mit Kindern aus über 20 Jahren Unterricht und die von Kolleginnen und Kollegen genauso eingegangen wie die Ergebnisse theoriegeleiteten und forschenden Arbeitens zum kindlichen Lernen. Viele Anregungen und Ergebnisse von Untersuchungen verdanke ich ehemaligen Schülerinnen und Schülern sowie Studierenden, die jetzt engagierte Lehrende für das historische Lernen in den ersten sechs Schuljahren sind.

KAPITEL 2
„Geschichte ist, als wir noch Affen waren"
Von einem ersten Geschichtsbild zu Orientierungen durch Geschichtsbewusstsein

Eine Studentin sagt zu ihren beiden Kindern: „Ich gehe jetzt in die Uni. Heute lerne ich was über Geschichte. Wisst ihr, was Geschichte ist?"
Maria, sieben Jahre, zum jüngeren Bruder hingewandt und stolz auf ihre Antwort: „Ja, Geschichte ist, als wir noch Affen waren …"
Tim, vier Jahre alt, erschrocken: „Da kann ich mich gar nicht mehr dran erinnern!"

Vom obigen Gespräch mit ihren beiden Kindern berichtete eine Studentin in einer Seminarveranstaltung. Wir Teilnehmer hatten viel Freude an diesem Bericht und versuchten uns zu erinnern, welches unsere ersten Vorstellungen, also „Bilder" von Geschichte waren. Geschichte, das ist für Maria unendlich weit weg. Sie hat schon Schnipsel der Evolutionstheorie aufgeschnappt und verbindet sie mit einer Erklärung zum Begriff Geschichte. Tim kann sich, seinem Alter gemäß, die vergangene Zeit nur als selbst erlebte Zeit vorstellen. Er kann sich nicht erinnern, dass er und seine Familie früher wohl mal Affen ge-

Moritz, 5 Jahre alt, hat das Wikingerschiff mit Rudern und Schilden gemalt. Charlotte, ebenfalls 5 Jahre alt, hat sich beim Malen wie eine Prinzessin auf einer Burg gefühlt. Beide Zeichnungen sind typisch für die Geschichtsbilder und Geschichtsinteressen von Kindern im Elementarstufenbereich.

wesen sein könnten, hält es nach der Erklärung seiner Schwester nun aber für wahrscheinlich. Er glaubt, was seine Schwester erzählt, schließlich ist sie ja schon größer. Das bedeutet in seiner Vorstellung, dass sie älter und damit auch wissender ist. Tim ist erschrocken über das Bild, das in seinem Kopf entsteht. Es wird ihm Angst gemacht haben, Angst, wie vielen Gleichaltrigen die Vorstellung vom Tyrannosaurus Rex.

Fragt man Drei- und Vierjährige nach „früher", dann erzählen sie oft von „Dinos". Die Zeit der Saurier ist für die Kindergartenkinder besonders spannend, aber auch besonders ängstigend. Die Kinder „sehen" ausbrechende Vulkane und Fleisch fressende Giganten. Zum Ende der Kindergartenzeit ändert sich dieses Geschichtsbild. Das Geschichtsbild der Fünf- bis Achtjährigen ist belebt von Indianern und Cowboys, von Rittern und Drachen, von Kaisern und Prinzessinnen, von Guten und Bösen, von Piraten, Wikingern oder von Hexen. Von jeder dieser Figuren haben die Kinder sich ein Bild gemacht. Erweitert werden diese Bilder durch Bücher, Filme, Kindergartenprojekte, Sach- und Religionsunterricht, Ferienspiele, Kinderfasching und anderes mehr.

Aneignung von Grundorientierungen

Im selbst gewählten Rollenspiel oder in ihren Berichten machen Kinder ab fünf Jahren deutlich, dass ein Indianer edel, aber machtlos war und der Cowboy ein Gewehrträger. Eine Prinzessin war schön wie Lillifee, aber gefährdet und musste gerettet werden. In diesem Alter wollen sie wissen, wie wer oder was ist: gut oder böse, gerecht oder ungerecht, mächtig oder schwach? Die Kinder bauen sich ein Orientierungssystem und somit Einstellungen auf, die sich in ihrem Alter schnell verfestigen können, wenn sich die Einstellungen nur in emotionalen Prozessen entwickeln. Von den größeren Kindern oder den Erwachsenen erwarten die Kinder eine eindeutige Antwort auf ihre Fragen nach der Bewertung von historischen Personen und Handlungen. Die Vorstellungen der Kinder sind so konkret, dass sie sie malen und spielen können und immer wieder wollen – und hoffentlich auch dürfen. In der Vergegenwärtigung durch Malen und Spielen wird Geschichte für sie zum Übungsfeld für Handlungs- und Haltungsentwicklungen. Bald werden sie sich die Antworten auf ihre Fragen selbst geben. Die Geschichtsvorstellungen der Acht- bis Zwölfjährigen sind weniger klischeehaft als die der jüngeren Kinder, aber je nach Sozialisation und dem damit verbundenen Zugang zu Wissen und familiärer Förderung sehr unterschiedlich. Manche der Grundschulkinder haben sich ein umfangreiches Wissen zu einzelnen historischen Themen zugelegt und haben eigene Strategien zur Einordnung entwickelt. Sie kennen alle Indianerstämme und Saurierarten auswendig und diskutieren untereinander die neuesten Forschungstheorien dazu. Andere Kinder wissen bereits von Hitler oder kennen aktuelle Krisengebiete u.a. durch die Medien, aber auch durch ihre Klassenkameraden.

Die Themen, über die nachgedacht wird, sind nun auch aus der nahen Geschichte. Die Kinder können zunehmend die Vergangenheit auf die Gegenwart beziehen und verstehen, dass Geschichte ihre Gegenwart geprägt und etwas mit ihnen zu tun hat. Sie reflektieren ihre eigenen Veränderungen. Sie erinnern sich an Erfahrenes und lernen aus den Erinnerungen ihrer Vorfahren. Sie provozieren Erzählungen von Großeltern und Eltern über Schule und Arbeit früher, aber auch über den Ersten und Zweiten Weltkrieg. Sie machen die Erfahrung, dass Geschichte unterschiedlich erzählt wird und üben sich in Deutungen. Auch lernen sie, dass manche Erzählungen „Legenden" sind, also erfunden, und dass andere wahr und belegt sind. Ihr Gefühl für die historische Zeit wird sicherer, sodass sie eigene Einordnungen vornehmen und erkennen können, dass sich manches verändert und anderes gleich bleibt. Die Kinder legen ihr statisches Geschichtsbild ab und sind auf ihrem eigenen Weg zu einem individuellen **Geschichtsbewusstsein**, aus dem sie ihr Selbstkonzept und ihre Identität entwickeln.

Grundorientierungen durch Kategorien des Geschichtsbewusstseins

Geschichtsbewusstsein wird als ein „Zusammenhang von Vergangenheitsdeutung, Gegenwartsverständnis und Zukunftsperspektive"[1] verstanden. Etwas über die Vergangenheit zu wissen, ist allein noch keine Hilfe für Kinder. Wichtig ist, dass sie die Vergangenheit deuten und verstehen lernen, ihr also einen Sinn geben können. Zuerst in ihrer Familie, später dann in Kindergarten und Schule entwickeln die Kinder ein Bezugssystem, das ihnen hilft, ihr Wissen und ihre Wahrnehmungen zur Vergangenheit einzuordnen und für das Verständnis der Gegenwart und für ihre Entscheidungen zur Zukunft zu nutzen. Es ergeben sich für uns Erwachsene die Aufgaben, das Geschichtsbewusstsein der Kinder wahrzunehmen, auszubauen und so zu fördern, dass sie zu mündigen Erwachsenen reifen können, die ihren Platz in der demokratischen Gesellschaft einnehmen und verteidigen werden.

Der Geschichtsdidaktiker Hans-Jürgen Pandel hat gut zu nutzende Kategorien entwickelt, die Erwachsenen helfen können, das Geschichtsbewusstsein von Kindern zu beobachten, einzuordnen und weiterzuentwickeln. Das Geschichtsbewusstsein trennen wir in die Bereiche der Geschichtlichkeit und der Gesellschaftlichkeit (siehe Kasten). In diesen beiden Bereichen bildet sich für die Kinder ein Bezugssystem aus, das ihnen eine Orientierung in der Zeit ermöglicht, ihnen hilft, ihren Platz in der Gesellschaft zu finden und Identität zu gewinnen.[2] Es hilft ihnen, Deutungen und Mythen zu erkennen und schützt sie somit vor Manipulationen.

In der Schule ist es der Sachunterricht, der es sich zur Aufgabe gemacht hat, zur Aufklärung der kindlichen Lebenswelt beizutragen.[3] Der Sachunterricht trägt mit seinen herausfordernden Themen den Gesamtunterricht. Die Themen des Sachunterrichts fordern die Kinder dazu heraus, zu den Inhalten zu lesen, zu erzählen, zu schreiben, zu diskutieren, zu zeichnen, zu planen, auszustellen u.a.m. Teil des Sachunterrichts ist das historische Lernen, in welchem besonders der Vergangenheits-, Gegenwarts- und

Grundorientierungen	Gegenseitige Integration von
Bereich der Geschichtlichkeit	
Temporal- oder Zeitbewusstsein	früher – heute – morgen
Wirklichkeitsbewusstsein	real – imaginär
Historizitätsbewusstsein/Wandelbewusstsein	statisch – veränderlich
Bereich der Gesellschaftlichkeit	
Identitätsbewusstsein	ich/wir – ihr/sie
politisches Bewusstsein	mächtig – machtlos
ökonomisch-soziales Bewusstsein	arm – reich
moralisches Bewusstsein	richtig – falsch
Geschlechtsbewusstsein[4]	männlich – weiblich

Zukunftsbezug beachtet wird. Die GDSU (Gesellschaft für die Didaktik des Sachunterrichts) fordert mit Blick auf dieses Bezugssystem, dass Kinder verstehen sollen, dass „[…] ihre Gegenwart das Ergebnis vergangener Entwicklungen (Entscheidungen oder Nicht-Entscheidungen, Handlungsweisen, Erfindungen und Entdeckungen etc. von Menschen in der Vergangenheit) ist und gegenwärtige Verhältnisse daher als veränderlich, veränderbar und zukunftsoffen wahrgenommen werden können."[5]

Ein Kind, das versteht, dass Veränderungen von Menschen der Vergangenheit gemacht worden sind, wird verstehen, dass es selbst zu Veränderungen beitragen kann oder auch durch Unterlassung von Veränderungen dazu beitragen kann, dass sich nichts verändern wird. Die Beschäftigung mit menschlichem Handeln und Leiden in der Vergangenheit wirkt sich also auf die Entwicklung des Kindes aus, auf die dynamische Herausbildung seiner persönlichen und sozialen Identität. „Die Entwicklung von Zeit- und Geschichtsbewusstsein sowie die Persönlichkeitsentwicklung stehen in einem engen Zusammenhang, […]" stellt auch das Niedersächsische Kultusministerium fest.[6]

Dass Vergangenheit und Zukunft, Erinnern und Planen eng zusammen gehören, wird in den letzten Jahren auch seitens der Hirnforschung belegt. An der Harvard-Universität haben Wissenschaftler mit Magnetresonanzgeräten die Hirntätigkeit von Menschen untersucht und herausgefunden, dass Hirnstrukturen, die wir benutzen, um uns an Vergangenes zu erinnern, auch aktiv sind, wenn wir uns die Zukunft vorstellen. Sie schlossen daraus, dass Menschen aus vergangenen Erlebnissen ein System konstruieren, das ihnen hilft, neue Herausforderungen zu bewältigen: „Gedächtnis wird ja immer als etwas angesehen, das mit Vergangenheit zu tun hat. Aber eine schnell wachsende Zahl von neuen Studien zeigt: Das Vorstellen der Zukunft und das Erinnern an die Vergangenheit gehören zum Großteil derselben Denkmaschinerie an."[7]

Beobachtete Orientierungen im Bereich der Geschichtlichkeit

In diesem und dem folgenden Kapitel werden anhand von Kinderäußerungen und Ergebnissen aus Studien erste Beispiele von Geschichtsbewusstsein aus dem Elementarbereich (Alter 3 bis 6 in Kindergärten, Kindertageseinrichtungen und anderen vorschulischen Erziehungseinrichtungen) und dem Primarbereich (Alter 6 bis 12, das sind die Jahrgangsstufen 1 bis 6 in der vier- oder sechsjährigen Grundschule) aufgezeigt. Der Schwerpunkt der Beispiele liegt im Bereich der Geschichtlichkeit, also auf der Entwicklung des Temporal-, Wirklichkeits- und Historizitätsbewusstseins, die grundlegend für die Entwicklung des allgemeinen Geschichtsbewusstseins sind. Beispiele zur Entwicklung des Geschichtsbewusstseins aus dem Bereich der Gesellschaftlichkeit werden in den Kapiteln 8 bis 11 gegeben.

Temporalbewusstsein

Das *Temporalbewusstsein* ist die fundierende Kategorie. Kinder lernen zwischen gestern, heute und morgen zu unterscheiden und sich in der Vergangenheit, Gegenwart und Zukunft zurechtzufinden. Das umfangreiche dritte Kapitel ist dem Temporal- oder Zeitbewusstsein gewidmet.

Historizitätsbewusstsein

Das *Historizitätsbewusstsein* wird auch *Wandelbewusstsein* genannt.
Keiner beschreibt so schön wie Erich Kästner die Statik und den Wandel im Leben des Menschen.

In seinem Buch *Als ich ein kleiner Junge war* erzählt er:

„Ja, ein halbes Jahrhundert ist eine lange Zeit. Aber manchmal denke ich: Es war gestern. Was gab es seitdem nicht alles! Kriege und elektrisches Licht, Revolutionen und Inflation [...] Doch die Jahreszeiten und die Schularbeiten, die gab es immer schon, und es gibt sie auch heute noch. Meine Mutter musste zu ihren Eltern noch ‚Sie' sagen. Aber die Liebe zwischen Eltern und Kindern hat sich nicht geändert [...] Fast alles hat sich geändert, und fast alles ist sich gleichgeblieben."
Erich Kästner: Als ich ein kleiner Junge war.
© Atrium Verlag, Zürich.

Der Gießener Philosoph Odo Marquard vertritt die These, dass es eine zentrale Erfahrung mit Geschichte ist zu erkennen, dass sich wenig selbst dort verändert, wo sich alles geändert hat: „Der historische Sinn ist vor allem Sinn für Kontinuitäten, für Langsamkeiten; die Grunderfahrung des Geschichtlichen ist [...] mehr als die Erfahrung der Veränderlichkeiten die ihrer Grenzen."[8] Marquard hat sich der Frage gestellt, wie es möglich ist, in unserer wandlungsbeschleunigten Welt Vertrautheitsdefizite auszugleichen. Kinder, für die die Welt jeden Tag neu und fremd ist, schaffen sich eine Dauerpräsenz des Vertrauten zum Beispiel durch das ständige Herumtragen eines Teddybären. Marquard rät, „teddybärgleich" die Vergangenheit in die Zukunft mitzunehmen, er rät, langsam, herkunftsbezogen und in vertraut bleibenden Verhältnissen zu leben. „Vor jedem Menschen hat es schon Menschen gegeben, in deren – kontingente – Traditionen oder Üblichkeiten wir hineingeboren werden, sodass sie unsere Herkunft sind, an die wir anknüpfen müssen. [...] Neues ist nicht möglich ohne viel Altes; Zukunft braucht Herkunft [...]."9

Wie schon Kinder darüber nachdenken, dass sich manches verändert, während anderes bleibt, möchte ich gern an diesem Beispiel zeigen: Während der Durchführung einer Unterrichtseinheit zum Thema Ritter grübelte Steffen über den nahen Gleiberg nach, auf dem die Ruine der Gleiburg steht. Er fragte mich:
„Als es die Ritter in der Gleiburg gab, da muss es doch auch schon den Gleiberg gegeben haben, oder?"

Steffen beweist sein Zeitbewusstsein, wenn er zwei Zeitebenen logisch miteinander verknüpft: Er beurteilt, dass es den Berg vor dem Bau der Burg gegeben haben muss. Steffens Frage macht aber deutlich, dass er sich seiner Logik nicht sicher ist. Warum kann er das nicht sein? Er ist erst sieben Jahre alt. Steffens Bewusstsein für den Wandel bildet sich gerade. Er beginnt zu verstehen, dass sich vieles ändert, aber nicht gleich schnell. Kinder haben ein Historizitätsbewusstsein, wenn sie nicht nur zwischen Vergangenheit, Gegenwart und Zukunft unterscheiden können, sondern auch, wenn sie verstehen, dass sich manches verändert, während anderes gleich bleibt und auch nicht zu verändern ist, wenn man es wünscht. Es bedeutet, eine Vorstellung, ein Konzept darüber zu haben, was sich warum verändert, was das mit der eigenen Person zu tun hat und dass man selbst durch Eingreifen etwas verändern kann und auch nicht verändern kann. Ein Beispiel aus der Alltagsgeschichte, das der Historiker Klaus Bergmann gern verwendete: Frauen haben hart dafür gearbeitet, dass ihnen das Waschen von Wäsche erleichtert wird, aber es sind meistens immer noch die Frauen, die das Waschen erledigen.

Sophie, 9 Jahre, hat bereits ein Historizitätsbewusstsein, weil sie erkennt, dass sich in unserem Leben ständig etwas ändert, dass es aber auch Zeiten von langer Dauer gibt:
„Also die Menschen ganz früher, die haben sich auch so weiterentwickelt auch so durch Erfindungen, so wie das Feuer. Aber das ging nicht so schnell wie heute. Heute geht das ja ganz schnell voran, bald geht ja alles nur noch über Computer und Handy."

Wir haben 40 Schülerinnen und 40 Schülern der Stufen 1 bis 4 folgende Frage gestellt:10
„Glaubst du, dass sich in deinem Heimatort/deiner Schule/deiner Familie etwas verändert hat oder verändern wird?"

Die 20 Kinder der Klasse 1 beantworteten die Frage zumeist mit einem einfachen „Nein", nur drei Schüler sagten, dass sie umgezogen seien oder vielleicht ein Haus gebaut werden könnte. Sie erkannten, dass eine Familie weniger oder ein Haus mehr ein Wandel im Ort bedeutete.
Die Kinder der Klasse 2 beantworten diese Frage zumeist mit „Ja".11 Sie brachten Beobachtungen aus der Natur, über sich selbst oder zum Bauen zur Begründung ein:
„Ja, der Mais ist gewachsen." – „Ja, viele Blätter sind aufgeblüht." – „Ja, wenn man größer wird, verändert man sich am Gesicht." – „Ja, die Schule ist neu gebaut und der Spielplatz ist geändert." – „Ja, es ziehen noch mehr Leute um. Oma und Opa kommen."

Auch die Kinder der Klasse 3 und 4 antworten zumeist mit einem Ja und begründeten ähnlich wie die Kinder der zweiten Klasse, manche aber schon differenzierter und bezogen auf Vergangenheit und Zukunft. Manche strukturierten bereits Zeiträume und gaben ihren Beobachtungen einen Sinn, was zeigt, dass sie sich in Vergangenheit, Gegenwart und Zukunft bewusst orientieren wollten.

„Ja, früher sah die Schule alt aus und jetzt ist sie wieder schön. Unser Garten sieht jetzt ganz anders aus. Neue Häuser sind gebaut worden." – „Ja, die Häuser sehen ganz anders aus. Guillotinen gibt es nicht mehr." – „Ja, solche Häuser wie jetzt gab es gar nicht früher und die Natur sah anders aus und es gab mehr Bäume. Das Gebäude hier ist irgendwie ganz alt und wird abgerissen." – „Ja, später vielleicht. Die Sonne kommt näher und vielleicht werden wir verbrennen. Also, da werden mehr Kinder eingeschult und die Klasse 4 geht weg."

Die Aussagen der Kinder von Klasse 1 bis Klasse 3 lassen eindeutige Rückschlüsse zu: Kinder im Alter von 6 bis 7/8 Jahren beobachten den Wandel kaum oder beziehen eventuelle Veränderungen auf die Natur, also nicht auf das Eingreifen von Menschen. Ab dem 8./9. Lebensjahr beobachten die Kinder dann schon längere Zeiträume. Sie ziehen Vergleiche und suchen nach Begründungen. Sie beziehen die Gegenwart auf die Vergangenheit und beziehen die Veränderungen zumeist auf das Eingreifen von Menschen. Sie blicken auch in die Zukunft und geben Prognosen dafür ab. Das Geschichtsbewusstsein ist im Verlauf der Grundschulzeit eindeutig gewachsen und in Ansätzen ist Historizitätsbewusstsein zu erkennen. Es ist aber wichtig festzustellen, dass uns einige Bemerkungen deutlich machen, dass ein sechsjähriges Kind eine differenziertere Antwort geben kann als ein zehnjähriges.

Manchmal ist der kindliche Blick in die Vergangenheit oder Zukunft mit Angst besetzt. Erwachsene, die Kinder in der Entwicklung des Wandelbewusstseins unterstützen und ihnen die Angst nehmen möchten, können dies besonders gut mit den Gedanken Kästners und Marquards tun. Sie können Kontinuitäten aufzeigen (s. S. 14 f.) und „Anker" geben (s. S. 31 f.), die den Kindern Vertrauen spenden, ihren eigenen zukünftigen Weg meistern zu können. Im traditionellen Geschichtsunterricht der Sekundarstufe 1 wird die Vergangenheit zumeist als eine Geschichte der Veränderungen dargestellt. Kinder im Elementar- und Primarstufenbereich aber sollten Geschichte besonders auch in ihrer Kontinuität erfahren, zum Beispiel durch einen gelungenen Längsschnitt („Die Geschichte einer Straße", s. S. 60 f.), durch die Arbeit an Biografien (s. S. 91 f.), durch die Reflexion unserer Festkultur (s. S. 34 f.) und durch die Erarbeitung der Themen Migration (s. S. 131 f.) oder Arbeit (s. S. 124). Die Kinder entdecken die Kontinuitäten in der Geschichte und beziehen sie auf ihr gegenwärtiges und zukünftiges Leben.

Wirklichkeitsbewusstsein

Die dritte zentrale Kategorie der Geschichtlichkeit ist das *Wirklichkeitsbewusstsein*. Kinder haben ein Wirklichkeitsbewusstsein entwickelt, wenn sie über eine Vorstellung verfügen, dass manches *real oder belegt* ist und anderes *fiktiv oder erfunden*. Kinder müssen also nicht wissen, *was* fiktiv oder real, sondern *dass* etwas fiktiv oder real sein kann. Dies zu wissen kann Kinder für Mythen und Ideologien sensibilisieren und sie befähigen, sich handelnd in der Gesellschaft zurechtzufinden. In der Entwicklung dieses Bewusstseins machen die Erwachsenen es den Kindern nicht leicht. Aus dem Bereich der Religion und der Märchenerzählung werden Kinder immer wieder in ihrer Entwicklung irritiert, wie das folgende Beispiel zeigt.

Wirklichkeitsbewusstsein im Elementarbereich

Bei einer Befragung zum Wirklichkeitsbewusstsein bei 35 Vorschulkindern im Alter von 5 bis 6 Jahren zu einem Bild, auf dem ein Ritter, Asterix und Obelix, Biene Maja, das Sandmännchen, ein Dinosaurier und der Weihnachtsmann erkennbar waren, ergab sich für uns folgendes Ergebnis:[12]

Alle Vorschulkinder erkannten die Figuren und konnten sie mit Namen benennen. Zu Asterix und Obelix, zum Sandmännchen und zur Biene Maja äußerten sie sich wie folgt:

„Die gibt es nicht wirklich." – „Die gibt es im Fernsehen." – „Die gibt es nur im Fernsehen und in Büchern."

Zum Dinosaurier äußerten sie:

„Die gab´s mal früher." – „Die gab´s mal früher in echt." – „Die Dinosaurier, die gab´s mal früher, als noch kein Mensch gelebt hat/die sind schon gestorben, da waren wir noch weg/die gab es ganz am Anfang/sind schon ausgestorben, im Museum gibt´s noch Knochen."

Zum Ritter äußerten sie ähnlich wie zum Saurier:

„Die gab es mal." – „Die gab´s nur früher." – „Die gab´s wirklich, jetzt sind sie tot/die gibt es nicht mehr."

Und der Weihnachtsmann?
Die Äußerungen der Fünf- bis Sechsjährigen zeigen bereits, dass die Kinder klare Einordnungen im Bereich Realität/Fiktion treffen können und somit bereits ihr Wirklichkeitsbewusstsein ausbilden, auch wenn sie fast alle behaupteten, den Weihnachtsmann gäbe es wirklich. Manche erklärten, er lebe am anderen Ende der Welt, käme mit einem Rentierschlitten und wäre schon bei ihnen zu Haus gewesen. Dieses Ergebnis lässt den Schluss zu, dass die Vorschulkinder lediglich wiederholen, was sie zu Hause oder im Kindergarten gehört haben. Ihr Wissen können sie nur bedingt zur selbstständigen Orientierung nutzen, da sie noch von den Einordnungen ihrer Eltern abhängig sind. Viele Eltern wollen sich und ihren Kindern den weihnachtlichen Zauber nicht nehmen und haben sich eine Zeitgrenze gesetzt: Vom erfundenen Weihnachtsmann erzählen sie erst, wenn ihre Kinder in die Schule kommen. So erklärt sich, dass in einer anderen Befragung mit 26 Grundschulkindern aus den Klassen 1 bis 4 immer noch einige Kinder im ersten und zweiten Schuljahr den Weihnachtsmann als real beurteilten und ihn erst im dritten und vierten Schuljahr als „nur erfunden" einstuften, zusammen mit Figuren wie Riese, Fee und Hexe.[13] In Familien mit einem stärkeren christlichen Hintergrund erfahren die Kinder jedoch, dass der Weihnachtsmann erfunden ist. Die Kinder halten aber das Christkind für real, wie das folgende Gespräch mit meinem dreijährigen Patenkind und ihrem fünfjährigen Bruder illustriert, die ich fragte, ob sie sich denn auf die Geschenke vom Weihnachtsmann freuen:

Lennart, fünf Jahre: „Den Weihnachtsmann, den gibt es nicht."

Alissa Luisa, drei Jahre: „Ja, ja, den gibt es nicht."

Lennart: „Aber den Nikolaus, den gibt es, der lebte mal wirklich."

Alissa Luisa: „Ja, ja, den gibt es!"

Frage: „Dann bekommt ihr also eure Geschenke von euren Eltern?"

Lennart, empört: „Nein, die bringt doch das Christkind."

Alissa Luisa: „Ja, die bringt das Christkind!"

Diese beiden Kinder hatten durch ihre Mutter erzählt bekommen, dass der Nikolaus eine historische Figur, ein Bischof aus dem 3./4. Jahrhundert ist, der den Menschen Gutes getan hatte, und der Weihnachtsmann eine erfundene Figur aus der Coca-Cola-Werbung. Die Geschenke zu Weihnachten würde das Christkind bringen. Der fünfjährige Lennart wusste über den Nikolaus und Weihnachtsmann mehr als mancher Erwachsene weiß und war Autorität in Wissensfragen und Einordnungsstrategien für seine dreijährige Schwester. Seine Einordnungen konnten jedoch nur innerhalb des religiös orientierten Bezugssystems seiner Familie erfolgen.

Wirklichkeitsbewusstsein im Primarbereich

Dass und wie Kinder ihre Theorien über Reales und Fiktives nutzen, um Geschichte zu verstehen, zeigt die folgende Diskussion unter Kindern eines ersten Schuljahrs, die als Sinnbildungsprozess verstanden werden kann:[14]

Lehrer: „Was glaubt ihr: Gab es früher Drachen?"
Alle: „Nein"
Leo: „Nein, die sind erfunden."
Maja: „Ich hab Raupen erfunden."
Lucas: „Ich sag ja."
Leo: „Ich sag nein."
Lehrer: „Wer meint noch, dass Drachen nicht erfunden sind? Dass es die früher wirklich gab?"
Maja: „Ich sag nein."
Mathilda und Katharina: „Ich auch nicht."
Maja: „Das muss ich jetzt mal untersuchen. Bei den Dinosauriern, da gab es Drachen. Die Dinosaurier waren selbst Drachen."
Lucas: „Dino. Dinosaurierdrachen."
Leo: „Häh? Gab es nun Drachen oder nicht? Nämlich früher gab es doch auch Ritter."
Maja, langsam, resümierend: „Also, es gab Drachen ..."
Katharina, leise: „Nein."
Maja: „Seid ihr jetzt zufrieden?"
Lucas: „Doch, wenn es Ritter gab, gab es auch Drachen."
Maja: „Ritter sind erfunden."
Leo: „Nein."
Katharina: „Aber ..."
Moritz: „Oh, warum steht dann in Biedenkopf eine Burg? ... Nein, das ist mir zu blöd!"
Lehrer: „Katharina, was wolltest du sagen?"
Lukas: „In der Burg haben die gelebt."
Lehrer: „Wie ist das mit den Drachen?"
Katharina: „Ich glaub nicht."
Lehrer: „Glaubst du nicht, dass es die gab?"
Lukas: „Ich glaub ja."
Lehrer: „Und Ritter?"
Katharina: „Ich weiß es nicht."
Leo: „Ritter gab es, das weiß ich."
Marie: „Ja, Ritter gab es."
Lehrer: „Woher weißt du das denn, Leo?"
Leo: „Ich hab da ein Buch von, und da gibt es noch mehr Bücher."
Lehrer: „Aber es gibt auch ein Buch, da sind Drachen drin."
Lukas: „Wir waren mal auf einem Ritterfest."
Lehrer: „Waren das denn echte Ritter?"
Lukas: „Nein, da haben sich nur so welche verkleidet."
Maja: „Ja, aber die hatten da eine richtige Holzburg."
Lehrer: „Gab es dann jetzt echt Ritter früher? Oder nicht?"
Maja, lang gezogen: „Warum steht denn in Biedenkopf eine Burg?"
Lehrer: „Mathilda, was glaubst du denn?"
Lukas: „Die echten Ritter verkleideten sich doch auch nur."
Katharina, Lukas widersprechend: „Nein!"

Leo: „Nein, die echten, es gab mal Ritter."
Mathilda: „Es gab Ritter."
Lukas: „Da war so ein Typ, der hatte mal so ein Schild und ich durfte mal mit einem Schwert drauf schlagen."
Leo: „Jetzt glaub ich, gab es auch Drachen, wenn es Ritter gab. Wenn es Ritter gibt, gibt es auch Drachen."
Mathilda: „Ich auch."

Erstaunlich ist, wie die Kinder von einem überzeugten „Nein" zu Anfang auf ein „Ich glaub" zum Schluss der Diskussion wechseln. Was hat diesen Wechsel bewirkt?

Die Kinder haben ihr Wissen und ihre Konzepte ausgetauscht und sind in eine Diskussion um Begründungen dazu gekommen. Zum Schluss haben sie einzelne Konzepte überzeugt: Ein Beispiel, wie Kinder von anderen Kindern lernen, wenn sie deren Wissen und Konzepte für akzeptabel halten.

Ob es etwas gab oder ob etwas erfunden ist, machen die Fünf- bis Siebenjährigen hauptsächlich an diesen Konzepten fest:
- Was ich mit eigenen Augen sehe (die Burg, die Ritter auf einem Fest) ist real. Wenn es das heute gibt, muss es das auch früher gegeben haben.
- Was in Büchern steht (Ritter und Drachen) muss stimmen.
- Wenn es das eine gibt (Ritter), muss es auch das andere (Drachen) geben.

Ähnliche Konzepte fanden Wissenschaftler in einer Studie mit Kindern von 2., 5., 6. und 8. Klassen in England. Sie identifizierten sechs Stufen von Konzeptentwicklung, wovon die ersten zwei Stufen das hier beobachtete Alter betreffen.

Zwei Fünfjährige bei einem Familienausflug zu einem Ritterfest. Ihre Eltern haben ihnen auf dem mittelalterlichen Markt die entsprechende Kleidung gekauft. Die beiden schauen grimmig. Sie wollen den mächtigen Männern, den Rittern, ähneln.

Erste Stufe: Für Kinder sind die Vergangenheit und die Erzählung darüber identisch.

Zweite Stufe: Kinder glauben, die Vergangenheit nicht genau beschreiben zu können, wenn sie nicht selbst dabei gewesen sind.

Die Studie machte auch deutlich, dass die Entwicklung der Kinder sehr differenziert zu betrachten ist, da manche Kinder mit acht Jahren bereits über anspruchsvollere Konzepte verfügten als Kinder mit 14 Jahren. Darauf reagierten die Lehrerinnen und Lehrer mit der Beschreibung des jeweiligen Lernstandes sowie mit der Bereitstellung einer entsprechenden Lernumgebung.[15]

Wie die Lernumgebung und die kindlichen Arbeitsprozesse gestaltet werden müssen, um den unterschiedlichen Kindern einen gleichberechtigten Zugang zum historischen Lernen zu verschaffen, wird in diesem Buch besonders im Kapitel 9 gezeigt.

Trotz sehr unterschiedlicher Konzepte in den Altersstufen kann gesagt werden, dass die Kinder mit der Aufnahme von Wissen immer sicherer in ihrer Einordnung von Fiktion und Realität werden. Diese Aussage konnten wir nach einer weiteren Befragung der 80 Grundschulkinder machen. Wir gaben ihnen, in Wiederholung der Studie von Renate El Darwich, Bilder von Asterix, Cäsar, Winnetou, Napoleon, Charlie Chaplin, Kleopatra und Siegfried, dem Drachentöter[16] und baten sie um Einordnung. Im ersten Schuljahr machten schon 25 % der Kinder fünf richtige Angaben. Die richtigen Antworten stiegen an bis zu 30 % mit fünf richtigen und 50 % mit sechs richtigen Antworten im vierten Schuljahr.

Hier ein Beispiel aus einem anderen Zusammenhang, einer Überlegung von Drittklässlern um eine Legende, das „Rosenwunder" der Elisabeth von Thüringen. Hierin wird erzählt, dass Elisabeth unerlaubt Brot zu den Armen brachte, dass aber, als ihr Mann dies kontrollierte, Rosen statt Brot in ihrem Korb waren. Die Redebeiträge der Kinder[17] zeigen, dass sie das Wunder hinterfragen und Klarheit einfordern:

Annabell: „Ich denke auch, dass da erst Brot drinne war und Gott hat ihr geholfen, weil sie ja auch immer in die Kirche gegangen ist."

Christian: „Ich glaube, dass sie schon vorher da Brot reingelegt hat und darüber die Rosen."

Larissa: „Ich glaub, dass sie das Brot schon weggegeben hat und danach Rosen in den Korb gelegt hat."

Till, dazwischen rufend: „Was is'n jetzt richtig?"

Imagination und Wissen

In einer anderen Untersuchung fragten wir nicht mehr nach Unterscheidungen von „gibt es" oder „gibt es nicht", weil wir Schwierigkeiten hatten, zwischen Wissensdefiziten und fehlendem Wirklichkeitsbewusstsein zu unterscheiden. Mit unserer Frage nach der „anderen Zeit", in der Kinder gern leben würden,[18] erhofften wir uns Aufschlüsse über die Ausprägung der kindlichen Imagination und eventuell damit verbundenen Orientierungen im Bereich der Dimensionen der Geschichtlichkeit.

Frage: „Möchtest du gern in einer anderen Zeit leben? Warum?"

Wie auch in einer Befragung von 1991 zeigte sich bei unseren wiederholenden Fragestellungen aus dem Jahr 2004,[19] dass die Kinder sich nicht auf die Zukunft bezogen, sondern mehrheitlich auf die Vergangenheit. In der ersten Klasse antworteten drei Viertel der Schülerinnen und Schüler mit einem „Nein", ohne dies zu begründen. Die eventuellen Ängste, die wir mit unserer Frage aufkommen ließen, wurden in den Verneinungen ab der zweiten Klasse deutlich:[20]

„Nein, sonst kommen die Ritter." – „Nein, ich will bei meiner Mama bleiben." – „Nein, bei den Römern, da schmeißen sie die Leute in eine Arena zu den Löwen …"

Im dritten und vierten Schuljahr werden die Verneinungen dann schon präziser und es werden Vergleiche zu heute gezogen:

„Nein, im Mittelalter gab es zu viele Kriege." – „Nein, in der Steinzeit, da gibt es keine Lehrer." – „Nein, früher gab es zu viel schlechte Sachen und keinen Fernseher …"

Auch die Bejahungen zeigen, dass die Schülerinnen und Schüler ab dem zweiten Schuljahr ihre Fähigkeit zur Imagination erweitern. Sie bauen Wissen auf, beziehen die eigene Pers-

Marvin, fünfeinhalb Jahre, hat seine Vorstellungen über die „Dinozeit" gemalt: Manche Kinder haben Angst, in dieser Zeit zu leben, andere wollen die Zeit erforschen.

pektive mit ein und machen deutlich, dass sie Fragen an die Geschichte haben und diese selbst erforschen möchten.

„Ja, ich wollte gern mal die Dinos ansehen, wie die wirklich aussehen. Wenn man eine Zeitmaschine hätte, da könnte man überall hin, aber da sind wir noch nicht so klug geworden."

„Wo Jesus gelebt hat, da würd' ich gern mal hin, da könnte ich alles gut machen, was er falsch gemacht hat."

„Manchmal schon, aber es wird auch langweiliger. Ich mag Indianer, wie die sich fortbewegen und barfuß. Die Ritter hatten schöne Kleider. Manchmal war es auch gefährlich und doof."

Die Schüleräußerungen bestätigen eine Tendenz aus den Ergebnissen unserer anderen Befragungen. Bis zum zweiten Schuljahr sind viele Kinder noch beeinflusst von nicht historisch gebundenen Erzählungen durch die Erwachsenen, in den folgenden Aussagen nicht den religiösen, sondern den märchenhaften:

„Ja, im Schloss, weil da schöne Menschen leben." – „Ja, in der Schneewittchen-Zeit, weil es da vielleicht besser ist."

Ab dem zweiten Schuljahr, sich steigernd bis zum vierten Schuljahr, wächst das Geschichtsbewusstsein. Die Kinder machen deutlich, dass

Die Männer in der Steinzeit waren Jäger und die Frauen Sammlerinnen.	Nach Forschungsarbeiten von Ethnologen und Anthropologen sagen heute die Wissenschaftler, dass auch Frauen an der Jagd teilnahmen und Männer sammelten.
Marco Polo reiste bis nach China.	Marco Polo hat es wirklich gegeben, allerdings wird bezweifelt, dass er in China war.
Robin Hood	Es gab viele „Robin Hoods", also Räuber, die sich in die Wälder zurückzogen. Durch ein englisches Theaterstück entstand im 16./17. Jahrhundert der Mythos vom gerechten Räuber.
Wilhelm Tell	Eine Person, die es nie gegeben hat, die aber in der Dichtung und in Liedern besonders in der Schweiz identitätsstiftend wirkt.
Im Mittelalter wurden weise Frauen als Hexen verbrannt.	In Zeiten der Hexenverfolgung wurden auch Männer und Kinder verbrannt, oft aus Hysterie oder aufgrund von Denunziationen der Straße, und zwar besonders in der Frühen Neuzeit.
Hitlers „Machtergreifung" 1933	Hitler hat die Macht nicht „ergriffen". Seine Partei wurde gewählt und bildete eine Koalition mit der DNVP, um die absolute Mehrheit zu erhalten. Heute sagen wir, er hat die Macht „übernommen".

und wie sie sich die Vergangenheit vorstellen können. Sie zeigen ihr Geschichtswissen und nutzen dazu gern Einordnungsbegriffe (Steinzeit, Römer, Mittelalter). Ihr Wissen macht die Kinder neugierig, manche stellen es bereits in Frage und wollen selber herausfinden, wie es „wirklich" war. Viele Antworten zeigen, dass Kinder sich vor allem mit Krieg und Tod auseinandersetzen *(Löwen, Arena/Kämpfe, Kriege/ Burgen, Kanonen)*.

Ein Test für Erwachsene

Auch uns fällt es schwer, zwischen Realität und Mythos zu unterscheiden, oder wir tragen überholte Einordnungen mit uns herum und halten sie für „die" Geschichte. Was fällt Ihnen zu den Stichworten in der linken Tabellenhälfte (s. S. 22) ein? In der rechten Tabellenhälfte lesen Sie dazu in Kurzform neuere Aussagen der Geschichtswissenschaft.

Wichtiges in Kürze

- Die ersten Vorstellungen der Kinder von Geschichte sind bildliche. Die statischen Geschichtsbilder der jüngeren Kinder verändern sich im Laufe der ersten zehn Lebensjahre zugunsten eines individuellen Geschichtsbewusstseins.
- Geschichtsbewusstsein wird als ein Zusammenhang von Vergangenheitsdeutung, Gegenwartsverständnis und Zukunftsperspektive verstanden.
- Die Entwicklung von Geschichtsbewusstsein und Persönlichkeit stehen in einem engen Zusammenhang. Geschichtsbewusstsein bildet Identität.
- Kinder bemerken Veränderungen erst allmählich und beziehen sie mit zunehmendem Alter auf das Eingreifen von Menschen. Es gibt Veränderungen, die sie faszinieren und andere, die sie ängstigen.
- Kinder im Elementar- und Primarstufenbereich sollen Geschichte nicht nur in ihren Veränderungen, sondern besonders auch in ihrer Kontinuität erfahren, damit sie vertrauensvoll in die Zukunft blicken können.
- Religiöse und märchenhafte Erzählungen müssen als solche deutlich gemacht werden, damit Glaube und Fiktion von den Kindern erkannt und abgegrenzt werden können.
- Kinder nutzen gern Fachbegriffe zur Einordnung, also sollten sie einige Grundbegriffe bereits im Elementarbereich kennenlernen.
- Kinder wollen gern selbst herausfinden, wie es früher war. Geschichte wird von Historikern geschrieben, jedoch sollten auch Kinder die Gelegenheit erhalten, der Geschichte nachzuspüren, sie somit „selber zu denken"[21] und zu konstruieren!
- Kinder brauchen Hilfe in der Bewältigung ihrer Ängste. Erwachsene müssen diese kennenlernen und bewältigen helfen. Dazu sind sensible Gespräche und eine kluge Auswahl von hilfreichen Medien und Methoden nötig.
- Kinder zeigen nicht nur innerhalb der Klasse, sondern auch innerhalb der gesamten Grundschulzeit eine äußerste Heterogenität. In Studien brachten Kinder einer ersten Klasse ähnliche Ergebnisse wie die aus vierten Klassen. Differenzierung in Methoden- und Medienwahl ist also notwendig.

KAPITEL 3
„Die Saurier, die lebten in der Steinzeit"
Die Zeit erschließen

Zeit ist nach Immanuel Kant eine grundlegende Erkenntniskategorie der Menschen, in welcher alle sinnlichen Erfahrungen eingeordnet sind. Das Temporalbewusstsein ist die grundlegende Dimension des Geschichtsbewusstseins. Die Fähigkeit der Menschen, zwischen gestern, heute und morgen zu unterscheiden, sich in Vergangenheit, Gegenwart und Zukunft zu orientieren und Ereignisse darin einordnen zu können, nennen wir Temporal- oder Zeitbewusstsein. Eine Orientierung entwickeln Kinder innerhalb der physikalischen, biografischen und historischen Zeit.

Kinder haben individuelle Bezugssysteme

In allen Lehrplänen für den Sachunterricht in der Grundschule steht das Lernfeld „Zeit" im Mittelpunkt des historischen Lernens. Es wird Wert darauf gelegt, dass Kinder sich mit „Zeit und Veränderung" beschäftigen und eine Orientierung in „Zeit und Raum" aufbauen, weil die Entwicklung des Zeitbewusstseins eng mit der Persönlichkeitsentwicklung und Identitätsbildung verknüpft ist.[1]

Nach Piaget[2] bilden Kinder eine angemessene Zeitbeurteilung und einen realistischen Zeitbegriff zwischen dem sechsten und zwölften Lebensjahr in der Phase der „konkreten Operationen" aus. Piaget bezog sich in seinen Studien, die zum Teil heute als überholt gelten, auf die inhaltsleere, die physikalische Zeit. Diese zu beherrschen ist sicherlich wichtig zum korrekten Gebrauch von Zahlen und Daten, allerdings nicht Voraussetzung für das Zeitbewusstsein im Rahmen von Geschichtsbewusstsein, wie die folgenden Beispiele zeigen:

Der fünfjährige Jonathan, der beim zeitlichen Einordnen von Staubsauger und Besen logisch schließt, dass es den Besen *früher* gegeben haben müsse, denn „den konnte man selber machen!", baut bereits ein chronologisches Zeitkonzept auf und vergleicht logisch die Möglichkeiten des Arbeitens zwischen den verschiedenen Zeiten. Dies ist ein Akt von Sinnbildung und Orientierung in Gegenwart und Vergangenheit, auch ohne den abgeschlossenen Erwerb unseres Zahlensystems. Jonathan verfügt somit bereits über Temporalbewusstsein, das ihm hilft, Geschichte zu erzählen. Auch Katharina hat Zeitbewusstsein und die Fähigkeit, Geschichte zu erzählen[3], wenn sie zwei Zeitebenen miteinander verknüpft: „Den Staubsauger gab's schon später, da gab es schon Läden, wo man Staubsauger kaufen konnte."

Aufgrund der Erhebungen von Piaget schlossen viele Lehrende, man könne mit Vorschul- und Grundschulkindern noch nicht über Vergangenheit arbeiten. Manche dachten, dass die Kinder eines Jahrgangs relativ homogene Fähigkeiten haben und ein Kind in der nächst höheren Klasse einen erweiterteren Zeitbegriff haben müsste als ein Kind in der darunter liegenden Klasse. Sie übersahen dabei, dass jedes zeitliche Bezugssystem individuell ist. Ältere Kinder sind zumeist jüngeren überlegen, aber je nach kognitiven Fähigkeiten und Sozialisation kann ein Kind aus dem ersten Schuljahr einem Kind aus dem vierten in der Ausbildung seines zeitlichen Bezugssystems überlegen sein Manche Kinder bringen bereits aus ihrem Elternhaus, aus Erzählungen von Eltern und Großeltern sowie durch Kinderbücher eine ausgeprägte Orientierung in der historischen Zeit mit. Davon haben Kinder, die keinen Kontakt zu ihren Großeltern haben oder in einer Wohnung ohne alte Gegenstände aufwachsen, sehr viel weniger. Es sind oft Kinder aus sozial schwächeren Familien, die in Kleinfamilien und in kleinen Wohnungen in Stadtrandsiedlungen aufwachsen. Erzieherinnen und Erzieher in Kindergärten und Lehrende in der Grundschule haben nun die Aufgabe, das mangelnde Temporalbewusstsein dieser Kinder auszugleichen. Doch welche Angebote sollen sie machen? Erwachsenen fällt es oft schwer sich vorzustellen, welche Hürde für Kinder das Verstehen von Begriffen wie „in naher Zukunft", Neuzeit, neunzehntes Jahrhundert oder auch nur die Zahl eine Million bedeutet.

Auch wir Erwachsenen zeigen Differenzen im Gebrauch der Begrifflichkeiten aus der physikalischen Zeit und Unsicherheit im Vorstellungsvermögen großer Zeiteinheiten. Möchten Sie es mit den folgenden zwei kleinen Tests ausprobieren?

Bilderfragebogen für Abgänger aus dem Kindergarten: Die Kinder unterschieden zwischen früher und später und schufen Sinnbildung durch logische Vergleiche („Weil ein Handy hat mein Papa auch") und Ansätze von Forschungsideen („Ich hab mal meinen Opa gefragt, gab's früher Handys?").[4]

Test 1

Legen Sie auf der Zeitleiste die Begriffe früher, damals, in naher Zukunft, in ferner Zukunft, neulich, bald, vor Kurzem, gleich, zukünftig, kürzlich u.v.m. fest und vergleichen Sie Ihre Festlegungen mit denen einer Partnerin/ eines Partners.

```
←─────────────┼───────┼───────┼─────────────→
              vor    jetzt    in
             einer           einer
             Woche           Woche
```

Die beiden Tests zeigen, wie unterschiedlich das zeitliche Bezugssystem der Erwachsenen ist und wie schwer es uns fällt, eine Orientierung in der Erdgeschichte zu leisten. Ob zehn oder hundert Millionen von Jahren – vorstellen können wir uns diese Zeiträume nicht mehr.

Um wie viel schwieriger muss es dann Kindern fallen, ein Gefühl für Zeiträume oder Zeitmuster[5] zu bekommen und sich untereinander oder mit uns zu verständigen, wenn wir über Vergangenes sprechen. Die von Kindern häufig geäußerte Einordnung von den Sauriern, die „in der Steinzeit" lebten, zeigt, dass die Kinder wie die Erwachsenen Geschichte ordnen möchten. Die Äußerung

Test 2

Stellen sie sich den Zeitraum der Entstehung unseres Planeten Erde als eine Uhr mit 60 Minuten vor. Seit wie viel Minuten oder Sekunden gibt es die ersten Saurier, wann starben sie aus und seit wann gibt es die ersten Menschen? (vgl. S. 43)

zeigt aber auch, dass Kinder durch Kinderfilme, wie zum Beispiel „Familie Feuerstein", falsche Informationen erhalten und speichern.

Der Trick der Vorschulkinder

Kinder im Vorschulalter können und wollen zur Vergangenheit kommunizieren, auch wenn sie wissen, dass sie die Begriffe der Erwachsenen nicht kennen oder aber nicht verstehen. Wie machen sie das? Wie die Erwachsenen nutzen auch Kinder Zäsuren. Diese sind Ereignisse, die für sie selbst bedeutend waren, einen großen Eindruck hinterließen oder ihnen als bedeutend erzählt wurden, wie zum Beispiel: „Als ich noch im Bauch meiner Mama war" oder „Da war ich noch nicht im Kindergarten" und, in die Zukunft gerichtet, „Wenn ich in die Schule komme". Für viele der Kinder in diesem Alter ist die vergangene Zeit vor allem die biografische Zeit und Geschichte. Die Kinder behelfen sich mit den Formulierungen „früher", „ganz früher" oder „lange her", wie das folgende Protokoll eines Gespräches mit Vorschulkindern zeigt:
Lehrerin, drei Bilder von Fahrzeugen aus drei Jahrhunderten zeigend: „Sind die Fahrzeuge alle aus der gleichen Zeit?"
Alle: „Nein!"
Mona: „Also, das (zeigt auf Kutsche) gab es ganz ganz früher."

Kai: „Also, das (zeigt auf Kutsche) gab es ganz ganz früher, das (zeigt auf Oldtimer) gab es früher, und das (zeigt auf Auto von heute) gibt es heute."

Andere gebrauchen noch das Hilfswort „früher", haben aber schon Epochenbegriffe, wie das Beispiel von Jonas in einem Gespräch über Bilder zeigt, die zugeordnet werden sollten:
Jonas (6J): „Der Steinzeitmensch gehört zur Höhle. Die Höhle ist am längsten her. Die Pyramide ist von Ägypten, da haben die Alten Ägypter gelebt. Die Leute gehören zum Alten Ägypten. Ritter, der ist früher, aus der Ritterzeit."[6]

Es ist eindeutig, dass Jonas einen Kenntnisvorsprung vor anderen Vorschulkindern hat, vermutlich aus dem Elternhaus und durch Kinderbücher. Zwei Aspekte haben ihm aber sicherlich auch geholfen, die historische Zeit zu ordnen: Er konnte zu Themen berichten, die Kinder in diesem Alter sehr interessieren, und seine Angaben wurden durch reizvolle kindgemäße Zeichnungen herausgefordert.

Das Zahlenspiel der Grundschulkinder

Grundschulkinder verlassen zunehmend den Bereich der biografischen Zeit und üben sich im Gebrauch der Zahlen, die sie nun im Mathematikunterricht kennengelernt haben oder bald verstehen lernen wollen. Sie jonglieren mit Zeitbegriffen und überbieten sich in der Steigerung von Zahlenräumen, wie das folgende Beispiel zeigt:
Der Lehrer zeigt einer ersten Klasse eine ca. hundert Jahre alte Tracht und die Kinder äußern sich zum Alter der Tracht:
Leon: „Die Leute haben das ganz früher angezogen. Früher."
Lehrer: „Was glaubst du denn, wie lang ist das denn her, Leon?"
Mirja: „Hundert Jahre."
Leon: „Ich sag tausend Jahre."
Max: „Eintausendsiebenhundertneun Jahre?"
Luisa: „Ich sag sechzehn oder fünfzig Jahre."
Leon: „Ich sag sechzehnhunderttausend – tausend."
Luisa: „Sechzehn oder fünfzig Jahre. Ich glaub so um neunzehnhundert/neunzehnhundertfünfzig."
Leon, lachend: „Sechzehnhundert. Unendlich mal. Unendlich."
Lehrer zu Luisa: „1950 sagst du, ja?"
Luisa: „Ja."
Leon: „Ich sag, wie ich noch gar nicht auf der Welt war."[7]

Haben Sie auch so großen Spaß an diesem Zahlenspiel? Es zeigt die Freude der Kinder, Zeitbegriffe wie die Großen auszusprechen und Zeit ordnen zu können. Das Gespräch zeigt uns auch, dass diese Kinder aus dem ersten Schuljahr nur einen begrenzten Zahlenbegriff haben und noch keine Sicherheit im Gefühl von Zeitdimensionen. Leon nimmt, weil er mit seinen Zahlenbegriffen nicht weiterkommt, wieder, wie viele Kindergartenkinder, eine Orientierung an seiner Person vor: „Als ich noch gar nicht auf der Welt war."

Das Können der Grundschulkinder

Der Zahlenbegriff der Kinder wird mit jedem Schuljahr wachsen, ebenso die Orientierung in der historischen Zeit. Die Kinder suchen nach weiteren Zäsuren, um sich ein zeitliches Bezugssystem aufzubauen. Welche Zäsuren sie bereits benutzen können, wenn sie neun bis elf Jahre sind, und welche Schlussfolgerungen sie treffen können, um Sinnbildungen vorzunehmen, zeigt das folgende Beispiel. Der Lehrer hat Kindern in diesem Alter dieselbe Tracht gezeigt wie den Erstklässlern. Aus ihren vielfältigen Äußerungen habe ich hier nur jene zur Zeiteinordnung zitiert:

Paul: „Und das ist, glaub ich, ein Kleid. Vielleicht aus dem acht [...] dem zwanzigsten Jahrhundert."
Lehrer: „Von wann ist das?"
Julia, lachend: „Von heute."
Paul: „Das ist schon älter."
Ludovic: „So was hat eine englische Dame."
Hanna: „Also, so alt ist das noch nicht, das ist ja Plastik hier."
Ludovic: „Das kann noch nicht alt sein."
Hanna: „Wann wurde denn Plastik erfunden?"
Lehrer: „Wann wurde denn das hier getragen?"
Ludovic: „1995 rum, oder?"
Julia, fragend: „1990?"
Paul, auf die Schnürung der Tracht zeigend: „Das muss man hier binden. Das hat man schon ziemlich ... im Ersten Weltkrieg getragen."
Julia: „Hätte man das 1995 getragen, dann hätte das meine Mutter getragen, weil da der Anton (großer Bruder) geboren wurde ..."[8]

Bemerkenswert ist an diesem Gespräch nicht nur, dass die Neun- bis Elfjährigen inzwischen die Begriffe der Erwachsenen nutzen wollen (20. Jhd., 1995 rum, Erster Weltkrieg), sondern auch, dass sie über Strategien verfügen, um ein historisches Produkt zeitlich einzuordnen. Hanna und Paul schließen von Materialien und Technik (Plastik und Schnürung) auf die Herstellungszeit der Kleidung. Hinter Ludovics Bemerkung versteckt sich wohl ein Geschichtsbild von Vornehmheit in der vergangenen englischen Frauenwelt.

Wir halten fest: Vorschulkinder stellen sich die Vergangenheit oft noch als selbst erlebte Zeit vor, auch bis zu 30 % der Sechs- bis Achtjährigen.

Manche Vorschulkinder können schon Epochenbegriffe verwenden, wenn sie zu besonders interessierenden Themen befragt werden und wenn ihre Imagination durch Bilder unterstützt wird.

Alle Kinder können zwischen Vergangenheit und Gegenwart unterscheiden und sie können, auch ohne Kenntnisse von Epochen, chronologisch ordnen. Sie gebrauchen dafür Zäsuren, haben also wie die Erwachsenen ein Zäsurbedürfnis.

Kinder der dritten und vierten Klassen erzählten zu 70 % auf die Frage nach „früher" nicht mehr zur selbst erfahrenen Zeit, sondern zu Kernthemen wie Steinzeit u.a.m. Kein einziges Kind dieser Altersstufen sprach mehr von der naturnahen Zeit. 15 % der Kinder sprachen den Krieg an und einige beurteilten die Vergangenheit auch schon in ihren Defiziten, z.B. dass es Kinderarbeit gab und keinen Strom sowie kein fließendes Wasser. Die Kinder verglichen ihre Gegenwart mit der Vergangenheit und entwickelten Schlussfolgerungen, um Sinn zu schaffen: In welcher Zeit hätte ich lieber gelebt?

Mit zunehmendem Alter haben die Kinder also mehr Sicherheit in der zeitlichen Einordnung und der Orientierung in der Vergangenheit, allerdings gibt es wieder große Unterschiede in einer Altersstufe, sodass wir wieder beachten müssen, dass die Kinder eines Jahrgangs nicht homogen sind.

Wenn wir also Kinder in der Entwicklung ihres Zeitbewusstseins unterstützen wollen, müssen wir

- beobachten, auf welchem Stand der Entwicklung sie sich befinden;
- ihre heterogenen Lernvoraussetzungen ausgleichen und differenzierende Methoden und Medien anbieten;
- ihr Zäsursystem erweitern;
- ihnen helfen, ihre Zahlenspiele und Zahlenbegriffe mit Inhalt zu füllen;
- ihnen nicht erst in der Sekundarstufe, sondern schon in der Grundschule zentrale Epochen- und Fachbegriffe vermitteln und zunehmend inhaltlich ausfüllen, damit sie sich in unserer Geschichtskultur orientieren und verständigen können.

Erzählen und Erinnern in der Familie

> „Knowing about themselves, their family and their past helps children to understand why they are as they are, for good or ill."[9]

Wir wissen aus neueren Forschungen, dass sich bereits Kinder mit ein bis zwei Jahren eigenes Erlebtes ins Gedächtnis rufen.

Moritz (auf einen Stuhl am Tisch zeigend) zur Nachbarin: „Nina, erinnerst du dich, wie Nini mich da immer auf den Schoß genommen hat?"
Nachbarin: „Ja, ich erinnere mich."
Moritz: „Warum? Warum hat mich Nini da immer auf den Schoß genommen?"
Nachbarin: „Wir haben keinen Kinderstuhl. Du konntest damals noch nicht auf einem Erwachsenenstuhl sitzen. Da wärest du runtergefallen."
Moritz: „Ja, da konnte ich noch nicht allein sitzen. Früher war ich zwei, dann eins, dann Null."

In diesem Gespräch ist Moritz dreieinhalb Jahre alt. Er erinnert sich selbst an eine Gewohnheit in der Nachbarsfamilie und reflektiert die Vergangenheit ebenso wie das Erinnern selbst. Moritz hat etwas erfahren und möchte dies nun erklärt bekommen. Er weiß bereits, dass auch andere Menschen sich erinnern, dass es Sinn macht, diese Menschen zu fragen. Dazu tastet er sich heran: „Nina, erinnerst du dich …?" Sich gemeinsam zu erinnern hilft ihm, sich über sich selbst und seine Herkunft und über seine Entwicklung klar zu werden. Darum sagen wir, dass Erinnern der Stoff ist, aus dem Identität entsteht. Heidegger sagte dazu, dass der Wesensraum des Menschen Gedächtnis ist. Noch etwas kann man an Moritz' Bemerkungen festhalten: Der kleine Junge bildet Chronologie, er ordnet sein junges Leben. Dass ihm dies ein Bedürfnis ist, lässt darauf schließen, dass es ihm in seiner Entwicklung helfen wird. Wir wissen, dass Menschen ihre vergangenen Erlebnisse und Wahrnehmungen ordnen müssen, um daraus Strukturen zu bilden, die ihnen

Eltern haben ihre zwei Mädchen jedes Jahr fotografiert und ihnen somit eine Fotozeitleiste erarbeitet. Die Kinder sehen ihre Veränderungen und werden zum Nachdenken über ihre Lebensgeschichte angeregt. Sie erfahren ihren Wandel in der Kontinuität der Geborgenheit der Familie.

helfen, ihre Gegenwart zu erschließen und auf die Zukunft vorbereitet zu sein. Kinder sind somit kleine Baumeister eines Erinnerungshauses, das sie bewohnen werden, um darin Sicherheit für Gegenwart und Zukunft zu erhalten.

In Familien, in denen dies bekannt ist, werden Kinder schon als Zwei- und Dreijährige von ihren Eltern und Großeltern im Aufbau eines zeitlichen Bezugssystems unterstützt. Die Erwachsenen legen Fotoalben an und erzählen zu den Bildern über die Entwicklung des Kindes und über Veränderungen in der Familie. Sie stellen ihre Kinder an eine Messlatte und machen das Größenwachstum des Kindes sichtbar. Auf verschiedene Weisen dokumentieren die Erwachsenen, dass das Kind eine Geschichte hat. Eine Mutter hat zum Beispiel die alten Kappen und Mützen ihres Sohnes gesammelt und mit Zeitangaben über dem Bett aufgehängt. Eine andere Mutter hat ihr Kind jedes Jahr in demselben Sessel fotografiert und diese Fotografien in eine chronologische Reihe gebracht. Die Kinder, die mithilfe der oben genannten Medien ihre Veränderungen beobachten können, verstehen: Wir werden immer größer. Wir haben eine Vergangenheit, eine Gegenwart und eine Zukunft. Wir dürfen uns dazu erzählen lassen. Kinder, die in der Entwicklung ihrer biografischen Identität so hilfreich durch Erwachsene unterstützt werden, haben es leichter, ein Bezugssystem aufzubauen, das ihnen hilft, selbstbewusst an ihre Zukunft zu denken.

Die Kinder erfahren in diesen Erzählungen aber nicht nur ihre eigene Geschichte, sondern auch die Geschichte der Familie. Sie erfahren dabei ganz automatisch, dass es in ihrer Familie, die ja immer auch Teil der Gesellschaft ist, Verbindungen, Meinungen, Ordnungen, Deutungen, Riten und Werte gibt, welche die Gegenwart der Familie bestimmen und zugleich Regeln für die Zukunft des Kindes in der Gesellschaft sein sollen. In der Familienerzählung oder Generationenerzählung erfahren die Kinder, dass Erzählungen nicht nur fiktive oder erlebte Geschichte sind, sondern auch Ordnungsmuster ergeben, die ihnen helfen, über das Wissen hinaus zu verstehen, zu handeln und Identität aufzubauen. Es ist die Familienerzählung, über welche die Kinder in ihren ersten Jahren ein kommunikatives Gedächtnis aufbauen.[10] Die Familie kann man darum auch als „Erinnerungsgemeinschaft" bezeichnen, in welcher das Thematisieren vergangener Ereignisse, Erlebnisse und Handlungen eingeübt wird und in der durch die „Herausbildung unterschiedlicher Zonen von Vergangenheit, Gegenwart und Zukunft die Menschen zu ‚geschichtlichen Wesen' werden".[11]

Der Aufbau eines kommunikativen Gedächtnisses erfolgt in der Regel durch die unbeabsichtigte Erzählung in der Familie. Manche Eltern oder Großeltern informieren über die Geschichte der Familie und von der gemeinsamen Herkunft aber auch absichtsvoll. Sie erzählen nicht nur, sondern unterstützen ihre Berichte noch gern mit dem Zeichnen eines Stammbaums. Es ist für das Kind eine faszinierende Erfahrung, seinen Platz in der Generationenfolge zu finden und zu ahnen, dass die Familiengeschichte mit ihm weitergehen wird.

Erich Kästner erzählt, wie wichtig es für ihn als Kind war, eine Verbindung zwischen sich und seinen Vorfahren hergestellt zu bekommen: „Denn ohne Vorfahren wäre man im Ozeane der Zeit […] ganz allein […]. Durch unsere Vorfahren sind wir mit der Vergangenheit verwandt und seit Jahrhunderten verschwistert und verschwägert."[12] Der Begriff „Ozeane der Zeit" drückt aus, in welcher Situation sich Kinder befinden: Auf dem „Ozean als Seeweg" werden Seekar-

---

„Anker", die sich für ALLE Kinder innerhalb der Familie eignen:

Die Mütter, Eltern, Großeltern, Stiefeltern, Pflegeeltern, Tanten und Onkel können/sollten

- einen Jahrestisch an einem festen Platz in der Wohnung aufstellen, auf dem das Jahr mit seinen Veränderungen sichtbar wird: Gemeinsam bemalte Eier zu Ostern, gesammeltes Strandgut/einen Stein/ein Stück Baumrinde von einem Ferienausflug im Sommer, gemeinsam geholtes Herbstlaub im Herbst u.v.m.;
- ein Fotoalbum oder eine Bilderzeitleiste (siehe Foto) für Kinder anlegen und dazu erzählen;
- gemeinsam mit dem Kind eine persönliche Zeitleiste über das Leben des Kindes oder über die gemeinsam mit dem Kind verbrachte Zeit anlegen;[13]
- mit dem Kind für Verwandte und Bekannte einen Kalender herstellen, der die Beschäftigungen des Kindes im Verlauf des Jahres zeigt, mit Fotos und vom Kind hergestellten Zeichnungen;
- mit dem Kind jährlich einmal eine Orts- oder Ortsteilrallye durchführen und die Veränderungen vor Ort entdecken lassen;
- eine Andenkensammlung mit dem Kind anlegen, diese dann öfters betrachten und dazu erzählen. Dies kommt auch dem Bedürfnis des Kindes nach Erinnern und Sammeln entgegen.

ten, Bojen, Leuchttürme, Fahrrinnen und Ankerplätze beim Navigieren und zum Ankommen gebraucht. Auf dem „Ozean der Zeit" brauchen die Kinder Erzählungen, Ordnungen, Werte, Regeln, Vertrautheiten, Zeitmedien, Zäsuren und Ankerplätze zum Arbeiten, Ausruhen und Ankommen.

Noch ein Hinweis zum Medium Stammbaum: Das Erarbeiten eines Stammbaums kann, insbesondere in der Schule, zu Problemen führen, wenn manchen Kindern der Vater oder die Großeltern nicht bekannt sind. Kinder dürfen sich nicht schämen müssen, wenn sich ihre Herkunft nicht in Breite und Tiefe darstellen lässt.

Es ist die Aufgabe der Lehrenden, ihrer Lerngruppe in solchen Fällen andere Zeitmedien und „Ankerplätze" anzubieten, die ebenso Orientierung ermöglichen.

Orientierung in der zyklischen und linearen Zeit: Rhythmisierungen, Rituale und Regeln für die Altersstufen drei bis acht

Der Tag und die Woche

In ihrer Kindergartenzeit und zu Beginn der Grundschulzeit lernen die Kinder die naturnahe, zyklische Zeit als ordnende Konstante kennen und üben sich ein in die Verkehrszeit der Erwachsenen. Als erstes erkennen sie die Ordnungen im Tagesablauf, bald die der Woche und schließlich die des Jahres. Sie erfahren, dass diese zeitlichen Einheiten sich wiederholen. Jeden Morgen begrüßen sie sich im Morgenkreis und frühstücken im Frühstückskreis. Sie schließen den Schultag gemeinsam ab, indem sie sich an die Hand nehmen und sich mit einem Lied oder einem Spruch verabschieden. Jeden Tag wird ein Kalenderblatt abgerissen oder ein Tag angekreuzt. Bald ist eine Woche vergangen. Diese wird häufig mit einem Wochenthema oder Wochenplan (s. S. 104 f.) begonnen und mit einem Wochenabschlussfest oder einer Präsentation beendet. In vielen Klassen wird vor dem Wochenende „aufgeräumt", unter den Tischen, in den Ranzen und zuletzt in den Köpfen: Jedes Kind erzählt, was es in der Woche geplant, gelernt und erreicht hat und was es in der kommenden Woche noch nachholen muss. So hilft ein Blick in die vergangene Woche bei der Planung der kommenden. Einen Zeitraum von mehreren Wochen besprechen die Erzieherinnen und Erzieher im Elementarbereich, wenn sie mit den Kindern das persönliche Portfolio (s. S. 113) aufschlagen, gegenwärtige und vergangene Begebenheiten und Handlungen besprechen und zukünftige planen. Neben den Wochenabschlussfeiern gibt es auch die Monatsfeiern, an denen sich die einzelnen Gruppen, Stufen oder der ganze Kindergarten bzw. die ganze Schule mit dem im vergangenen Monat Gelernten beschäftigen. Wochen- und Monatsabschlussfeiern unterstützen die Entwicklung des kindlichen Zeitbewusstseins und schaffen gemeinsame Identität.

Das Jahr, die Jahreszeiten und die Jahresuhr

Das Jahr erleben die Kindergartenkinder und die Erstklässler auf spielerische Weise durch den Geburtstagskalender, der immer wieder ein Ort gemeinsamen Suchens sowie Zeigens und Anlass für kleine Feierrituale ist.

Eine Visualisierung des Jahresrhythmus erfolgt, wenn die Lehrenden einen Jahrestisch aufbauen, auf welchem für die jeweiligen Monate typische Pflanzen und Gegenstände gesammelt werden. Über dem Tisch hängt die Jahresuhr in Form eines großen Pappkreises mit zwölf Abschnitten. Jeden begonnenen Monat erzählen die Lehrenden zu besonderen Merkmalen des Monats und befestigen oder zeichnen einen Monatsgegenstand, den wir aus der Fröbel-Pädagogik übernommen haben. Dies ist zum Beispiel ein Schulranzen im Monat August, eine typische Pflanze des Septembers, ein gefärbtes Blatt im Oktober usw. Auch die Kinder haben in ihrer Sachunterrichtsmappe ein Arbeitsblatt mit diesem Kreis und übertragen die Symbole.
Dazu wird ein bekanntes Kinderlied gesungen:

> „Januar, Februar, März, April, die Jahresuhr steht niemals still,
> Mai, Juni, Juli, August, weckt in uns allen die Lebenslust.
> September, Oktober, November, Dezember und dann – und dann
> fängt das Ganze schon wieder von vorne an ...
> Januar, ..."
>
> Rolf und seine Freunde: Die Jahresuhr. Audio-CD, 1992
> (© Mit freundlicher Genehmigung MUSIK FÜR DICH Rolf Zuckowski OHG, Hamburg).

Diese Strophe wird von den Kindern viele Male mit großer Freude wiederholt und sie verstehen den Zyklus der Zeit.

Neben dem Kalender und der Jahresuhr sollten die Kinder bereits im Elementarbereich Zeitmedien wie Zeitrolle, Zeitleiste und die Erduhr kennenlernen, wenn sich dazu Gelegenheiten bieten, zum Beispiel wenn Kinder Medien und Spielsachen zu den Kernthemen Saurier oder Indianer mitbringen oder wenn dazu Projekte gemacht werden.
In vielen Grundschulen erleben die Kinder den Rhythmus der Zeit durch die Arbeit im Schul-

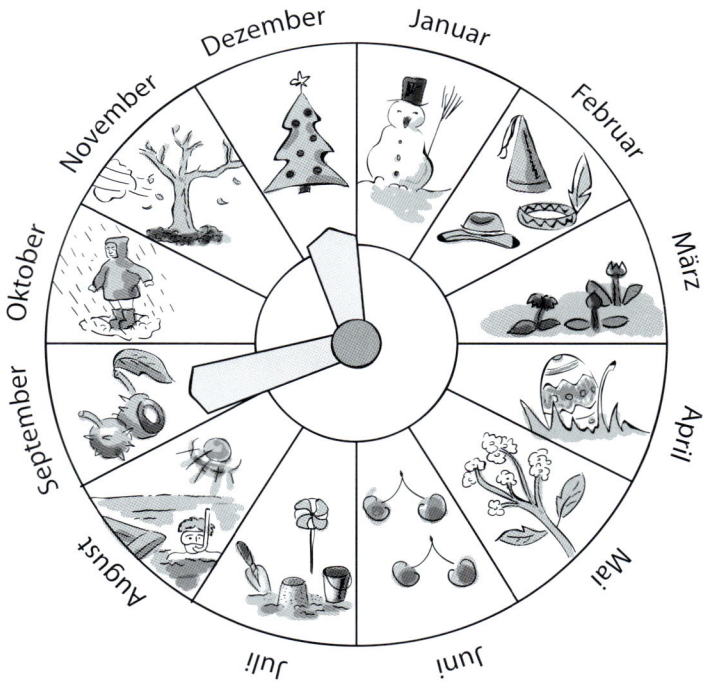

garten, durch Säen und Ernten und durch die Beobachtung der Jahreszeiten mit den Beschreibungen des Typischen dieser Jahresabschnitte. Zu Anfang eines neuen Jahres sollten wir die Kinder auffordern, ihre Hoffnungen, Ängste und Planungen für das kommende Jahr aufzuschreiben. Zukunft ist nicht vermittelbar, aber über ihre Zukunft können die Kinder nachdenken. Ihre Gedanken zum beginnenden Jahr schreiben die Kinder auf und stellen ihre kleinen Aufsätze auf einem Plakat zusammen. Dieses Plakat bleibt für ein Jahr im Klassenraum hängen und ist Grundlage für ein ganz individuelles wiederholtes Anschauen und Nachdenken über Planen, Hoffen sowie über Zukunft.

In all diesen Handlungen, Ritualen und Regeln erfahren die Kinder Verlässlichkeit und Orientierung.

Von der zyklischen Zeit zur historischen Zeit im Grundschulalter

Die Festkultur als Gefahr und Chance beim Aufbau von Identität

Im Verlauf des Jahres sind es vor allem die Ferien und Feste, die für die Kinder Zäsuren bilden und Gelegenheiten zur Einführung in die historische Zeit bieten. Adventszeit, das jüdische Lichterfest, Nikolaus, Weihnachten, Ramadan mit dem Zuckerfest für Kinder, Fasching und Ostern sind religiös entstandene Feste, die das Jahr einteilen und die Geschichtskultur prägen.

Mit den Festen und den darin enthaltenen Riten sind Überlieferungen verbunden.[14] Diese lernen die Kinder in ihren ersten Lebensjahren kennen und sollen sie nun bald reflektieren. Durch gemeinsames Feiern der Feste sowie durch Erzählen und Arbeiten zu den Wurzeln dieser Feste entwickeln die Kinder sich weiter in der Ausbildung ihres Geschichtsbewusstseins. Sie erweitern ihr Wirklichkeitsbewusstsein, wenn sie zwischen den Wurzeln der Feste und den Mythen und Gebräuchen unterscheiden lernen, die mit den Festen gewachsen sind. Sie erkennen, welche Feste für ihre Familien oder Gruppen wichtig sind und bauen sowohl individuelle als auch kollektive Identität auf.

Mit dem Wissen zu diesen Festen und mit dem Verstehen ihrer Bedeutung für die Gesellschaft nehmen die Kinder teil am kulturellen Gedächtnis, das sie als verbindend, aber auch als abgrenzend empfinden. In vielen Schulklassen der ersten und zweiten Jahrgangsstufe können wir dies an Äußerungen sowie Abgrenzungstendenzen der Kinder festmachen: „WIR feiern das nicht/ Ich darf das nicht feiern, weil WIR das nicht haben/WIR haben jetzt das FEST XY, das habt IHR nicht!" Aus Studien wissen wir, dass Menschen Fremdgruppen homogener wahrnehmen als ihre Eigengruppe.[15] Eine homogene Fremdgruppe kann als bedrohlich empfunden werden. Hier zeigt sich die Notwendigkeit, dass Lehrerinnen und Lehrer die Festkultur ihrer Schülerinnen und Schüler kennen und Abgrenzungstendenzen beeinflussen sollten.

Historisches Lernen kann die unterschiedlichen Traditionen und Werte in ihrem Gewordensein erklären. Die Kinder verstehen: Das andere Kind ist nicht so, weil es sich abgrenzen bzw. von meiner Kultur abwenden will, sondern weil sich seine Kultur in vielen Jahrhunderten so entwickelt hat, genauso wie meine und wie alle Kulturen eine Kontinuität und einen Wandel haben. Unterrichtserarbeitungen zum kul-

Faschingsmode für Kinder

turellen Gedächtnis haben also eine wichtige Bedeutung für den Erwerb interkultureller Kompetenz[16] und den Aufbau von Identitätsbewusstsein sowie moralischem Bewusstsein. „Nur wer die Verschiedenartigkeit sozialer und kultureller Lebensbedingungen und Wertvorstellungen als einen Normalfall menschlicher Geschichte begreift, kann ein reflektiertes historisches Denken entwickeln."[17]

Wie sollten Unterrichtserarbeitungen zu den Festen angelegt sein? Eine Unterrichtserarbeitung ist dann gelungen, wenn nicht nur Unterschiede aufgezeigt, sondern vor allem die Gemeinsamkeiten gesucht werden. In der Erarbeitung der vielen Gemeinsamkeiten sowie Kontinuitäten der Feste und des Lebens liegt eine Chance zum Aufbau von Verstehen und Toleranz in der multiethnischen Klassengemeinschaft und Gesellschaft. Gemeinsamkeiten und Kontinuitäten in allen Festen sind zum Beispiel das sich Versammeln und Zelebrieren von Ritualen, das Erleben von Zusammengehörigkeit, das Schenken, gemeinsames Essen von traditionellen Speisen, das Erinnern, die Bestätigung und Übernahme von Aufgaben und Verantwortung, das Bitten um Frieden u.a.m.

Feste im kulturellen Gedächtnis. Ein Beispiel aus den Nachbarschaftsreligionen

Die Fastnacht ist der Abend vor dem Beginn der katholischen vierzigtägigen Fastenzeit, welche als Besinnung zu Gott verstanden wird. Im Mittelalter wurden vor der Fastenzeit die Fleischvorräte (Karneval von carne levare, deutsch: Fleisch wegnehmen/Fasching von Vaschang, Fastenschank, letzter Ausschank) aufgebraucht, oft wurde noch einmal richtig gefeiert mit Schlachtung, gemeinsamer Malzeit, Konsum von Alkohol und Fröhlichkeit. Im Laufe der Zeit entwickelten sich daraus kulturelle Gemeinsamkeiten. Manche der Bräuche, wie Tanz oder Umzüge, teils auch mit Maskierung und Verkleidung, gehen auf vorchristliche Traditionen zurück.

Für die Grundschulkinder ist es verblüffend zu erfahren, dass ihre Faschingsfeiern, in denen sie ihre Lust am Verkleiden ausleben können, in vielen Jahrhunderten im religiösen Kontext entstanden sind.

In der islamischen Religion hat das Fasten noch eine zentrale Bedeutung. Manche älteren Kinder ab dem 8./9. Lebensjahr, die sich das Fasten zutrauen, nehmen bereits daran teil. Da in manchen Gebieten der Anteil muslimischer Kinder im Klassenverband 30 bis 50 % beträgt, besteht Aufklärungsbedarf. Zu Ramadan erfahren die Kinder durch ihre türkischen Klassenkameraden, dass die Muslime eine Fastenzeit haben, in der eine Rückbesinnung auf Gott stattfinden soll, begleitet durch gute Taten wie die Armenspeisung, durch bewussten Verzicht auf Essen, Trinken und Feiern bei Tageslicht. Jeden Abend nach Eintritt der Dämmerung erfolgt das Fastenbrechen mit gemeinsamem Essen, Trinken und Feiern. Am Ende der dreißigtägigen Fastenzeit sollen Unstimmigkeiten ausgeräumt und die Kinder beschenkt werden.[18]

Dieses Beschenken zum Zuckerfest ist eine gute Gelegenheit, dass sich alle Kinder der Klasse eine kleine Süßigkeit überreichen. Die muslimischen Klassenkameraden erfahren damit eine Wertschätzung ihrer Kultur, genauso wie die christlichen Schulkinder eine Wertschätzung ihrer Kultur erfahren, wenn muslimische Kinder ihnen zu Weihnachten beim „Wichteln" ein Geschenk machen.

Kinder, die mit ihren deutschstämmigen Vorfahren aus Russland noch das Masleniza-Fest begehen, erfahren über die Parallelen zur Fastenzeit in Deutschland und freuen sich über das in der Klassengemeinschaft zelebrierte gemeinsame Essen von Blinys, ähnlich den deutschen Pfannkuchen.

Die christliche Adventszeit und das jüdische Chanukka-Fest[19] sind auch Feste, die sich gut in der Klassengemeinschaft feiern und vergleichen lassen. In der Adventszeit wird bis Weihnachten jede Woche eine Kerze mehr angezündet, man isst süßes Gebäck, Lieder werden gesungen, die Kinder bekommen jeden Tag im Adventskalender eine Kleinigkeit geschenkt. Während des achttägigen jüdischen Lichterfestes wird jeden Tag auf dem achtarmigen Leuchter eine Kerze mehr angezündet. Im Familienkreis werden Lieder gesungen, Krapfen und in Öl gebackene Speisen verzehrt und die Kinder erhalten Geschenke.

Die Feste im Jahresverlauf[20] bieten also einen idealen Lernanlass:
- Die Kinder verstehen, dass heutige Verhaltensweisen und Werte aus der Vergangenheit erklärt werden können und die Kultur von Gemeinschaften prägen.
- Die Kinder erarbeiten die Gemeinsamkeiten der Feste. In der Einübung des Erkennens von Gemeinsamkeiten entwickeln sie Toleranz und kollektive Identität.

Beschäftigung mit der inhaltlich gefüllten Zeit für die Altersstufen 6 bis 12: Vorschläge für den Unterricht

**Das bin Ich
Entwicklung von Planungsfähigkeit durch Strukturierung der eigenen Vergangenheit**

Ab dem zweiten Schuljahr ist die Schreibkompetenz der Schülerinnen und Schüler soweit fortgeschritten, dass sie zu ihrer eigenen Geschichte schreiben können. Im zweiten Schuljahr nutzen viele Lehrende die Ergebnisse einer Studie von Christina Ehlers und die damit verbundenen Unterrichtsvorschläge. Ehlers hat 1989 in vier Grundschulen mit den zweiten Jahrgängen zum

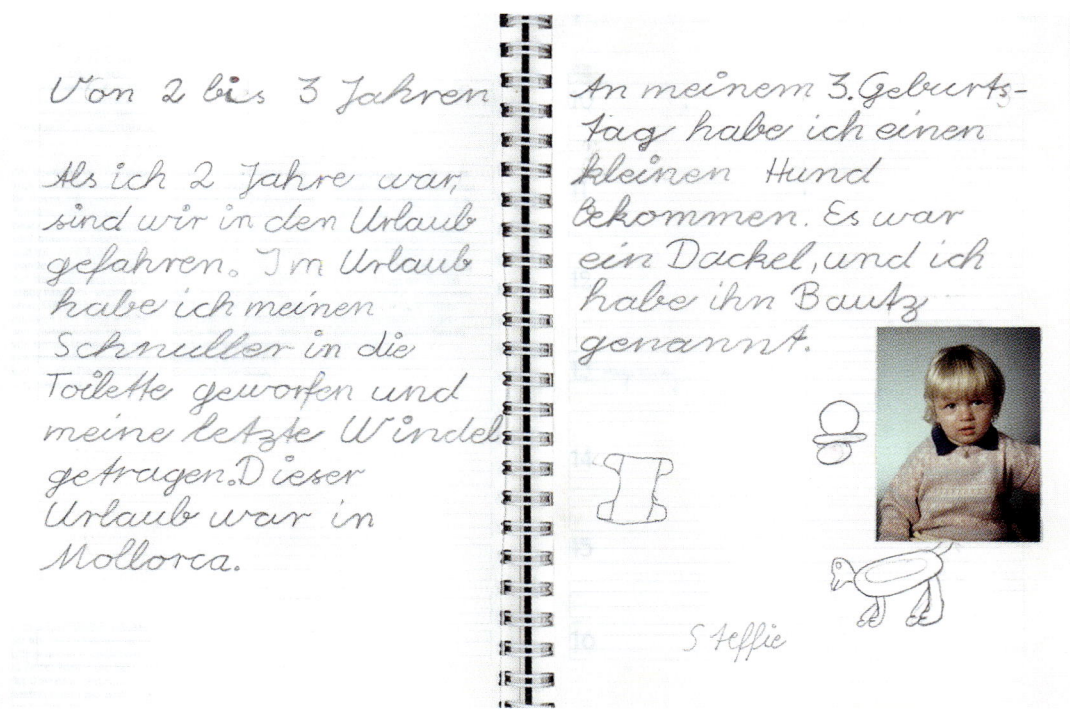

Je nach Schreibfertigkeit des Kindes kann eine „DAS-BIN-ICH"-Seite oder ein ganzer Aufsatz geschrieben werden, wie hier in diesem Beispiel. Die achtjährige Steffie hat ihre Mutter interviewt und dann über ihre eigene, noch junge Geschichte geschrieben, was ihr bedeutsam war.

Thema Zeit gearbeitet. Die Kinder haben Fotos zu ihrer eigenen jungen Vergangenheit in eine Reihung gebracht und sich ein kleines individuelles Geschichtsbuch zu ihrer Biografie angelegt, ein **Das-bin-ich**-Heft. In diesem waren ein Steckbrief, Erzählungen der Familie, Zeichnungen, Erinnerungen, Fotos und anderes mehr aufgenommen. Daneben forschten die Kinder zu den Lebensläufen älterer Menschen und zu alten Gegenständen. Vor und nach der Unterrichtseinheit wurden die Kinder zu ihrem Wissen, ihrem Geschichtsbewusstsein, zum Zukunftsverständnis und zu ihrer Planungsfähigkeit befragt. Es stellte sich heraus, dass sich die Zukunftsperspektive und die Planungsfähigkeit der Kinder durch die Behandlung der Vergangenheit weiterentwickelt hatten.[21] An der Universität Bremen erforschte man, wie sich Vergangenheit und Zukunft im Bewusstsein von Kindern äußern. Über mehrere Jahre hindurch konnte festgestellt werden, dass ein unmittelbarer Zusammenhang zwischen einem inhaltlich gefüllten Vergangenheitsbewusstsein und einem „realistisch-kreativen"[22] Zukunftsbewusstsein besteht. Die neuen Unter-

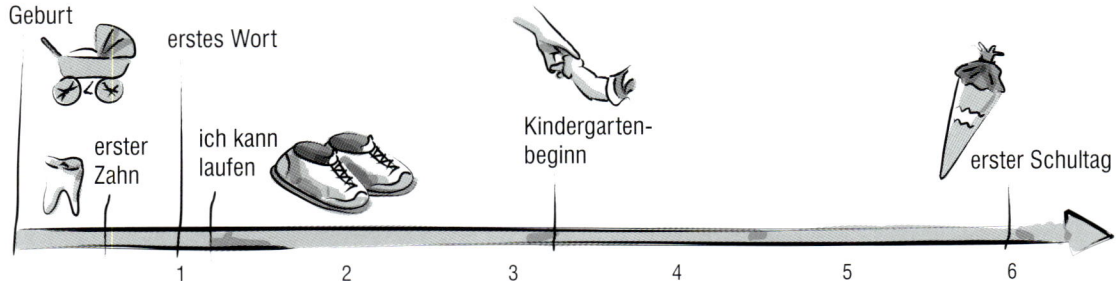

Dies ist ein Beispiel für eine Ich-Zeitleiste, in der die Kinder zentrale Daten über ihr Leben eintragen können: Neben den festen können individuelle Daten wie Taufe und andere Feste, besondere Kinderkrankheiten etc. ergänzt werden. Die Schülerinnen und Schüler müssen, um die Zeitleiste zu vervollständigen, ihre Eltern befragen und gemeinsam mit den Großen nachdenken. Sie können die Zeitleiste mit kleinen Zeichnungen ausschmücken.

suchungen der Hirnforschung ergänzen diese Studien, weil in ihnen nachgewiesen wurde, dass dieselben Hirnstrukturen aktiv sind, wenn sich Menschen an die Vergangenheit erinnern und sie sich Zukünftiges vorstellen (s. S. 13). Mittlerweile ist das autobiografische Lernen ein Klassiker des Sachunterrichts in den zweiten Jahrgangsstufen geworden, mit gutem Grund: Wollen wir gleiche Zukunftschancen für alle Kinder eines Jahrgangs schaffen, müssen wir im Elementar- und Primarbereich achtsam die Entwicklung ihres Zeitbewusstseins beobachten, damit die Kinder ihre Zukunftsperspektive sowie Identität beständig ausbauen können.

Vom Ich zum Wir

In der Erarbeitung ihrer eigenen Vergangenheit sehen die Kinder die inhaltsgefüllte Lebenszeit zum ersten Mal in einer grafischen oder schriftlichen Umsetzung. In den folgenden Jahren werden sie viele Medien kennenlernen,[23] die es ihnen erleichtern, historische Zeit mit allen Sinnen zu erfassen. Das nächste Zeitmedium, das die Kinder kennenlernen sollten, sollte die **Das-sind-wir-Zeitleiste** sein, die die gemeinsam verbrachte Kindergartenzeit und die ersten Schuljahre thematisiert. Darauf werden die gemeinsamen Erlebnisse einer bestehenden Kleingruppe festgehalten: Wann kam wer mit wem in den Kindergarten, was wurde dort gemeinsam erlebt, wann wurde die Gruppe eingeschult,[24] was ist seitdem passiert und wie wird man weiter zusammen sein, eventuell bei einem Übergang in eine weiterführende Schule? Auch die neue Lehrkraft sollte ihre Erlebnisse in die besprochene Zeit einfügen. Mit der „Das-sind-wir-Zeitleiste" werden wichtige Ziele erreicht:

- Die Kinder verknüpfen Vergangenheit, Gegenwart und Zukunft, sodass Orientierung in den Zeitebenen möglich wird.
- Die Kinder lösen sich von der Betrachtung der eigenen Biografie und reflektieren ihre geschichtliche Eingebundenheit in eine Gruppe. Die Benutzung des Wir-Begriffs wird als Ansatzpunkt für die Entwicklung von Geschichtsbewusstsein gesehen. Die Kinder

erfahren in der Diskussion unterschiedlicher Erinnerungen aus gemeinsam erlebten Gegebenheiten, dass jeder seine individuelle Erinnerung haben kann, dass Erinnerung also perspektivisch ist. Zum ersten Mal ahnen manche von ihnen, dass es „die" Erinnerung und damit auch „die" Geschichte nicht gibt. Die Erwachsenen sollten den Kindern dazu erzählen, dass jeder Mensch seinen „Sehepunkt" hat, der seine Erinnerung bestimmt.

Mit der „Das-sind-wir-Zeitleiste" verbinden sich die Kinder, die ja alle aus einer unterschiedlichen Erinnerungsgemeinschaft kommen, zu einer neuen kleinen Erinnerungsgemeinschaft und finden eine „Heimat" in der Arbeitsgruppe.

Nach der Ich-Identität, die sich weiter entwickelt, wenn ein Kind zur eigenen Vergangenheit arbeitet, fördert die gemeinsam erstellte Zeitleiste durch das Erzählen und Festlegen einer gemeinsamen Vergangenheit und Gegenwart ein Wir-Gefühl, woraus kollektive Identität entsteht.

Die Erfahrungen aus der Zeitleistenarbeit zum Thema Das-sind-wir sind somit eine Produktionsstätte von Geschichtsbewusstsein.

Zeiterfassung mithilfe geeigneter Medien

Die Zeit sinnlich erfassen: Zeitschritte, Zeitrolle und Zeitreise

Wir haben festgestellt, dass es selbst Erwachsenen schwer fällt, einen Zeitraum von Millionen von Jahren zu erfassen. Für größere Zeiträume, die von Kindern kognitiv nicht erfasst werden können, müssen Lehrende darum sinnliche Hilfen geben, zum Beispiel durch **Zeitschritte**. Eine Möglichkeit bietet sich durch das Abschreiten der Zeit auf dem Schulhof. Ein Schritt könnte 10 Jahre bedeuten, ungefähr das Lebensalter eines Grundschulkindes. In die „Ritterzeit" gehen die Kinder dann mit 100 Schritten und zählen dabei. Diese Zeitschritte sollten die Lehrenden markieren und für andere Themen wie Altes Ägypten oder Steinzeit nutzen. Für das Abschreiten dieser Zeitdimensionen werden sich die Kinder anstrengen müssen, sie werden staunen und ein Gefühl für die Dauer von Zeiträumen entwickeln.

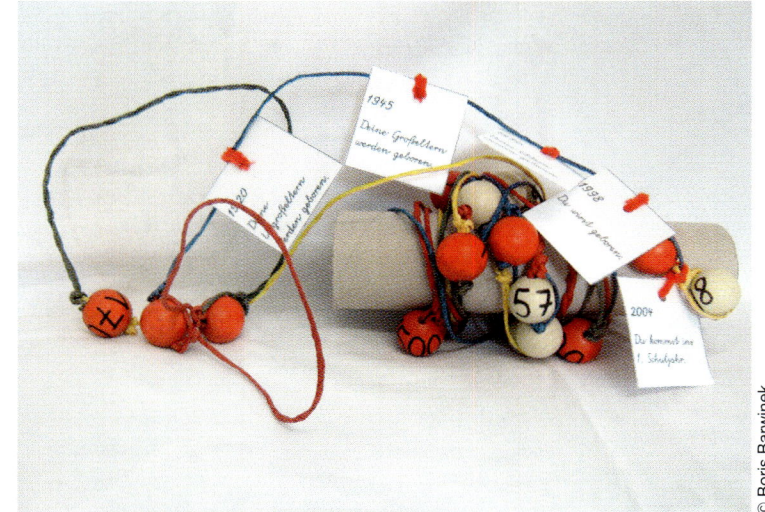

Zeitrolle aus wechselnden farbigen Bändern und Perlen, die bedeutende Jahreszahlen markieren. Die kleinen Schilder zeigen die Geburtsjahre der Eltern- und Großelterngeneration an sowie das Geburtsjahr und Einschulungsjahr der Kinder.[25]

Hier schreiten zwei Kindergartenkinder die Zeit an einer alten Tapetenrolle ab. Darauf sind das Jahr 2009 vermerkt, das Alter der Kinder und die jeweiligen Hunderterschritte. Die Kinder können kleine Bildkärtchen an besonderen Stellen auslegen, wie Geburt der Eltern, der Großeltern, Erfindung des Autos, Entdeckung Amerikas und die Zeit der Ritter und Burgen.[26]

Aus der Montessori-Pädagogik haben wir die **Zeitrolle**, hergestellt aus Bändern, übernommen. Wir müssen sie selbst herstellen und sie kann dann so aussehen: Auf einer Papprolle werden je nach errechneter Zeitdauer gleich lange Bänder in zwei sich abwechselnden Farben befestigt. Möchten Lehrende zum Beispiel, dass die Kinder die Zeit bis zu den Römern/zur Geburt Jesu abrollen, dann knüpfen sie 20 sich abwechselnde Wollfäden von je einem Meter zusammen und befestigen diese auf der Rolle. Ein Meter symbolisiert 100 Jahre, so lernen die Kinder. Perlen werden an bedeutenden Stellen befestigt, zum Beispiel bei der Geburt der Kinder, der Eltern und Großeltern, bei der Entdeckung Amerikas und anderen angedachten Ankerpunkten. Mit dem gemächlichen Abrollen des Bandes sowie gleichzeitigem Zählen durch die Lerngruppe bekommen die Kinder ein Gefühl für die Zeitdimension von 2 000 Jahren.

Zeitrollen sind einfach herzustellen und liegen zum spielerischen Gebrauch für die Partnerarbeit immer bereit. Lehrerinnen und Lehrer können sie zu außerschulischen Lernorten mitnehmen, ebenso wie den sehr stabilen **Zeitstab**. Dies ist ein Holzstab, auf dem 2000 Jahre gekennzeichnet sind. Wer sich die Arbeit des Selberbauens nicht machen möchte, kann auch auf einen käuflichen Zeitstab zurückgreifen.[27]

Aus Kinderbüchern und Audiomedien ist den Kindern die **Zeitreise** bekannt. In manchen historischen Kinderbüchern werden die Leserinnen und Leser mit der Aufforderung, sich in eine imaginäre Zeitmaschine zu setzen, in die vergangene Zeit „entführt". Der Hinweis auf die Zeitmaschine ist aber gänzlich unnötig, denn Kinder im Grundschulalter haben genug Fantasie, um sich auf eine Zeitreise im Klassenraum einzulassen. Sie hören die Stimme ihrer Lehrerin/ihres Lehrers, manchmal sogar begleitet mit leiser Musik, die möglichst der erzählten Zeit angepasst ist:

„Wenn du möchtest, legst du deinen Kopf auf die Arme und schließt die Augen. Du bist ganz ruhig und entspannt. Du reist zurück in die Zeit: 100 Jahre, 200, 300, 400 Jahre. Du bist angekommen. Es ist Sommer. Deine Mutter hat dich zum Pflücken von Pfefferminze geschickt, die außer-

Schreibe und male um das Bild der Familie alles auf, was du über die Zeit von 1920 gehört hast.

Arbeitsblatt aus einer Schülermappe: Ein Schüler hat eine Mind-Map erstellt, nachdem seine Lehrerin über eine Familie im Nationalsozialismus erzählt hat. Der Schüler ist mithilfe der Geschichtserzählung zügig in die fremde Zeit eingeführt worden. Das Bild unterstützt seine Erinnerungsleistung.[28]

halb der Stadtmauern am kleinen Fluss wächst. Du hörst die Turmuhr acht Mal schlagen. Es ist Abend und gleich werden die Stadttore geschlossen. Ob du es noch schaffst? Du läufst ..."

Die Zeitreise regt die Imagination der Kinder an. Was sie in ihrer Fantasie gesehen haben, können die Kinder erzählen oder sie können zu ihren inneren Bildern malen, ganz besonders dann, wenn die Zeitreise in halboffener Form durchgeführt wird und die Kinder aufgefordert werden, sich in der imaginierten Zeit „umzusehen", die Farben, Formen und Gerüche „wahrzunehmen". Die Zeitreise ist ein ideales Medium, um in ein Thema einzuführen, weil die Kinder auf diesem Weg eine Menge an Wissen zum Thema erhalten, das sie sich in diesem Alter noch nicht durch Lesen beschaffen könnten. Auch regt die Zeitreise die Imagination und Neugier der Kinder an und provoziert Fragen an die Geschichte. Weiter kann eine Zeitreise die Grundlage für kreatives Schreiben bilden, zum Beispiel wenn der Erzählende abbricht und die Kinder die Geschichte zu Ende erzählen oder schreiben. Eine Zeitreise für Grundschulkinder sollte nicht länger als 10 Minuten dauern, so lange können Kinder in diesem Alter gut still sitzen und sie können nach 10 Minuten ohne Schwierigkeit wieder aus der imaginären Zeit auftauchen. Dabei sollten die Erwachsenen helfen, zum Beispiel so:

„Du hast dich in der Vergangenheit umgeschaut. Nun ist es wieder Zeit, in die Gegenwart zurückzukommen. Du bist jetzt wieder im Jahr 2009, in deinem Klassenzimmer. Du öffnest die Augen, du reckst und streckst dich ..."

Die Erzählenden sollten deutlich machen, dass die Erzählung erfunden ist bzw. was erfunden und was belegt ist. Damit erfahren die Kinder, dass es erdachte und erlebte Geschichten gibt und werden in der Entwicklung ihres Wirklichkeitsbewusstseins gefördert. Eine Zeitreise ähnelt der Geschichtserzählung (s. S. 102), die weniger fantasievoll ausgeschmückt und weniger meditativ ist.

Unverzichtbare Medien zur Zeiterschließung: Geschichtsschrank, Zeitkreis, Zeitleiste und Zeitkollage

Das Abschreiten der Zeit, die Zeitrolle und die Zeitreise sind sinnliche Medien, die bald durch grafische Medien ergänzt werden. Wir wissen, dass sich die Merkfähigkeit wesentlich erhöht, sobald kognitive Prozesse durch Hören, Sehen, Spielen und Schmecken ergänzt werden. Auch die Merkfähigkeit für zeitliche Marken wird erhöht, wenn bestimmte Übungen mit grafischen Darstellungen unterstützt werden.[29]

Der **Geschichtsschrank**[30] wird durch einen Pappkarton mit fünf Schubladen symbolisiert. In diesen werden, über die gesamte Grundschulzeit hinweg, Bilder und Texte zur Geschichte gesammelt.

Durch die Visualisierung der Epochen mithilfe der Schubladen und durch das beständige Einordnen erhalten die Kinder spielerisch eine Orientierung zu den Begrifflichkeiten aus Geschichtskultur und Geschichtswissenschaft. Ein Beispiel: Die Kinder bringen aus Spielwarenläden die kostenlosen Prospekte zu Spielzeugen mit, schneiden Bilder aus und ordnen die Bilder von Saurierfiguren in die Vorzeit, von römischen Playmobil-Legionären in die Antike und die Bilder vom Lego-Castle in die Schublade Mittelalter. Über alle Grundschuljahre hindurch werden Bilder und Texte aus Tageszeitungen, Fernsehzeitungen oder Kinderheftchen und Kinderseiten aus dem Internet von den Kindern mitgebracht. Gemeinsam in der Klassengemeinschaft wird diskutiert, in welche Schublade/Epoche was gehört. Das wird nicht immer einfach sein, zum Beispiel bei dem von Kindern auch favorisierten Thema „Piraten". „Gab es eine typische Zeit für Piraten? Ist die Piratenzeit vorbei?", so werden manche Kinder fragen. Jedes Kind hat in seiner Sachunterrichtsmappe ein Blatt mit dem gezeichneten Geschichtsschrank. Auch auf dieses Blatt klebt oder malt es im Laufe der vier bis sechs Grundschuljahre Symbole zu den historischen Themen, die im Unterricht behandelt worden sind.

Mit der **Erduhr** lässt sich am allerbesten verdeutlichen, wie viel Zeit seit dem für die Kinder so geheimnisvollen Aussterben der Saurier vergangen ist. Ein Kreis symbolisiert eine Erduhr von 60 Minuten. Das Urmeer entstand nach 8 Minuten, die Urtierchen entstanden in der 45. Minute, die Saurier verschwanden in der 59. Minute. Die Kinder werden staunen, wenn sie sehen und hören, dass es uns Menschen erst seit 2 Sekunden gibt.[31]

Die Erduhr ist das beste Medium, um mit den Kindern in die Zeit der Saurier zu „reisen", denn Zeitschritte und Zeitrolle können diesen Zeitraum nicht visualisieren. Auf vielen vorhandenen Zeitleisten, sogar solchen in Museen, wird in dem Versuch, die Erdgeschichte und die Geschichte der Menschen gleichzeitig darzustellen, mit verschiedenen Maßstäben auf einer einzigen Darstellung gearbeitet. Dies behindert aber die Entwicklung des kindlichen Zeitbewusstseins und sollte darum vermieden werden.

Die **Zeitleiste** haben die Kinder bereits in der Ich- und Wir-Zeitleiste kennengelernt, also in einer persönlichen Zeitleiste. Mit der **Themenzeitleiste** lernen sie ein Medium kennen, das ihnen hilft, ein gerade besprochenes oder zu er-

Die Erduhr symbolisiert 60 Minuten seit Entstehung der Erde. Der Zeiger zeigt an, dass es uns Menschen erst seit zwei Sekunden auf der Erde gibt.

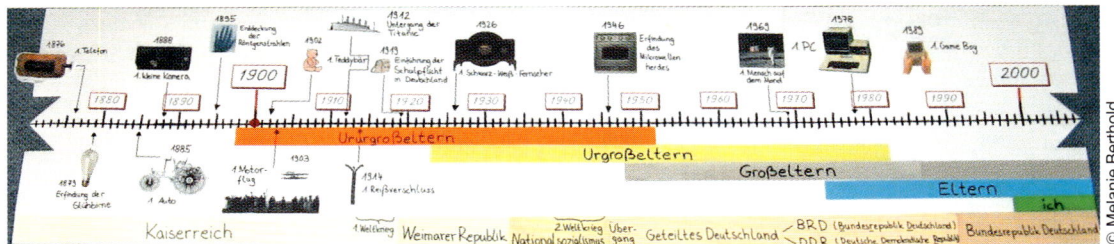

Zeitleiste zum Thema „Kindheit auf dem Land vor 100 Jahren".³² Der grüne Teil symbolisiert das Leben der Grundschulkinder. In Form einer Schablone können die Kinder diesen Teil abnehmen, an die Zeitleiste halten und somit die vergangene Zeit im Vergleich zu ihrer Lebenszeit abmessen und verstehen.

arbeitendes Thema einzuordnen. Die Zeitleiste hat im Gegensatz zur Zeitrolle den Vorteil, dass man das Papier, oft zum Beispiel ein Stück Tapetenrolle, mit Texten und Bildern versehen und so eine räumliche mit einer bildlichen Vorstellung kombinieren kann. Schon im Elementarbereich können sich die Kinder spielerisch an der Zeitleiste orientieren: Eine Zeitleiste über den Zeitraum vom Alten Ägypten bis heute sollte einige Male im Jahr ausgelegt werden. Darauf werden die den Kindern bekannten Playmobil-Figuren oder Kinderbücher gelegt, welche die Erwachsenen mithilfe der Kinder den jeweiligen Epochen Antike, Mittelalter und Neuzeit zuordnen. Dazu können die Erwachsenen kleine Geschichten erzählen. Die Kinder werden nicht belehrt, sondern erhalten auf diese Weise Anregungen und Gelegenheit zum spielerischen Umgang mit der Zeit. In der Schule werden Themenzeitleisten bis zum zweiten oder dritten Schuljahr nur von Lehrenden hergestellt und eventuell von Kindern ausgeschmückt. Am Ende ihrer Grundschulzeit sind die Kinder dann soweit, dass sie mit Hilfestellungen selbst eine maßstabsgerechte Zeitleiste herstellen können.

Auf jeder Zeitleiste sollte unbedingt das durchschnittliche Alter der Erwachsenen aufgenommen sein. Zum Lebensalter der Kinder wird eine Schablone hergestellt. Diese nutzen die Kinder zum Abmessen der Zeit bis zu jenem Jahrhundert, zu dem die Lerngruppe gerade arbeitet. Durch das handlungsorientierte Abmessen der Zeit mit der Schablone entsteht eine konkretere Vorstellung von der Zeitdauer und die Behaltensleistung wird erhöht.

Bilder haben im historischen Lernen eine zentrale Bedeutung, da Geschichte nicht anschaulich und die Leseleistung der Kinder in der Grundschule nicht immer fertig ausgebildet ist. Manche Kinder sind visuelle Lerntypen und können Texte besser aufnehmen und behalten, wenn sie von Bildern begleitet werden. Es ist also unbedingt nötig, dass die Erarbeitung eines historischen Themas durch eine **Zeitkollage** begleitet wird. Ein Beispiel: Zur Bearbeitung des Themas Nationalsozialismus hängen im Klassenraum vier Plakate mit einfachen kopierten und aufgeklebten Bildern zu den Einzelthemen Propaganda, Kinder und Jugendliche, „Volksgemeinschaft" und Widerstand. Diese Zeitkollagen führen den Kindern das Thema jeden Tag wieder vor Augen und sind immer wieder ein Ort von Imagination, gemeinsamen Zeigens, anregender Gespräche, Vergewisserung und auch Wiederholung.

Historische Quellen als Grundlage von Fragen und Erkenntnissen im Klassenraummuseum und in der Zeitkiste

Quellen sind alle Hinterlassenschaften aus der Vergangenheit, die uns über diese Aufschluss geben können. Da Quellen zunächst einmal nichts erklären oder die Kinder belehren, geben sie zu Fragen, Hypothesen und Interpretationen Anlass. Ein weiterer Vorteil ist ihre Anschaulichkeit, besonders die der Sachquellen.[33] Alle Kinder möchten einen alten Brief, eine schwere Lanze, eine handbetriebene Kaffeemühle in den Händen halten. Sofort entwickeln sich Fragen und Hypothesen dazu. Quellen sind darum besonders geeignet für das gemeinsame Nachdenken über vergangenes Handeln und Leiden. Das **Klassenraummuseum** ist eine ideale Methode, Quellen kennen und nutzen zu lernen. Vorbereitet wird das Erstellen eines Klassenraummuseums durch das Kuscheltiermuseum (s. S. 114).

Für das Klassenraummuseum werden die Kinder aufgefordert, einen alten Gegenstand in den Klassenraum mitzubringen. Diese Gegenstände werden mithilfe der Lehrenden nun zu Grundlagen von Spielen und Übungen. Ähnlich wie beim Teekesselchen-Spiel kann jedes Kind seinen noch verdeckt gehaltenen Gegenstand in Abständen solange beschreiben, bis ein anderes Kind ihn errät. Noch weiß kein Kind, aus welcher Zeit das Bügeleisen, der Fotoapparat, der Zylinderhut oder der Holzrechen stammen. Alle Gegenstände müssen daher nach der Spielphase bearbeitet werden. Die Gegenstände können beschrieben, vermessen, eingeordnet und nach museumsdidaktischen Maßstäben aufbereitet werden. Das Schätzen und Forschen zur zeitlichen Einordnung der Gegenstände hilft, Zeitbewusstsein weiter auszubauen. Die gesammelten Ausstellungsstücke werden viele Fragen aufwerfen und Grundlage für Hypothesen sein. Die Kinder werden beim Fundgeber nachfragen müssen und sie dürfen interpretieren. Insofern ist die Beschäftigung mit einem Klassenraummuseum auch eine Einübung in die Historische Methode (s. S. 102 f.). Die vielen Handlungen vorzunehmen und den Wert alter Gegenstände zu erkennen bilden eine stabile Basis, um Museumsbesuche mit Kindern vorzubereiten.

Wie wird ein Objekt unserer Zeit zur Quelle und zur Grundlage gemeinsamer Konstruktion von Geschichte? Zum Beispiel durch die **Zeitkiste**. Manche Lehrerinnen und Lehrer sowie Museumspädagogen bauen Zeitkisten zu Themen wie Steinzeit, Kelten oder Ägypten. Sie legen Objekte jener Zeiten, oft in Form von Nachbildungen, in eine Pappkiste mit Sand und lassen die Kinder diese Objekte suchen und interpretieren. Für viele Lehrende ist es allerdings schwierig, solche Nachbildungen zu sammeln. Einfacher und witziger ist darum die Zusammenstellung einer Zeitkiste mit Objekten unserer heutigen Zeit. Man legt ein Handy, eine CD, einen kopierten Fünfeuroschein, ein Tamagotchi, einen Gameboy und anderes mehr in den Sand. Nun

Die Zeitkiste spielerisch entdecken: In der Gegenwart die Vergangenheit der Zukunft in den Händen halten.

darf eine Schülergruppe wie Archäologen vorsichtig diese Dinge „ausgraben", also freilegen. Die Gruppe erhält den Auftrag, mit den Augen von Menschen aus dem Jahr 3000 auf die Objekte der Menschen aus dem Jahr um 2000 zu schauen und zu interpretieren, was diese über die vergangene Zeit aussagen könnten.

Fasst man die vielen Handlungsmöglichkeiten und Lernchancen des Klassenraummuseums und der Zeitkiste zusammen, dann sind diese als ausgezeichnete Methoden und Medien zu empfehlen, weil hier Geschichtsbewusstsein und Methodenkompetenz gefördert werden und im gemeinsamen Nachdenken die Konstruktion von Geschichte ermöglicht und für Kinder erfahrbar gemacht werden kann.

Offene Unterrichtsformen fördern Zeitbewusstsein

In vielen Grundschulen arbeiten Kinder mit Tages- und Wochenplänen. Dies sind von den Lehrenden für einen Tag oder eine Woche erstellte Arbeitspläne, in denen Arbeitszeit, -partner und -form von den Kindern individuell gestaltet und gewählt werden können. Die Kinder lernen dabei die Zeit zu strukturieren. Sie lernen Disziplin und werden selbstständiger in der Gestaltung von Arbeitstempo und Arbeitsanspruch. Wochenpläne sind äußerst geeignete Lernformen für das historische Lernen, da durch sie das gemeinsame Nachdenken über die Vergangenheit besonders ermöglicht wird. Als Hilfestellung benötigen die Kinder jedoch Lernarrangements (vgl. besonders Kap. 9).

Wichtiges in Kürze

- Ein chronologisches Zeitkonzept können Kinder bereits vor dem abgeschlossenen Erwerb unseres Zahlensystems aufbauen.
- Das Temporalbewusstsein von Kindern ist im selben Jahrgang sehr unterschiedlich ausgeprägt. Es entwickelt sich in der Sozialisation der Kinder. Lehrende müssen mit differenzierenden Methoden und Medien einen Ausgleich schaffen.
- Kinder im Elementarbereich orientieren sich zumeist noch an der biografischen Zeit. Im Primarbereich nutzen die Kinder bereits Fachbegriffe zur Einteilung geschichtlicher Schwerpunkte. Sie benötigen eine beständige Erweiterung dieser Fachbegriffe, um kommunizieren zu können.
- Über die Familienerzählung bauen Kinder ein kommunikatives Gedächtnis auf.
- Familienangehörige können Kindern „Anker" zur zeitlichen Orientierung schaffen.
- Rhythmisierung und Rituale helfen Kindern, sich in die Verkehrszeit der Erwachsenen einzugewöhnen.
- Die Reflexion von Festkultur verhilft zum Anerkennen von Unterschiedlichkeit sowie zum Erkennen von Gemeinsamkeiten aller Menschen in Zeit und Raum. Daraus entwickeln sich Gelassenheit und Toleranz sowie Identität.
- Zeitmedien sind unverzichtbar im Ausbau von Methodenkompetenz und Orientierung sowie im Aufbau von Identität.
- Offene Unterrichtsformen fördern Zeitbewusstsein.

KAPITEL 4
„Ich hab ´ne Lego-Burg ..."
Wo und wie Kindern Geschichte begegnet, Teil 1

Ein Tag im Leben von Anton

Anton geht in die zweite Klasse. Es ist sieben Uhr. Anton nimmt seinen Ranzen mit den Saurierabbildungen und packt sein Mäppchen, verziert mit Indianerbildern, ein. Schnell noch das Dino-Müsli aufgegessen und die Piratenbrotbox geschnappt. Anton zieht seine Jacke an und kontrolliert, ob sich noch die Star-Wars-Sammelbilder in der Tasche befinden. Er will in der Pause mit Freunden tauschen. Sie gehen zusammen los, Mama, Anton und die kleine Schwester Johanna. Sie sind spät dran, weil Johanna erst noch die Strumpfhose wechseln wollte. Die pinkfarbene Strumpfhose mit Pocahontas drauf zieht sie am liebsten an. Nun sind sie beim Anne-Frank-Kindergarten angekommen und Anton wirft noch einmal schnell einen Blick auf das Hakenkreuz, das jemand vor einer Woche an die Tür gesprüht hat. Die Erwachsenen tuscheln immer dazu und tun so geheimnisvoll. „Die trauen sich nicht darüber zu sprechen", denkt Anton, „nachher frage ich wieder meinen Freund Tim, der weiß genau Bescheid".
Im Morgenkreis ist es heute spannend. Die Lehrerin liest eine Geschichte über einen Keltenfürsten vor.[1] In der Nähe des Schulortes ist nämlich ein Keltengrab entdeckt worden. Die Kinder hatten davon gehört und wünschten sich von der Lehrerin einen Besuch der Ausgrabungsstätte. Das Vorlesen wird unterbrochen. Es klopft. Die Rektorin kommt herein und bringt zwei neue Schüler, Olga und Sergej, Kinder von Aussiedlern. Die Lehrerin stellt die Kinder vor und berichtet, dass Olga und Sergej aus Russland kommen, aber ihre Vorfahren Deutsche sind. Später wird sie ihnen dazu mehr erzählen. Antons Freund Ahmet flüstert ihm zu, dass seine Vorfahren keine Deutschen waren und dass sie Deutschtürken sind.
Nach der Schule geht Anton mit Ahmet und Lilly nach Hause. Sie trödeln ein wenig und schauen sich an einem Bauzaun die Fotos darauf an. Sie zeigen die Bebauung des Grundstücks vor und nach der Bombardierung sowie in den sechziger Jahren. Nun kommt hier eine Einkaufsmall hin. Die Kinder interessieren sich besonders für das Bild nach der Bombardierung. Sie gruseln sich und hoffen, dass es keinen Krieg mehr gibt.
Anton verabredet sich mit Lilly. Weil Anton noch nicht genug Königsritter hat, soll Lilly am Nachmittag ihre Playmobil-Drachenritter und das Königszelt mitbringen, dann können sie prima mit Antons Playmobil-Burg spielen. Am Nachmittag spielen die Kinder zusammen, aber bevor sie die Erstürmung der Burg spielen können, müssen sie erst einmal die vielen Figuren sortieren. Lilly findet einen Tribun mit Pferd und erklärt Anton, dass der Tribun römisch ist und nicht in die Ritterkiste gehört. Lilly hat zwei Sortierboxen mitgebracht, die Box Ritter und die Sortierbox

Bauern. Die Bauern müssten auch mitspielen, verlangt sie, weil die Bauern zu den Rittern gehört hätten.

Jetzt schaut Antons Vater in das Kinderzimmer hinein. Er hat auf dem Heimweg von der Arbeit eingekauft, und zwar einen Kürbis, den die Kinder zu Halloween aushöhlen wollen. Anton zeigt Lilly sein Kostüm: Er geht als Mumie. Lilly erzählt, dass sie als Hexe gehen will und ärgert sich, weil Anton sagt, dass er sie dann „verbrennen" wird. Lilly will nun nach Hause, aber nicht, bevor alle Figuren wieder in den richtigen Boxen sind und nicht, bevor ihr Anton das Buch *Das Geheimnis des Zenturio* wieder gegeben hat, das sie ihm ausgeliehen hatte.

Vor dem Abendessen darf Anton noch ein wenig Fernsehen. Er zappt durch die Sender und sucht etwas Passendes im Angebot: Ein Comic über Wikinger, Pirates of the Caribbean Sea, Die drei Prinzessinnen, Werbung über die Schokolade der Mayas, Heidi, Hexe Lilli, Mona der Vampir, Schloss Einstein, Winnetou, Die drei Musketiere, Nachrichten. Anton kann sich nicht entscheiden und stellt den Fernseher aus. Er muss etwas mit der Mama besprechen. Gerade hat er in den Nachrichten etwas über Kindersoldaten gehört. Muss er das auch mal werden, wenn der Krieg auch nach Deutschland kommt? Die Mama beruhigt ihn und fragt, ob er helfen will, das Abendessen vorzubereiten: Es gibt Salat und „Arme Ritter".

Im Bett dürfen sich Anton und seine Schwester noch eine Geschichte wünschen: Lieber *Des Kaisers neue Kleider* oder *Richard Löwenherz*?

Anton träumt in dieser Nacht von Mumien, Rittern, Fürsten und Kriegern. Er spricht im Schlaf. Seine Eltern hören dies und sein Vater sagt: „In der Schule bringen sie die Kinder ganz durcheinander. Jetzt sprechen die da schon von den Kelten. Als ob die Kinder schon was von Geschichte verstehen würden. Dazu sind die doch viel zu klein"!

Die obige Beschreibung von Anton und seiner Begegnung mit Geschichte ist in ihrer Form natürlich pointiert, aber sie kann drei wichtige Gedanken verdeutlichen.

Zum einen: Junge Kinder sind wie nie zuvor von Geschichte umgeben. Was sie umgibt und auf sie einwirkt, nennen wir **Geschichtskultur**. Kinder sind in diesen Begegnungen häufiger allein oder mit anderen Kindern zusammen als mit Erwachsenen, mit denen sie über ihre direkten Eindrücke kommunizieren könnten.

Zum zweiten: Die Geschichte hätte ich nicht über Antonia, also über ein Mädchen schreiben können. Für Jungen liegen viel mehr Medienangebote aus dem Bereich der Geschichte vor.

Zum dritten: Das **nicht angeleitete Lernen** im gesellschaftlichen Umgang geschieht wesentlich häufiger als das **angeleitete Lernen** im schulischen Umgang.

Wenn aber nicht angeleitetes Lernen in diesem hohen Maße auf die Kinder einwirkt, müssen wir als Erwachsene beobachten, was unsere Kinder mit welchen Folgen aufnehmen. Viele Eltern und Großeltern beobachten zwar kritisch, was ihre Kinder in der Schule lernen, wissen aber viel zu wenig von dem, was die Kinder im gesellschaftlichen Umgang beeinflusst.

Geschichtskultur, die zum Frieden erziehen will und Aussagen über Krieg enthält: Seit über 50 Jahren gestalten jedes Jahr um die 1.500 Grundschulkinder aus der Region Osnabrück Steckenpferde. Dieser Brauch soll auf einem Friedensfest an den Westfälischen Frieden erinnern und Toleranz vermitteln. In unserer Geschichtskultur begegnen die Kinder oft Hinweisen zum Krieg. Erwachsene müssen daher bedenken, welche Ängste bei den Kindern entstehen könnten und wie sie diesen entgegenwirken sollten (zum Thema Krieg siehe Seite 125 f.).

Angeleitetes historisches Lernen im Elementar- und Primarbereich

Im Alter von drei bis sechs Jahren erfahren die Kinder im ersten angeleiteten Lernen im Kindergarten und in Ferienspielen von der Vergangenheit. Sehr beliebt sind hier die klassischen Themen wie Steinzeit oder Indianer, weil zu diesen Inhalten handlungsorientiert gearbeitet werden kann und die Erzieherinnen und Erzieher genügend Bilderbücher zur Anschauung für die Kinder bereitstellen können. Durch den Nachbau von Wohnzelten und die Gestaltung von Kleidung, durch den Nachvollzug der Speisenzubereitung, durch gemeinsame Mahlzeiten und kleine Feste mit historischen Spielen gelingt es, die Kinder spielerisch in die Zeit einzuführen und Freude an der Geschichte zu wecken oder zu erhalten. Diese Ziele werden zumeist mit großem Engagement der Erwachsenen erreicht. Das Wissen, das dabei aufgebaut wird, braucht noch nicht überprüft zu werden, daher sind Spaß und Spannung zentrale Ziele in der Auseinandersetzung mit der Vergangenheit.

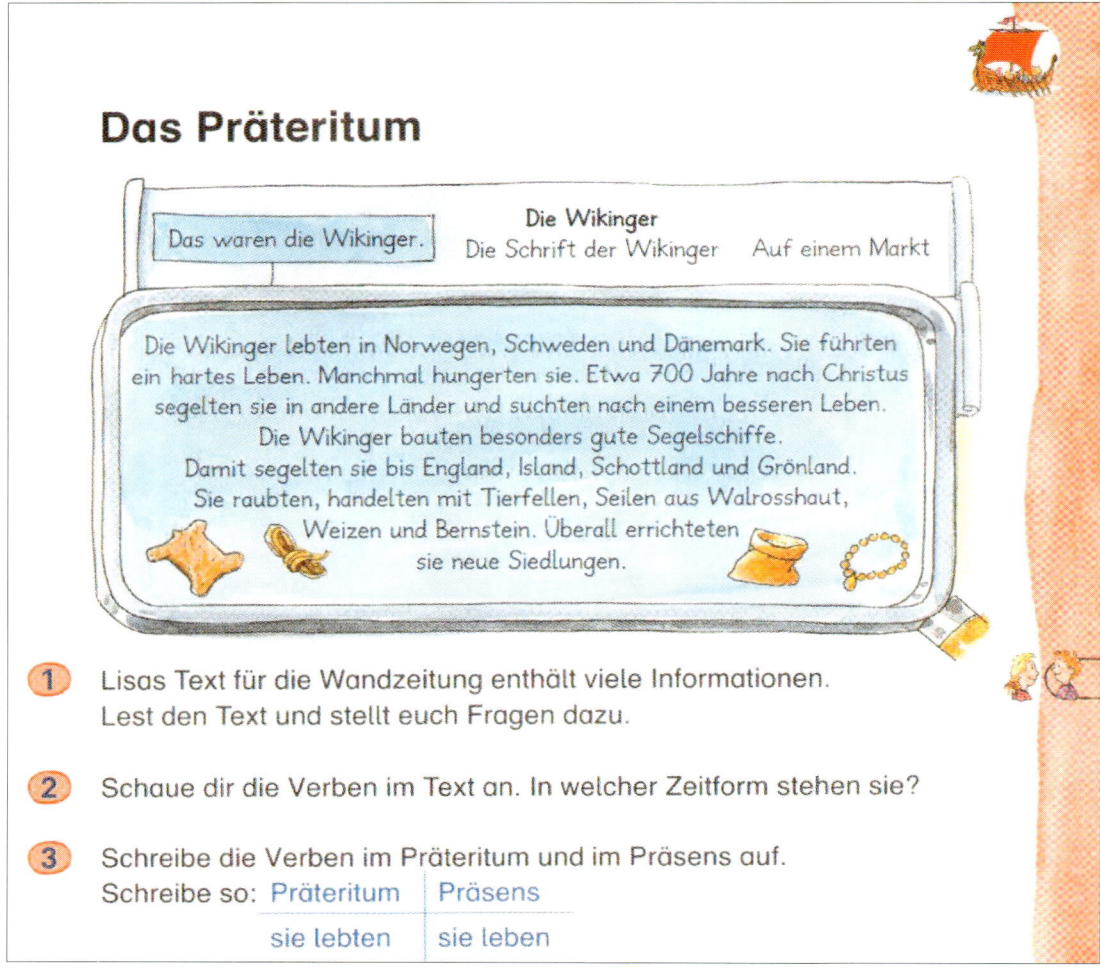

Beispiel aus DUDEN Sprachbuch 3, hrsg. von Hartmut Günther, Berlin/Frankfurt 2007, S. 70 f.

In der Grundschule ist das historische Lernen im Fach **Sachunterricht** eingebunden. Dieses Fach ist die Sinnmitte des Gesamtunterrichts. Es vereint naturwissenschaftliche und gesellschaftswissenschaftliche Schwerpunkte, in welchen die Kinder Hilfen zum Verstehen unserer Welt erhalten. Dem historischen Lernen kommt hier die Aufgabe zu, mit Kindern die Vergangenheit zu erschließen, damit sie die Gegenwart verstehen und eine Zukunftsperspektive aufbauen können. In fast allen Lehrplänen der Bundesländer werden Lehrerinnen und Lehrer aufgefordert, Kindern Hilfen zur Erschließung der historischen Zeit zu geben, die Wohnorte der Kinder als historisch gewachsene Orte zu untersuchen, Veränderungen im Alltagsleben zu beobachten oder sich mit besonderen Menschen aus der Geschichte zu beschäftigen, die für die Region oder auch darüber hinaus bedeutend waren. Auch Methodenkompetenz wie Quellenarbeit wird angestrebt. In neueren Rahmenplänen findet man auch die Inhalte Migration, Geschlechterrollen, Herrschaft, Verfolgung oder Widerstand als Basisthemen für historisches Lernen. Diese Themen sind aber, von wenigen Ausnahmen abgesehen, noch nicht in den Sachunterrichtsbüchern angekommen.[2]

Im Gesamtunterricht der Grundschule gibt das Fach Sachunterricht zumeist ein Thema vor, das die anderen Fächer für ihre Übungen nutzen. Im Deutschunterricht zum Beispiel nutzen viele Autoren von Lesebüchern das Interesse der Kinder an Geschichte, um an einem historischen Thema die Schreib- und Lesekompetenz von Kindern zu fördern. Der eine oder andere Inhalt zu den üblichen Themen wie Saurier, Römer, Ritter und Piraten kommt fast immer in Lesebüchern vor und ist Aufhänger für Leseübungen, Nacherzählungen, kreatives Schreiben und Grammatikunterricht.

Das exemplarische Unterrichtsbeispiel aus einem Sprachbuch (s. S. 50) führt den Gebrauch des Präteritums mithilfe eines motivierenden historischen Themas ein. Die Aufgabenstellung macht Sinn und wird durch ihre Anbindung an ein spannendes Thema nicht so schnell vergessen werden. Aber: Was sind die Ziele dieser Seiten? Die Ziele sind Grammatikübungen, ein reflektiertes Geschichtsbewusstsein wird eher nicht angestrebt.

Die Geschichte der Wikinger wird einseitig dargestellt. Nicht nur auf dieser Arbeitsseite, auch auf den anderen sieben sind es zumeist Eroberer, von denen berichtet wird. Sie sind machtvolle Männer und erfolgreiche Kämpfer. Wikinger-Frauen, die auf den Bauerhöfen oft eigenverantwortlich wirtschafteten und damit für die Gesellschaft bedeutende Aufgaben übernahmen, werden nicht thematisiert, noch weniger als die friedlichen Handwerker oder Bauern. Trotzdem ist dieses Unterrichtsbeispiel besser als viele andere in Sprachbüchern: Die Kinder erhalten u.a. eine Orientierung in der historischen Zeit und im historischen Raum, sie erhalten altersangemessene Informationen und werden mit Beispielen zu eigenständigem Arbeiten aufgefordert.

Nicht angeleitetes historisches Lernen im Elementar- und Primarbereich

Fiktionalität in Märchen, Fantasy-Romanen, Sagen und im Religionsunterricht

Viele erste Begegnungen mit Begriffen aus der Geschichtskultur und Geschichtswissenschaft erhalten die Kinder durch Märchen und Sagen sowie aus einigen Fantasy-Romanen wie *Kleiner König Kalle Wirsch, Catweazle, Harry Potter* oder den Erzählungen über *König Artus* und seinen Rittern. Die Kinder hören zum ersten Mal die Begriffe König, Kaiser, Macht, Unterwerfung, Untertan u.v.m. Sie erfahren, dass Könige und Kaiser mächtig sind und über das Leben eines Untertanen bestimmen können. Die Mädchen hören mit Schrecken, dass der König seine Töchter verheiraten will und dass es ein Glück ist, wenn der Bräutigam ein reicher Prinz oder ein kluger Ritter ist, der sie vor den Gefahren des Lebens beschützen wird. Aus diesen immer wiederkehrenden Strukturen entwickeln die Kinder erste Konzepte über Macht und Herrschaft, aber auch über die Stellung von Männern und Frauen in der Vergangenheit. Dabei entstehen problematische Deutungsmuster, in welchen die Kinder die Veränderungen in der Geschichte auf das Einwirken mächtiger Männer und übermächtiger Zauberer zurückführen und schließen, dass normale Menschen nicht zu Veränderungen in der Gesellschaft beitragen können.

Ähnlich schwierig kann historisches Lernen im Religionsunterricht verlaufen. Das Lernen ist hier zwar ein angeleitetes Lernen, allerdings nur für das Fach Religion, nicht für die Geschichte! Religionsunterricht ist nicht auf historische Faktizität ausgerichtet, sondern auf Glauben, religiöse Tradition und Identifikationsangebote. Die erzählenden Texte, die die Schülerinnen und Schüler hier hören, sind zumeist dem Alten Testament entnommen. Aus ihnen leiten die Kinder erste Kenntnisse und Deutungen zur Entstehung der Welt und zum Leben der Menschen vor mehr als 2000 Jahren ab. Diese Erzählungen können die Kinder jedoch noch nicht aus dem historischen Kontext heraus erschließen, sondern nehmen sie als belegte, erforschte Geschichte auf, manchmal mit problematischen Folgen.

Eine meiner Töchter kam als Siebenjährige einmal weinend aus der Schule und erzählte, dass Gott alle Tiere und Menschen habe ertrinken lassen, nur die auf Noahs Arche hätten überlebt. Lena ließ sich erst trösten, als ich ihr erzählte, dass diese Geschichte nur eine Drohgeschichte sei. Die Drohung sei den Menschen des Alten Testaments, die davor viele Götter angebetet hätten, nur erzählt worden, damit sie dem EINEN Gott gehorsam sein sollten. Lena blieb dennoch skeptisch, denn nun stand die Erzählung ihrer geliebten Grundschullehrerin gegen die Erklärung der Mutter. Das verwirrte sie für viele Monate.

Kinder möchten glauben, dass alles, was ihnen Lehrende erzählen, wahr ist. Dass eine bestimmte Form von Religionsunterricht, ebenso wie Märchen, kein Geschichtsbewusstsein fördert, sondern das Wirklichkeitsbewusstsein der Kinder irritiert, sollte Erwachsenen also deutlich sein. Märchen, Fantasy-Romane und Sagen sowie religiöse Unterweisungen können jedoch das Interesse an Geschichte fördern, weil sie spannend sind und die Fähigkeit zur Imagination fördern.

Kinder lernen von anderen Kindern

Johannes, 7 Jahre, zeigt mir seine Playmobil-Figuren. Er hat einen Circus Maximus mit zwei Tigern, einem Wagen und vier Gladiatoren. Johannes zeigt mir Cäsar und einen Legionär, jede der Figuren trägt etwas in der Hand: Johannes erklärt mir auf meine Frage hin: Cäsar trägt einen Stab als Zeichen für das Reich, weil er Kaiser ist. Der Legionär trägt eine Lanze, weil er Soldat ist.
Mein Lob: „Du weißt ja schon ganz viel!"
Johannes: „Das weiß ich von Benedikt (zehnjähriger Bruder) und von Niki und von Nils (Freunde des Bruders)."
Meine neue Frage: „Warum spielst du mit den Legionären?"
Johannes: „Da musst du Benedikt fragen, das weiß ich nicht."

Dieses Gespräch macht ebenso wie Antons Tageserlebnisse deutlich, dass Kinder von Geschichte umgeben sind. Kinder eignen sich Wissen aus unserer Geschichtskultur an. Sie lernen durch Spielzeug, Kinderbücher, durch elektronische Medien u.v.m., und – dies ist besonders bedeutsam – sie lernen häufig im Dialog mit anderen Kindern. Besonders ältere Kinder werden von jüngeren Kindern als glaubwürdige Ratgeber angesehen. Dass dabei natürlich auch Halbwissen und Haltungen, Urteile und Vorurteile weitergegeben werden, muss bedacht werden. Erziehende und Lehrende müssen mit Kindern über ihr Wissen und ihre Urteile sprechen, um zu verhindern, dass Kinder sich ängstigen oder eine undemokratische Haltung entwickeln. „Bei dieser Sachlage", so Klaus Bergmann, „ist frühes historisches Lernen in der Schule geradezu geboten – je früher desto besser".[3]

Mädchen und Jungen begegnen der Geschichte unterschiedlich

Mit Spielwelten von *Lego*, *Duplo* und *Playmobil* halten Kinder Ausschnitte der Geschichte in den Händen und können sie im wörtlichen Sinn „begreifen". Sie können Handlungen simulieren und „historische" Welten konstruieren. Ohne auf die Diskussion einzugehen, ob die Gene oder die Sozialisation oder beides die Interessen von Mädchen und Jungen beeinflussen, muss man feststellen, dass für Jungen mehr Bücher und Spielsachen (siehe Antons Tag, S. 47) über Geschichte zum Verkauf stehen als für Mädchen. Jungen bekommen in Büchern und Spielsachen Identifikationsmöglichkeiten aus dem Bereich der „Macht" angeboten, zum Beispiel durch Waffenträger wie Legionäre, Ritter, Indianer[4] und Cowboys, durch wehrhafte Burgen oder zum Angriff bereite Piraten- sowie Raumschiffe. Die Jungen setzen sich im Spiel mit Überfall und Verteidigung, selten mit friedlichem Verhandeln auseinander, denn dafür geben die Spielsachen keine Vorbilder.

Neu im Spielzeugangebot ist die Ägypten-Serie, die auch Religions- und Alltagsgeschichte sowie das Leben der Männer und Frauen berücksichtigt. Dieses Spielzeug, das auch den Spielbedürfnissen der Mädchen genügt, ist aber eine Ausnahme.

Im Bereich Spielzeug bekommen Mädchen andere Themenblöcke als Jungen angeboten, zum Beispiel als Tierpflegerinnen, Hausfrau oder Krankenschwester.[5] Die Kinderspielzeuge *Prinzessin Lillyfee*, das *Duplo-Schloss* oder das *Lego-Belvill* fördern dieses traditionelle Frauenbild.

Auch in Kindersachbüchern und Schulbüchern zu historischen Themen wird die Geschichte der Frauen, besonders die Alltagsgeschichte der Mädchen *und* Frauen sowie die Geschichte herausragender Frauen und Frauengruppen zumeist vernachlässigt. So ist das Ergebnis einer Hannoverschen Grundschulstudie, in der die Lesekompetenz im Zusammenhang mit dem Geschichtswissen von 485 Kindern untersucht wurde, nicht verwunderlich: Ein Ergebnis der Studie erbrachte die traurige Erkenntnis, dass Jungen mehr über Geschichte wissen als Mädchen.[6]

Wir sollten es nicht hinnehmen, dass Mädchen ihr ursprüngliches Interesse an Geschichte im Verlauf ihrer Schulzeit verlieren und das Schulfach Geschichte bei Jungen beliebter wird als bei Mädchen. Dürften Mädchen sich mit einer klugen und schönen historischen Figur wie *Pocahontas* auseinandersetzen, würden sie dieses Angebot sicher gern annehmen. In einer kleinen Befragung von Kindern einer dritten und vierten Klasse fragten wir nach berühmten Personen aus der Geschichte. Es wurden spontan Männer genannt, dann nach einigem Nachdenken auch *Kleopatra* und *Sisi*. Die Mädchen erhielten dann Kurzbiografien von Frauen aus der Geschichte: Kleopatra, Hildegard von Bingen, Elisabeth von Thüringen, Maria S. Merian, Beginen, Marie Curie, Dienstmädchen um 1900, Rosa Luxemburg, Anne Frank, Sophie Scholl, eine Frau aus dem Ort. Es zeigte sich, dass die Schülerinnen an allen Frauen oder Frauengruppen interessiert waren. Die Antwortmöglichkeit „Mich interessiert kein Thema" wurde kein einziges Mal angekreuzt. Am meisten wa-

Zwei Beispiele aus Spielzeug-Katalogen, die Mädchen und Jungen Rollenbilder vermitteln und Identifikationsangebote machen: Die Rolle der Mädchen ist eher passiv und im häuslichen, inneren Bereich angesiedelt; als Prinzessinnen warten sie auf den Prinzen, dem die Welt offensteht. In den Playmobil-Spielen „Römer" oder „Königsritter" sind die Helden männlich, sie sind Kämpfer und Machtträger.

© Mit freundlicher Genehmigung der Geobra Brandstätter GmbH & Co. KG. PLAYMOBIL ist eine geschützte Marke der Geobra Brandstätter GmbH & Co. KG, für die auch die abgebildeten PLAYMOBIL-Figuren geschützt sind.

Geschichtskultur beim Kindergeburtstag: Auf vielen Geburtstagen, besonders denen der Jungen, bieten historische Themen die Grundlage für das Tagesthema. Tim ist vier Jahre alt geworden und seine Mutter hat gebastelt, gestaltet und Spiele erdacht: Auf dem Geburtstagstisch sieht man Sauriertischkärtchen, Trinkgläser mit Sauriern, Dino-Tatoos, Ausmalbilder, Stabfiguren und Bücher. Tims Mutter hat Saurier auf Stofftaschen gedruckt, die die Geburtstagsgäste, das „Forscherteam", als „Forschertüten" auf die Suche nach Sauriereiern und Saurierknochen mitnehmen. Die Saurierknochen hat sie aus Gips gebastelt.

ren die Mädchen an Kleopatra und Elisabeth von Thüringen (je 14 Nennungen) interessiert, es folgten mit 12 Nennungen Merian, Scholl, Curie, mit 11 Nennungen Luxemburg, mit 10 Nennungen die Dienstmädchen, mit 8 und 7 Nennungen Hildegard von Bingen und die Beginen.[7] Ob die 4 Nennungen für eine Frau aus dem Ort aussagen, dass Mädchen nicht an der „normalen" Frau interessiert sind, sondern nur an königlichen oder berühmten Frauen, ob die Erarbeitung eines alltäglichen Frauenlebens nicht für lohnenswert oder spannend gehalten wird oder aber darüber keinerlei Vorstellungen bestehen, ist Interpretation. Wichtig für unsere Beobachtungen war, dass die Schülerinnen Stolz und Neugier während der Befragung ausdrückten. Sie waren schon glücklich darüber, über die Frauen aus der Geschichte gehört und Ideen für „ihre" Geschichte erhalten zu haben.

Mädchen werden sich diese Geschichte leider immer noch erkämpfen müssen, weil die Vergangenheit „männlich"[8] ist.

Geschichte für Kinder in Medien wie Fernsehen und Internet

57 % der Sechs- bis Dreizehnjährigen in Deutschland gehen regelmäßig ins Netz. Gameboy spielen 38 %, PC-Spiele 23 % und mit der „Konsole" spielen 24 %. Fernsehen schauen fast alle, aber doch unterschiedlich. Kinder aus sozial benachteiligten Familien werden auch als „Medienkinder" bezeichnet. Sie schauen nicht so sehr die bildenden Kindersendungen der öffentlich-rechtlichen Sender, also KI.KA oder Angebote wie *Die Sendung mit der Maus*. Sie sehen eher die fiktionalen Zeichentrickserien wie *Pokemon* oder *Dragoball*,[9] aus denen sie ihre zum Teil problematischen Handlungsanleitungen und Rollenbilder nehmen.

Eine Hilfestellung für Erwachsene, die Kinder bei der Auswahl und im Umgang mit dem Fernsehen unterstützen wollen, gibt es zum Beispiel in der Broschüre *Flimmo*,[10] die oft in Schulen, Bibliotheken und anderen öffentlichen Einrichtungen kostenlos ausliegt, im Abo zu bestellen ist oder im Internet unter *www.flimmo.de* eingesehen werden kann.

Bis zum Alter von drei Jahren ist das Fernsehen für Kinder nur ein visueller Reiz und sie können noch nicht verstehen, welche technische Leistung und welche Form von Fiktion sich dahinter verbergen. Nicht wenige der angebotenen Spiele, Filme und Internetseiten sind an historischen Themen orientiert, zum Beispiel an den bereits genannten Themen Saurier (Puppentrickserie *Die Dinos*, Zeichentrickserie *In einem Land vor unserer Zeit*), Steinzeit (Zeichentrickserie *Familie Feuerstein*), Wikinger (*Wickie und die starken Männer*) u.a.m.

Zu empfehlen sind fast alle *Sachgeschichten mit der Maus* des WDR, weil in ihnen Alltagsgeschichte kleinschrittig (z.B. in *Suppe wie vor 1000 Jahren* oder in *Steinzeithaus Spezial, Vier Steinzeitgeschichten*), aus der Sicht von Kindern (z.B. in *Nachkriegszeit spezial*) sowie als Ergebnis von Forschung dargestellt wird (z.B. in *Rom-Spezial*) und alle Darstellungen multiperspektivisch sind.[11] Kinder hören in diesen Filmen zum Beispiel Sätze, ähnlich wie: „Hier trägt Christoph eine Tunika/eine Waffe ... wie XY sie getragen haben könnte ... Warum können wir das wissen? Wir wissen das, weil wir 2000 Jahre alte Abbildungen gefunden haben, die zeigen, wie die Legionäre/die Tribune/die Frauen ... ausgesehen haben." In solchen Sätzen wird Geschichte als Ergebnis von Quellensuche und Rekonstruktion dargestellt. Die Kinder werden zu kritischen Konsumenten von Darstellungen zur Vergangenheit erzogen.

Ein Zukunftsfilm als Film über Geschichte? Kinder sehen da keinen Widerspruch. Das folgende Gespräch ergab sich zwischen dem zwölfjährigen Benjamin und seiner Lehrerin, als der Junge erklärte, dass Star Wars sein „liebster **Geschichtsfilm**" sei. Benjamins Erklärungen machten die Lehrerin sprachlos:
Lehrerin: „Aber das ist doch kein Geschichtsfilm, der Film spielt doch in der Zukunft."
Benjamin: „Nein, da sagen sie doch im Film ‚Vor langer, langer Zeit in einer weit entfernten Galaxis'."
Lehrerin: „Aber wir konnten doch noch nie durch die Galaxis reisen, vor langer Zeit."
Benjamin: „Das war ja auch in einer anderen Galaxis!"

Wie Benjamin sind sehr viele Kinder in dem hier besprochenen Alter an *Star Wars* interessiert. Der Film mixt historische und futuristische Vorstellungen und stellt die uralte Frage nach Macht und Herrschaft. Zentrale Begriffe sind *Imperator, Prinzessin, Palast, Legion, Rebellen, Kommando, Stoßtrupp, General, Allianz, Separatisten, Lords* und viele mehr aus der Kriegs- und Herrschaftsgeschichte. Für Kinder, hier besonders die Jungen, spielt die Macht- und Moralfrage eine große Rolle, wie diese Aussagen von sechs- bis zwölfjährigen Kindern deutlich machen:
Christoph: „Die Siths, das sind die Bösen. Die Sturmtruppen haben Null Macht. Ein Jedi kann ihnen alles befehlen."
Henner: „Ein Jedi hat bestimmt Grenzen. Er darf nicht töten."
Christian: „Die Ewoks haben Steinzeitwaffen."
Tim: „Ich habe geträumt, dass ich durch den Wald gerannt bin. Da habe ich die Sturmtruppen abgemetzelt, wie ich ein Jedi war."

Lehrerin: „Wenn ihr bei Star Wars mitspielen dürftet, wen würdet ihr gern spielen?"
Benjamin: „Anakin Skywalker. Der verlässt als kleiner Junge seine Mutter, um den Jedis zu helfen."
Tim: „Yoda. Weil der so gut kämpfen kann. Weil der so gut ist."

Für die Jungen ist die Science-Fiction-Saga *Star Wars* bzw. *Krieg der Sterne* ein Ersatz für die Heldensagen, die heute nur noch wenig in Elternhaus oder Schule mit Kindern gelesen werden. Die Geschichtskultur der Jungen wird bestimmt durch die Erzählungen von Gleichaltrigen, von denen viele sich gern über *Star Wars* austauschen und Szenen nachspielen. Für Jungen, die auf der Suche nach ihrer Rolle in der Gesellschaft sind, bietet der Film genug Identifikationsfiguren an, wie Benjamins und Tims Antworten zeigen. Besonders deutlich macht dieses Benjamins Antwort, der mit zwölf Jahren in einem Alter ist, in welchen sich Kinder langsam aus der Bindung zu ihren Eltern zu lösen beginnen.

Star Wars wird nur von wenigen Mädchen gesehen. Anders als in *Star Trek*, in welchem Frauen auch in Führungspositionen sind, erhalten Mädchen in *Star Wars* außer in der Person der *Prinzessin Leia* kaum Möglichkeiten zur Identifikation.

Auch im **Internet** begegnen Kinder den Darstellungen von Geschichte und Zukunft. Internet-Darstellungen werden von Kindern als glaubwürdig eingeschätzt und nicht hinterfragt, sodass Erwachsene mit ihnen üben müssen, zum Beispiel indem sie mit den Kindern gute und schlechte Seiten vergleichen und besprechen.

Damit Kinder beim Surfen im Internet nicht auf bedenkliche Kinderseiten geraten, gibt es für sie und die sie betreuenden Erwachsenen Hilfestellungen, zum Beispiel im Internet *ABC für 5- bis 12-Jährige*, wo Kinder einen Internet-Schein machen können oder bei *klick-tipps.net* sowie bei *Seitenstark*. Die Arbeitsgemeinschaft *Seitenstark* vernetzt die anerkannten und kontrollierten Seiten wie www.blinde-Kuh.de, www.kindersache.de, www.primolo.de, www.sowieso.de für Kinder oder www.Lesa21.de sowie www.hanisauland.de für den Sachunterricht. Diese Seiten müssen an Kinder gerichtet und dürfen nicht konsumorientiert sein, sie müssen den Regeln des Jugend- und Datenschutzes genügen und werden regelmäßig kontrolliert. Es ist gewünscht, dass diese Kinderseiten eine rasche Orientierung durch die Alterseinteilungen in S, M, L und XL ermöglichen.

Ein Test: Wie begegnen Kinder der Geschichte in der Kindersuchmaschine www.blindekuh.de?

Wenn Kinder auf dieser Seite in der Mitte oben den Button „Sortiert für Kinder" anklicken, können sie in die Suchfunktion die sie interessierenden Themen wie Steinzeit, Römer, Mittelalter etc. eingeben. Die Kinder werden dann mit Kurzinformationen, einer notwendigen Altersempfehlung und je einem motivierenden Bild auf unterschiedliche, immer aber kontrollierte Seiten weitergeleitet. Zum Thema Steinzeit können sie sich auf 52 Seiten, zum Thema Mittelalter auf 100 Seiten (zum Beispiel so häufige Informationen wie Wikinger, aber auch so seltene wie „Europas Juden im Mittelalter") und zum Thema Nationalsozialismus auf 25 Seiten informieren.

Ein gelungenes Beispiel – Die Kinder klicken zum Themengebiet Steinzeit gleich das erste Kästchen[12] an mit einem Bild zur Höhlenmalerei, der Empfehlung „ab 6 Jahre", der Überschrift „Bilder zur Steinzeit" und einer, allerdings un-

Diese Seite zeigt gelungen, dass Geschichte ein Konstrukt ist. http://www.gbiu.de/Hamsterkiste/Sachunterricht/Altamira/040.html (Zugriff: 30. 08. 2009)

glücklich gewählten Kurzinformation. Sie gelangen auf die Seite der „Hamsterkiste", die unterrichtsbezogene Lerninformationen ab Klasse 2 sammelt. Auf der Seite „Bilder der Steinzeit"[13] über die Höhle Altamira erhalten die Kinder in Großschrift Informationen wie „Wir wissen nicht, wer dieses Bild gemalt hat ..." oder „Über dieses Bild wissen wir, dass es etwa 15.000 Jahr alt ist ... Es wurde ... in einer dunklen Höhle im Norden Spaniens entdeckt ..."

Die Kinder erfahren Wissenswertes über die Höhlenmalerei in Altamira, aber auch in anderen Höhlen. Sie verstehen, dass Geschichte zu erforschen ein Zusammenhang von Fragen, Sammeln, Vergleichen, Kritisieren und Interpretieren ist. Die Bilder sind von hoher Qualität, die Texte altersangemessen und motivierend zum Weiterlesen. Zusätzlich können die Kinder kleine Fragen beantworten und bekommen Links über die Höhlen von Lascaux und zu der Aufarbeitung von Altamira im Deutschen Museum in München.

Ein frag-„würdiges" Beispiel – Die Kinder klicken zum Themengebiet Mittelalter gleich das erste Kästchen[14] an mit einer Comicfigur, der Empfehlung „ab 6 Jahre", der Überschrift „Wickie und die starken Männer" und einer motivierenden Kurzinformation. Die Kinder gelangen auf die Kinderseite des ZDF, *www.ZDFtivi.de*, die sich auf die gleichnamige Fernsehserie bezieht.[15] Auch wenn der Held Wickie nicht als Krieger, sondern als kluger und vorsichtiger Wikingerjunge charakterisiert wird, enthalten die Inhalte doch Stereotype. Wickie trägt den als typisch vermuteten Helm, ein Pfannkuchenrezept wird von einer Wikingerfrau vorgestellt und das Mädchen Ylvi bewundert den Jungen Wickie für seine Klugheit. Positiv zu vermerken ist, dass die Seite des ZDF interaktiv ist, die Kinder werden zum Spielen, Hören, Basteln, Raten und vielem mehr aufgefordert und ihr Interesse an der Geschichte wird durch kindgemäße und spannende Inhaltsauswahl gefördert.

Wichtiges in Kürze

- Jeden Tag werden die Kinder durch unsere Geschichtskultur beeinflusst. Im gesellschaftlichen Umgang mit Geschichte sind sie zumeist allein, was bedenkliche Folgen haben kann.
- Angeleitetes Lernen zur Vergangenheit geschieht häufig in Projekten im Kindergarten und ist Teil des Sachunterrichts in der Grundschule.
- Eine Grundlage für den kindlichen Zugang zur Vergangenheit wird im Religionsunterricht gelegt. Ziel ist hier im Gegensatz zum angeleiteten Lernen nicht Faktizität, sondern Glauben und religiöse Tradition.
- Kinder lernen besonders viel von anderen Kindern.
- Mädchen und Jungen begegnen der Geschichte unterschiedlich. Mädchen müssen sich ihre Geschichte immer noch erkämpfen.
- Jungen erhalten in den Medien mehr und mächtigere Identifikationsangebote zu Vergangenheit und Zukunft als Mädchen.
- Erwachsene, die Medientipps brauchen, erhalten diese in *Seitenstark.de* für das Internet und in *Flimmo* fürs Fernsehen.

KAPITEL 5
„… und ich hab fünf Bücher über Ritter!"
Wo und wie Kindern Geschichte begegnet, Teil 2

Die Sechs- bis Dreizehnjährigen in Deutschland sollen laut einer Studie des Egmont Ehapa Verlags über ein Ausgabevolumen von fast sechs Milliarden Euro verfügen. Viel Geld davon wird neben Spielzeug und Multimedia auch für Kinderbücher ausgegeben, besonders für Bücher über Geschichte: Sachbücher, Jugendbücher, Kinderlexika, Erstlesebücher, Comics u.a.m. Im stark umkämpften Markt bleibt es nicht aus, dass manche Bücher billig und unter Zeitdruck erarbeitet werden. Bücher über naturwissenschaftliche Themen können schlecht sein, aber dies wird nicht so fatale Folgen für die zumeist noch unkritischen kindlichen Leserinnen und Leser haben wie schlechte Kinderbücher über Geschichte. Diese erklären gesellschaftliche und politische Prozesse manchmal nicht korrekt, sie können emotional überwältigen und damit manipulieren, sie können gefährliche Feindbilder transportieren. Bei der Auswahl brauchen also nicht nur Kinder, sondern vor allem Erwachsene, die ja zumeist die Käufer sind, Hilfestellung. Kinder dagegen brauchen besonders kundige Begleitung beim Lesen von Büchern.

Für manche Kinder, besonders solchen aus sogenannten bildungsfernen Familien, sind vorschulische und schulische Einrichtungen oft die einzigen Orte, an denen sie ihren ersten Kontakt zu Büchern bekommen. Hier ist es ganz besonders wichtig, dass das Lesen in der Gemeinschaft erfahren wird und Bücher als kulturelles Gut kennengelernt werden. Die Erwachsenen können dafür Bücher auswählen, die Arbeitsgrundlage sind und zugleich die Leselust der Kinder wecken. Dazu sind Bücher über Geschichte bestens geeignet.

Auswahl und Beurteilung von Kinderbüchern

Ein gelungenes Kinderbuch?
Zum Beispiel dieses!

Das Bilderbuch *Die Geschichte einer Straße*[1] kann immer und immer wieder angeschaut werden! Es zeigt in einem Längsschnitt die Entwicklung eines Ortes von der Steinzeit bis heute.

Die „Straße" ist der Fluss, der Verkehrsweg, an dem das Dorf liegt. In detailreichen Zeichnungen sieht man das Leben, Arbeiten, Wohnen der Menschen. Man sieht die Menschen in der Ausübung ihrer Religion, man sieht sie beim Essen oder auch im Kampf. Auf jedem neuen Bild sieht man, wie der Ort sich in seiner jeweiligen Epoche verändert hat. Man entdeckt Reste der alten Kultur, zum Beispiel einen Steinkreis, und man sucht die Veränderungen in der neuen Zeit, zum Beispiel in der Bauweise des Gotteshauses. Kinder lernen durch das einfache Betrachten der Bilder, dass die Menschen ihre Umwelt verändern und dass sich manches verändert, während anderes gleich bleibt. Sie sehen und lernen, dass bei aller Veränderung immer dieselben Grundlagen das Leben der Menschen bestimmen, wie zum Beispiel Wohnen, Arbeit, Handel, Familie, Versorgung, Kultur, Religion, Unterhaltung und auch Schutz vor Krieg. Das Buch fördert besonders das Historizitätsbewusstsein und gibt Einblicke in politische, soziale und ökonomische Zusammenhänge. Geschichte wird hier als gewachsen und veränderbar sowie aus verschiedenen Perspektiven dargestellt. Das Buch fördert die Fähigkeit zur Imagination, zur räumlichen und zeitlichen Orientierung und macht Lust, sich mit Geschichte auseinanderzusetzen. In diesem Längsschnitt finden die kleinen Leserinnen und Leser die „Anker" (s. S. 31 f.), die ihnen helfen, sich in der Vergangenheit und Gegenwart zu orientieren, und sie erkennen die Traditionen und Anknüpfungsmöglichkeiten, die ihnen einen Ausblick in die Zukunft geben.

Identifikation und Perspektivität im Kinder- und Jugendroman

Da für den Grundschulunterricht sehr häufig keine geeigneten Quellen zur Verfügung stehen, die die Vergangenheit aus mindestens zwei Perspektiven veranschaulichen, sind Lehrerinnen und Lehrer auf Geschichtserzählungen und Kinderbücher angewiesen. Der Kinder- und Jugendroman *Himmelsauge*[2] ist ein ausgezeichnetes Buch, in welchem am Beispiel

Die Veränderungen der indianischen Geschichte beginnt mit der Migration der Europäer, ein selten genutzter, aber wichtiger Zusammenhang.

eines neunjährigen Jungen aus einer deutschen Auswandererfamilie im 19. Jahrhundert sowohl die Perspektive der Auswanderer und Siedler als auch die der Ureinwohner, der Cheyenne, beschrieben werden. Der Junge verliert seine Familie und wird entkräftet von Indianerkindern gefunden. Er wird im Stamm aufgenommen, wird heimisch und begreift am Ende, dass er nicht mehr zu den Weißen gehört. Das Buch vermeidet Klischees, bietet differenzierte Identifikationsfiguren an, ist faktenreich, klärt politische und ökonomische Zusammenhänge und stellt ein historisches Problem zur Diskussion. Es ist geeignet für Kinder ab acht Jahren und sollte als Klassenlektüre gelesen werden.

Buchformen und Buchreihen über Geschichte

Es ist unmöglich, einen Überblick über einzelne gelungene Kinderbücher zu geben, darum soll die Vielfältigkeit von Verlagsangeboten hier durch die Vorstellung von gelungenen Buchformen und -reihen geschehen. Unter der Eingabe der Buchreihen in die Suchmaschinen erhalten interessierte Erwachsene dann einen Einblick in die Einzelveröffentlichungen. In unseren Befragungen nannten Grundschulkinder die Themen Saurier, Steinzeit, Ägypten, Rom, Mittelalter, Piraten und Indianer als Lieblingsthemen. Exemplarisch werden nun Buchreihen zu diesen Themen genannt, die vom Malheftchen über den Jugendroman die Wünsche der Kinder berücksichtigen.

Ab drei Jahren
Mit Malbüchern Imagination und historisches Denken fördern
Alle Kinder malen gern. Malen schult die motorische Fähigkeit, gibt visuelle Anreize zur Beschäftigung mit Inhalten und fördert Geschichtsbewusstsein. Beim Ausmalen von Bildern zu einem historischen Thema beschäftigen sich die Kinder mit dem Inhalt und entwickeln innere Bilder dazu. Ihre Imagination und ihre Fragekompetenz werden gefördert. Malbücher sind also wichtige Medien im historischen Lernen und oftmals Rettungsanker für gestresste Eltern und Großeltern.

Vor 10 Jahren mussten Lehrende die Ausmalbilder für ihre Lerngruppen in Kindergarten und Schule noch selbst zeichnen, inzwischen können Lehrende sie kaufen. Ausmalbilder sind besonders gut im Tages- und Wochenplan einsetzbar. Dabei haben wir die Erfahrung gemacht, dass es immer Kinder gibt, die erst einmal zum Wochenplanthema malen müssen, bevor sie sich an Texte heranwagen.

Beim Malen werden Fragen gestellt, die sich auch ein Historiker beim Erforschen von Geschichte stellen würde:
„Gab es damals schon die Farbe XY?"
„Aus welchem Material ist das Haus/die Karre/der Eimer?"
„Ist die dargestellte Person böse oder gut, reich oder arm, mächtig oder machtlos?"
„Warum tut die Frau/der Mann/das Kind dies? Warum hatte man ..."

In klaren Zeichnungen geben die Malbücher[3] *Ritter* und *Ritterbuch* einen Überblick über zentrale Aspekte zum Leben auf der Burg: Aufbau der Burg; Leben auf dem Burghof, in der Kemenate und im Palas; Spielen der Kinder; Ausbildung zum Ritter u.a.m. Neben den Ausmalbildern geben wenige Sätze pro Seite die wichtigsten Informationen, um die Bilder zu verstehen. Zusätzlich gibt es Knobelaufgaben zum Raten und Sticker zum Aufkleben. Die Stickermengen sind hier angemessen. Manche Verlage

Alter	Buchform	Buchreihe
für Kinder ab drei Jahren	Malbücher, Folienbücher, Klappbilderbücher und „Taschenheftchen"	Wieso? Weshalb? Warum? Junior / EMiL Mal- und Mitmachbuch / Meyers kleine Kinderbibliothek: Folienbuch sowie Folienbuch Licht an / Schau nach und entdecke / Tessloff Wissen: Folienbuch Alltagsleben damals / „Taschenheftchen": Benny Blu. Kinderleicht Wissen
ab sechs Jahren	Bilderbücher zum Lesen und Anschauen	Wieso? Weshalb? Warum? / WAS IST WAS junior / Tessloffs Sachbilderbuch und Erstes Buch / So lebten … / Das will ich wissen / Kleine Lesetiger / Bildermaus Lesewörterbücher / Die Welt entdecken / Die Welt erleben und verstehen / Lesemaus Weltwissen / Frag doch mal … die Maus
für Kinder ab acht Jahren	Sachbücher	Erstes Wissen / Abenteuer Zeitreise / Was ist was: Wissensrätsel / Alltagsleben damals / Das große Buch der … / Weltgeschichte für junge Leser / Alles was ich wissen will / Alltagsleben damals / Wissen mit Pfiff / Spuren der Geschichte / Sehen-Staunen-Wissen / Gerstenberg visuell – Geschichte erleben / Menschen der Geschichte / Weltgeschichte für junge Leser / DK Wissen mit links / Wissen visuell / Abenteuer im alten … Die Geschichte der Welt / Arena Bibliothek des Wissens: Lebendige Geschichte und Lebendige Biographien / Reihe von David Macaulay
für jedes Alter, je nach Zielsetzung	Sachbücher zum Mitmachen, Gestalten, Spielen	Viel Spaß mit den … Kinder spielen Geschichte
für Kinder ab acht Jahren	Kinder- und Jugendromane als Selbstlesebücher und Klassenlektüre, Geschichtskrimis	dtv Erzählte Geschichte / Tatort Geschichte / Tatort Forschung / 1001 Abenteuer / Das magische Baumhaus / Die magische Insel / Tigerauge / Zeitdetektive / Die Zeitenläufer / Gabriele Beyerlein erzählt

bieten mittlerweile ganze Stickerbücher an. Da diese aber die Imagination und das Nachdenken nicht so sehr schulen wie Malbücher, raten wir von Stickerbüchern ab.

Von drei bis zehn Jahren
Mit Folienbüchern und Klappbüchern zum Entdecken und Forschen motivieren
Diese Bücher arbeiten mit der Lust der Kinder an der Entdeckung.[4] Jeder Mensch schaut gern durch ein Schlüsselloch und hofft, etwas Geheimnisvolles zu entdecken.

Die Folienbücher von *Meyers Kinderbibliothek* sind Bücher für Nicht- oder Erstleser, die Kinder mit liebevollen Illustrationen und Transparentseiten zum Entdecken ermutigen oder Erwachsene zum Erzählen bringen. Die Inhalte sind für das Alter der Kinder notwendig reduziert.

Die Folienbücher aus der Reihe *Alltagsleben damals* sind anspruchsvoller, detaillierter und verlangen eine höhere Lese- und Sachkompetenz. Eine Zeitleiste und ein Register runden die Bücher ab. Diese Folienbücher sind ein gelungener Ersatz für die Sachbuchreihe WAS IST WAS, die mittlerweile die Lesekompetenz der Grundschulkinder übersteigt.

Ab acht Jahren
Mit Mitratekrimis Leselust und Geschichtsinteresse fördern
Die Reihen *Tigerauge*, *Tatort Geschichte*, *Erzählte Geschichte*, *Geschichte erleben* und *Das magische Baumhaus*[5] gehören zurzeit bei den jungen Leserinnen und Lesern zu den am meisten gelesenen Prosabüchern zur Geschichte. Der Grund: Die Bücher nehmen die Leser mit in eine andere Welt und beziehen sie in die Handlung mit ein: In regelmäßigen Abständen haben die Lesenden die Aufgabe, einen Teil des Kriminalfalls zu lösen. Einfach Sprache, altersangemessene Inhalte, ein Geschwisterpaar als Identifikationsangebote, begleitende Illustrationen, Glossare oder Register zur Orientierung sowie kurze Erklärungen zum historischen Hintergrund überfordern die jungen Leser nicht und lassen sie in spannender Form teilhaben an einem Stück Geschichte. Manche Historiker kritisieren, dass in den Mitratekrimis die Vergangenheit lediglich als bunte Kulisse für die Handlung dient. Andere befürworten die Mitratekrimis, weil sie Kinder neugierig auf die Vergangenheit machen. Die Mitratekrimis sind für viele Kinder zu Anfang nur Freizeitlektüre und purer Lesegenuss. Oft entsteht daraus aber ein anhaltendes Interesse an Geschichte.[6]

Von acht bis zwölf Jahren
Mit Sachbüchern von David Macaulay technikgeschichtliche, politische, ökonomische und soziale Zusammenhänge erkennen
Die Sachbücher von David Macaulay sind Klassiker und vielfach mit Preisen bedacht. Macaulay hat Sachbücher zu den Pyramiden, zu einer römischen Stadt, einer Burg, einer Kathedrale und einer Moschee erarbeitet, mit beeindruckenden Kenntnissen zur Baugeschichte: zu historischen Bauplänen, Bauweisen, Handwerkszeug, Handwerkstechniken und Lebensweisen der Menschen in diesen Bauwerken oder historischen Orten. Wenn Macaulay beschreibt, wie die Römer ihre Pfosten in einen tiefen Fluss bauten, damit darüber ein Aquädukt entstehen konnte, wenn er dies mit seinen akribischen Zeichnungen verbindet, kommen Kinder ins Staunen und Grübeln und wollen selbst im Modellbau ausprobieren, ob es so geht, so genau wird historisches Bauen hier erzählt und gezeichnet. Trotz aller Genauigkeit macht Macaulay immer auch das Fiktionale deutlich und erzählt somit „mit aufgerauter Oberfläche", wie wir es für alle Geschichtserzählungen[7] wünschen. Zum Beispiel schreibt er einleitend:

„Die Kathedrale von Chutreaux ist ein Modell der Phantasie. Die Art und Weise ihrer Erbauung jedoch stellt eine genaue Wiedergabe der Methode dar, die tatsächlich beim Bau gotischer Kathedralen angewandt wurde."[8] Die Bücher sind sehr anspruchsvoll und darum bestens zur Differenzierung und für die Herausforderung besonders interessierter Kinder geeignet. Ich habe daraus zu entsprechenden Themen große Plakate kopiert und über dem Thementisch aufgehängt. Die Zeichnungen waren ständig umlagert und vieles wurde von den Kindern diskutiert.

Einzelbuchempfehlungen

Ein Sachbuch zur Alltagsgeschichte

Methodenkompetenz fördern durch Quellendarstellungen und -interpretationen
Woher wissen wir, wie Babys und Kinder im Alten Rom ernährt und erzogen wurden? In dem Buch *Das Leben der Kinder im alten Rom*[9] wird die Alltagsgeschichte aus Quellenfunden rekonstruiert. Die Leserinnen und Leser erfahren in kurzen Absätzen viel Spannendes von der Geburt eines Kindes bis zum Schulgang und Erwachsenwerden. Das Buch ist bebildert mit Fotografien von Überresten und archäologischen Funden, wie zum Beispiel einer römischen Babyflasche. Die heiklen Themen Krankheit und Tod oder Sklaverei und Kinderarbeit werden nicht ausgespart und überfordern nicht. Der Autor erklärt den Leserinnen und Lesern, woher er sein Wissen hat und trägt so zu einer Förderung von Methodenkompetenz und Geschichtsbewusstsein bei. Mit drei Geschichtserzählungen, einmal aus der Sicht der Tochter eines reichen Weinhändlers aus der Stadt, einmal aus der Sicht eines Bauernsohnes vom Land und einmal aus der Sicht eines Schülers, bietet der Autor drei Identifikationsfiguren an. Nebenbei erfahren die Leserinnen und Leser viel über die gesellschaftliche Struktur und über Religion. Ein Glossar rundet das Buch ab.

Ein Sachbuch zur Epochengeschichte

Fragekompetenz fördern, den Konstruktcharakter von Geschichte deutlich machen
Das Buch *Das Mittelalter für Kinder* erzählt von *Jaques le Goff*[10] hat der Autor nach eigenen Angaben für „junge … und ältere Leser" geschrieben und in der Absicht, zum Verständnis der Gegenwart beitragen zu wollen. Er beantwortet knifflige Fragen, die weit über gängige Kenntnisse zum Mittelalter hinausgehen, wie zum Beispiel, wann und warum die Epoche des Mittelalters endet, was eine Legende ist, warum es zu Bezeichnungen wie „Mittelalter" überhaupt kommt u.v.m. Er macht immer wieder deutlich, wie die Grundlagen der mittelalterlichen Lebens- und Herrschaftskultur auch unser Leben heute noch beeinflussen. Damit geht das Buch über Beschreibungen zum Mittelalter hinaus, weil es auch Inhalte und Fragen zu Geschichtsforschungen thematisiert. Es ist somit eher ein Buch zum Vorlesen und ein Buch für äußerst wissbegierige Kinder, die bereits kleine Mittelalterexperten sind.

Kriterien zur Beurteilung von Kinderbüchern

Beurteilungskriterien

Neben einem allgemeinen, aber zentralen Kriterium wie Förderung der Leselust sollten Kinderbücher:
- historisches Denken fördern und zum Auf- und Ausbau des Geschichtsbewusstseins beitragen;
- emotional nicht überwältigen;
- historisch korrekt sein;
- keine Stereotypen enthalten und keine Klischees;
- Geschichte als gewachsen und veränderbar darstellen;
- die Imagination, Entdeckerlust und Methodenkompetenz fördern;
- das Fremde, Rätselhafte, Andersartige der Vergangenheit herausstellen und begreifbar machen;
- die Unterscheidung zwischen Fakten und Fiktion deutlich machen;
- Identifikationsfiguren anbieten und zur Findung von Identität beitragen;
- eine Sichtweise aus verschiedenen Perspektiven anbieten und Empathie und Perspektivenfähigkeit fördern;
- Einblick geben in politische, soziale, ökonomische Zusammenhänge;
- die Orientierung in historischer Zeit und im historischen Raum sowie in der historischen Sprache ermöglichen, zum Beispiel mit Zeitleisten, Landkarten und einem Glossar.

Nationalsozialismus, Widerstand und Holocaust[11] im Kinderbuch

In fast allen Unterrichtsplanungen zum Nationalsozialismus, besonders aber zum Holocaust (s. S. 126 ff.), bilden **Kinderbücher** einen methodischen Schwerpunkt. Warum?

Sie sind sprachlich einfach und oft bebildert. Sie bieten Identifikationsfiguren an. Sie erklären gesellschaftliche und politische Prozesse in literarischen Formen. Die Fiktion erleichtert die Auseinandersetzung mit einem emotional bewegenden Thema.

Geschichte als veränderbar darstellen

Wie Faschismus entsteht und wie Widerstand geleistet wird
Die Menschen stellen immer wieder die gleiche Frage, wenn sie vom Holocaust hören: „Wie konnte das alles geschehen, warum hat es keiner verhindert?" Die Beantwortung dieser Frage fordert Einblicke in die Entstehung des Nationalsozialismus bzw. in die Entstehung von Macht

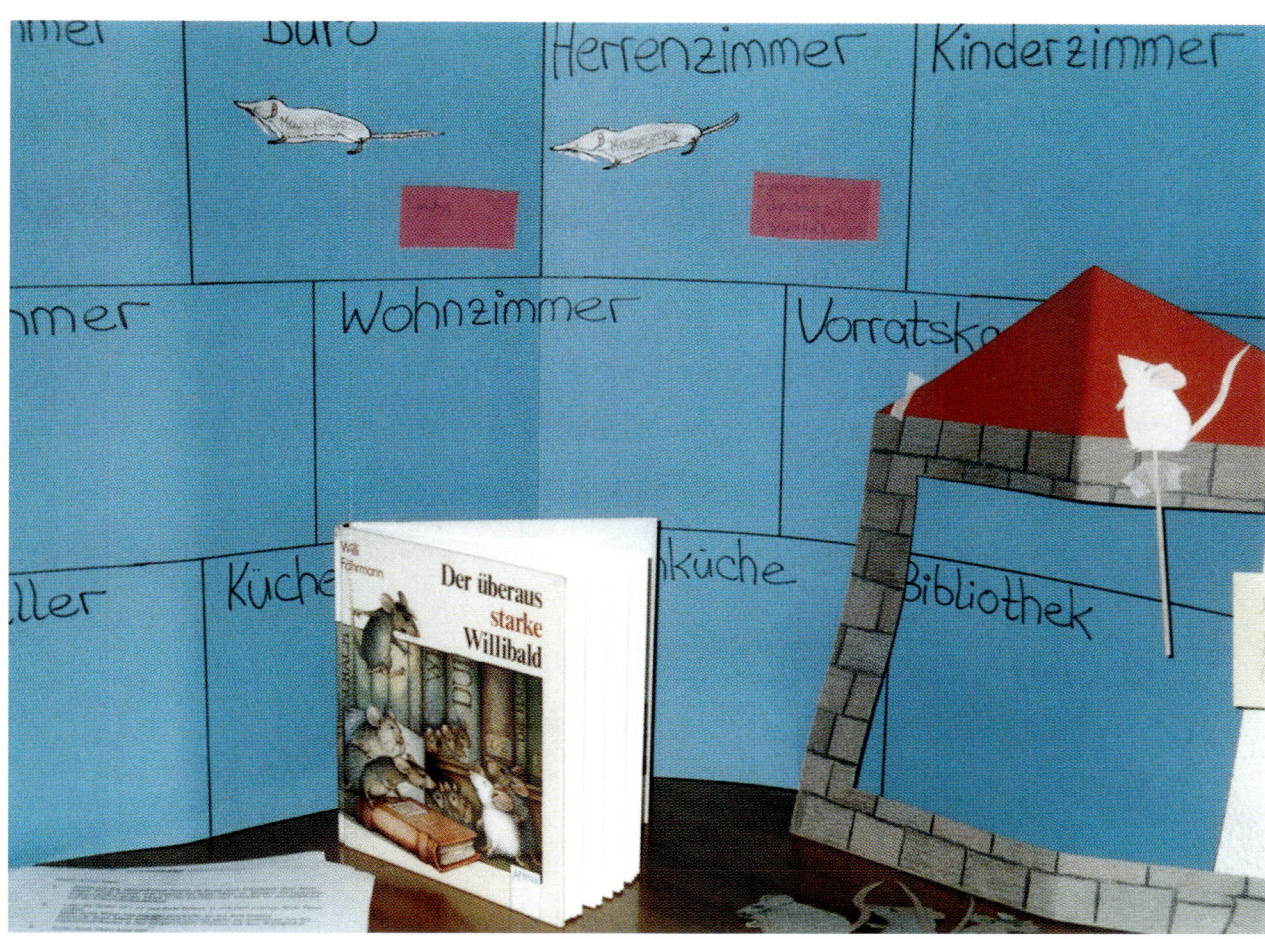

Mit einem kleinen Lernarrangement aus einem Hausplan und Stabpuppen können die Kinder das Leben der Mäuse im spielerischen Nachvollzug besser verstehen.

und Machtmissbrauch allgemein. Wie und warum sich eine demokratische Gesellschaft verändert, wie aus selbst bestimmten Charakteren Mitläufer, Anhänger und Gegner einer autoritären Führergruppe werden, dies beschreibt Willi Fährmann auf humorvolle und äußerst verständliche Weise in seinem Buch *Der überaus starke Willibald*.[12] Parallelen zur Weimarer Republik und zum Nationalsozialismus mit seinen Führerpersonen Hitler, Goebbels und Göring (der starke

Willibald, der Redner Mausegeorg und die dicke Hermannmaus) sind unübersehbar.

Das Buch eignet sich ideal als Klassenlektüre und für eine offene Erarbeitung mithilfe des Thementisches sowie mit Wochenplänen, was den Schülerinnen und Schülern neben dem gemeinsamen Lesen und Besprechen im Kreis ein eigenständiges handlungsorientiertes Arbeiten ermöglicht und kommunikative Prozesse öffnet.

Mit Stabpuppen (s. S. 87 f.) können die Kinder Dialoge zu den Mäusefiguren des Buches *Der überaus starke Willibald* entwerfen und spielen. Stabpuppen stellen eine Distanz zwischen den Kindern und den dargestellten Figuren her, sodass unbeschwerter gespielt werden kann. Es fällt den Kindern leichter, aus der Perspektive der dargestellten Figur und somit aus deren Zeit, Rolle und Absichten zu argumentieren.

Auf dem Thementisch finden die Klassen Requisiten, mit denen sie die Handlungsstränge des Buches spielend erarbeiten können. Die Kinder basteln sich Papiermäuse oder Stabpuppen. Sie zeichnen die Personenkonstellation in einen Hausgrundriss ein oder in ein selbstgebautes Papphaus, wobei besonders anders begabte Kinder ihre praktischen Fähigkeiten zeigen können. Alle Schülerinnen und Schüler legen ein „Mäusetagebuch" an und protokollieren darin die Veränderungen der Mäusecharaktere.

Eine interessante Erfahrung bei der Unterrichtsdurchführung: Durch die Entfernung zur Historie identifizieren sich immer wieder Schülerinnen und Schüler, besonders die Jungen, zu Anfang der Lektüre mit den drei führenden „starken" Mäusen. Diese Identifikation geben sie im Laufe der Handlung aber auf und nehmen Partei für die verfolgte Lillimaus, wenn sie erkennen, in welche Situation die drei Führer mit ihrem absoluten Herrschaftsanspruch die Mäusefamilie bringen.

Geschichte darf nicht verfälscht werden: Hitler fiel nicht vom Himmel!

Kinderbücher müssen Geschichtsfakten reduzieren und in einfacher Sprache darstellen, um verständlich und ansprechend zu sein. Dies darf jedoch nicht zu sachlich falschen Aussagen führen. Ein Beispiel für unzulässige Vereinfachung finden wir im Bilderbuch *Als eure Großeltern jung waren*, das Judith S. Kestenberg für Kinder ab drei Jahren geschrieben hat.[13] Das Buch beginnt mit den Worten „Deutschland ist ein schönes Land" (dazu folgt ein Bild).
Nächste Seite: „Die Deutschen waren gute Menschen und waren mit ihren Nachbarn befreundet bis zu der Zeit ..." (dazu ein Bild).
Nächste Seite: „als eure Großeltern noch jung waren ..." (dazu ein Bild).
Nächste Seite: „und ein kleiner böser Mann, der Hitler hieß, ihr Führer wurde." (dazu ein Bild).

Hier wird der historische Hintergrund, besonders die Entstehung des Nationalsozialismus, nicht erklärt, sondern auf drei Sätze verkürzt und gefährlich vereinfacht. Die Deutschen waren keinesfalls mit ihren Nachbarn befreundet. Sie litten unter den Folgen des Ersten Weltkriegs sowie unter dem Friedensvertrag von Versailles und es gab große wirtschaftliche und politische Schwierigkeiten. Das Buch konstruiert ein autoritäres und personalisierendes Geschichtsbild. Der Nationalsozialismus in der Person Hitlers taucht als gegeben und unvermeidbar auf, ein Eindruck, der durch die kindertümelnden Zeichnungen von Vivienne Koorland noch unterstützt wird. Gleich im vierten Bild des Buches scheint Hitler direkt

Grundbestand für eine Klassenbibliothek von Büchern zum Nationalsozialismus/ Holocaust und Widerstand:

- Anne Frank Stiftung/Ruud van der Rol/Rian Verhoeven: Anne Frank. Hamburg 1993. Ein Bilderbuch, das parallel zu Anne Franks Leben auch die Entstehung des Nationalsozialismus erklärt: Man kann es im Sitzkreis zeigen und vorlesen, danach liegt es auf dem Thementisch aus.
- Clara Asscher-Pinkhof: Sternkinder. Hamburg 1998. Eine Sammlung von Kurzgeschichten über das Schicksal jüdischer Kinder in Holland. Für diese Vorlesegeschichten muss vor dem Vorlesen eine Auswahl getroffen werden!
- Inge Deutschkron/Lukas Ruegenberg: Papa Weidt. Kevelaer 1999. Ein Bilderbuch, in dem vom Widerstand eines deutschen Unternehmers erzählt wird. Man kann das Buch im Sitzkreis zeigen und vorlesen, danach auf den Thementisch legen.
- Willi Fährmann: Der überaus starke Willibald. Würzburg 1994. Grundlegendes Buch zur Erklärung der Entstehung von Faschismus (Besprechung siehe S. 66 f.).
- Lois Lowry: Wer zählt die Sterne. Frankfurt/Main 1999. Dieser Kinder- und Jugendroman, der die Rettung der dänischen Juden in einer spannenden Erzählung aus der Perspektive eines Mädchens aufzeigt, ist gut als Klassen- oder Zusatzlektüre für gute Leser geeignet. Er kann auch in Ausschnitten gelesen werden. Der Roman zeigt auf eindrucksvolle Weise, wie das dänische Volk so ganz anders auf die Verfolgung reagierte als das deutsche.
- Ruth Vander Zee/Roberto Innocenti: Erikas Geschichte. Düsseldorf 2003. Ein Bilderbuch über die Rettung eines jüdischen Mädchens. Auch dieses kann man im Sitzkreis vorlesen, danach auf den Thementisch legen.

Kinderbücher, die nicht für die Klassenbibliothek geeignet sind:

- Judith S. Kestenberg: Als eure Großeltern jung waren. Hamburg 1993. (Besprechung s.o.)
- Clive A. Lawton: Die Geschichte des Holocaust. Hamburg 2002. Ein Bilderbuch mit schwierigen Texten und überfordernden Fotos, die der Würde der Opfer nicht gerecht werden.

vom Himmel heruntergereicht zu werden. Für Kinder, die viele Geschichtserfahrungen auch im Religionsunterricht (vgl. S. 52) machen, in welchem sich Fiktionalität und Faktizität vermischen, ein äußerst problematisches Bild. „Wer hat diesen Menschen geschickt? Wenn EIN Mensch eine friedliche Welt im Nu verändern kann, habe ich dann überhaupt noch eine Aufgabe in dieser Welt?", werden sich logisch denkende Kinder fragen. Dieses Buch baut keine historisch-politische Kompetenz auf, sondern Passivität, Angst und Ohnmachtsgefühle.

Wichtiges in Kürze

- Kinderbücher erklären historische und politische Prozesse in reduzierter Form. Sie können emotional überwältigen und manipulieren. Darum brauchen Erwachsene Hilfestellung bei der Auswahl und Kinder brauchen Begleitung beim Lesen von historischer Kinderliteratur.
- Zentrale Auswahlkriterien sind Förderung von Geschichtsbewusstsein und Leselust.
- Malbücher fördern die Imagination und fordern dazu heraus, Fragen an die Geschichte zu stellen. Eltern und Kinder können sie gemeinsam gestalten und umgestalten. Sie bilden visuelle Grundlagen für Unterrichtserarbeitungen.
- Folien- und Klappbücher nutzen die kindliche Neugier und fördern die Lust am Entdecken. Ebenso wie Bilderbücher sind sie Grundlagen für Erzählungen von Erwachsenen über die Vergangenheit.
- Mitratekrimis bilden eine Brücke zur Freizeitlektüre. In spannender Form verbinden sie das Forscherinteresse der Kinder mit einem Stück Geschichte.
- Sachbücher bieten eine Grundlage für individuelles Geschichtsinteresse und für schulische Themenbearbeitungen. Zur Anschauung, Sachklärung und Differenzierung gehören sie auf jeden Thementisch.
- Kinder- und Jugendliteratur über den Nationalsozialismus erleichtert die schwierige Sachbearbeitung des Themas. Die Bücher, insbesondere die Bilderbücher, sollten nie isoliert gelesen werden. Sie sind in den historischen Kontext zu stellen, um fragmentarisches Wissen und damit verbundene Ängste zu verhindern.
- Schul- und Stadtbüchereien bieten ganze Lesekisten zu den zentralen Themen der Kinder an.

KAPITEL 6
Kinder kennen Asterix und Obelix, aber nicht die Kelten

Was Kinder schon wissen und was Kinder wissen wollen

> Patentante: „Emma, was weißt du über Geschichte?"
> Emma, 5 Jahre, zuckt mit den Schultern.
> Patentante: „Schau mal, hier in deinem Regal hast du Bücher über Geschichte, ganz viele über die Steinzeit und Ägypten …"
> Emma, auf die Umschlagseite des Ägypten-Buches zeigend: „Das ist ein Pharao, und das ist eine Pyramide. Weißt du, die mussten dem Pharao die Pyramiden bauen, damit er da drin begraben wird …" (Emma erzählt weiter)
> Patentante: „Aber Emma, du weißt ja ganz viel über Geschichte!!!!!!!!"
> Emma: „Ich wusste nicht, dass das Geschichte ist."

Als Wissen wird im Allgemeinen alles bezeichnet, was Menschen in ihrem Gedächtnis gespeichert haben. Jeden Tag kommen neue Fakten, Daten und Eindrücke hinzu und werden vom Gehirn in das bereits vorhandene Wissen zu neuen Wissensbeständen geordnet. Wissen ist viel mehr als eine Faktenkenntnis, denn nur diese helfen dem Kind nicht, etwas verfügbar zu haben, um sich damit zu orientieren oder darüber zu kommunizieren: „Was ist das Wissen des Weltwissens? Es ist mehr als Informationen. Wissen, das sind ebenso Erinnerungsspuren des Kindes, Routinen, Zweifel, offene Fragen, intelligentes Raten. Auch entscheiden zu können: das interessiert mich jetzt nicht."[1] Wir unterscheiden darum zwischen dem deklarativen Wissen und dem prozeduralen Wissen.[2] Wenn ein Kind sagt „Ich weiß, dass die Römer Legionäre hatten", verfügt es über deklaratives Wissen. Ein Kind, das von sich behaupten darf „Ich weiß, wie ich herausfinden kann, ob die Römer Legionäre hatten", verfügt über prozedurales Wissen. Es verfügt über die Fähigkeit, Probleme zu lösen und Regeln anzuwenden.

Emma verfügt bereits über deklaratives Wissen zum Thema Ägypten, kann dieses aber anfangs nicht abrufen, da sie den Begriff „Geschichte" in der Fragestellung nicht versteht. Erst, wenn Kinder ihren Kenntnissen aus der Vergangenheit einen Begriff, eine Einordnung geben können, werden diese für sie kommunizierbar. Erst dann können sie uns Erwachsenen auch mitteilen, welche Bedeutung dieses Wissen für sie hat und ob sie dazu eventuelle Fragen haben. Begriffe dienen Kindern also als Ankerpunkte oder „Wegweiser"[3], die ihnen helfen zu verstehen, einzuordnen und zu fragen.

An unserem Beispiel von Tim (s. S. 10), der bereits über das Wissen verfügt, dass er als Kind eine Geschichte hat, die vom Baby zum Kindergartenkind dauert, wird deutlich, dass durch eine

Die Welt der Dinos gehört zum Kernwissen der Kindergartenkinder. Wer die „mächtigsten" Dinosaurier und die gefährlichsten Lebenswelten malen kann, wird von den anderen Kindern bewundert. Biyan (6 Jahre) zeigte sogar Expertenwissen: Er hat seiner Kindergärtnerin erklärt, dass sein Bild ausbrechende Vulkane, einen Brachiosaurus, einen Tyrannosaurus Rex, einen Spinosaurus und eine Ringelnatter zeigt.

neu hinzukommende Information „Geschichte ist, als wir noch Affen waren" verändertes Wissen entsteht, das aber zu falschen Einsichten führt. Tims und Emmas Beispiele zeigen, wie aufmerksam Erwachsene für solche Momente des Nicht- oder Falschverstehens sein müssen, um mit Kindern kommunizieren und Lernprozesse anregen und begleiten zu können.

Kernwissen und Expertenwissen

In vielen Kinderzitaten aus wissenschaftlichen Studien ist bereits deutlich geworden: Kinder vom Kindergarten bis zur Grundschule haben ein Wissen zu wenigen, sie besonders interessierenden Themen wie Saurier, Ägypten, Römer, Ritter, Wikinger, Indianer und Piraten, in diesem Buch Kernwissen genannt. Manche Kinder, das soll hier noch einmal wiederholt werden, haben zu dem einen oder anderen dieser Themen sogar Expertenwissen. Auf dieses bauen sie kontinuierlich auf, vernachlässigen dagegen aber andere Themenbereiche.[4] Hier zeigen sie dann Nichtwissen und Denkfehler. Dieses beurteilten Psychologen und Lehrende, angeregt durch Piagets Stufentheorien, häufig als altersbedingte Einschränkungen, die ein historisches Denken von Kindern im Kindergarten- oder Grundschulalter ausschlössen. Man sprach von einer Verfrühung. Heute wissen wir, dass die Denkfehler und Theorien der Kinder nicht auf mangelnde Denkleistungen oder auf das Alter der Kinder, sondern auf mangelndes Wissen bzw. Wissen nur in besonderen Themengebieten zurückzuführen ist.[5] Wir nennen es „bereichsspezifisches Wissen" (domain specifity). Erwachsene müssen dieses inhaltsgebundene und bereichsspezifische Wissen der Kinder erkennen, aufgreifen und in Gespräche sowie Unterrichtseinheiten einbinden. Mit den nötigen Hilfestellungen können Kinder dann „Geschichte selber denken".

Wie sollen Erwachsene mit dem Kernwissen und dem Expertenwissen der Kinder umgehen? Zu kaum einem anderen Fachgebiet haben die Kinder schon soviel Vorwissen wie zur Geschichte. Das Vorwissen der Kinder wurde aber eine Zeit lang nicht ernst genug genommen. Es war vergessen worden, dass das kindliche Vorwissen neben Faktoren wie Motivation, Selbstkonzept oder Emotionen eine wichtige Rolle im erfolgreichen Lernen hat. Manchen Lehrerinnen und Lehrern schien das historische Wissen der Kinder zu sehr von Bilderbüchern geprägt, anderen war es zu heterogen und zu sehr auf einzelne Themen wie Saurier oder Ritter bezogen, um darauf aufbauen zu können. Gerade aber im historischen Lernen und mit der Historischen Methode lässt sich die Aufnahme und Erweiterung des kindlichen Vorwissens, Kernwissens und Expertenwissens ausgezeichnet nutzen und organisieren (vgl. Kap. 7 und 9).

Die Lernpsychologen verweisen darauf, dass das Wissen der Kinder von Lehrenden aufgenommen, erweitert und auch verändert werden kann (conceptual change).[6] Voraussetzungen für Wissensveränderungen sind, dass Lehrerinnen und Lehrer die bereits vorhandenen Kenntnisse der Kinder ermitteln. Ein Beispiel: Eine Lehrerin bemerkte, dass in ihrer Klasse an einem Morgen sehr aufgeregt über die Autos und Wohnwagen auf einem Platz des Wohnortes gesprochen wurde. „Zigeuner" seien angekommen, so sagten die Schülerinnen und Schüler. Die Lehrerin ermunterte die Kinder, ihr dazu Fragen zu stellen und konnte dann sehr gut erkennen, welches Vorwissen die Kinder hatten und was sie wissen wollten. Die Lehrerin konnte dann entscheiden, was davon zu verändern war, um von einer ängstlichen zu einer offenen Haltung gegenüber Sinti und Roma zu kommen.

Unter anderem wurden der Lehrerin folgende Fragen gestellt:
„Trinken die Zigeuner immer Bier?"
„Warum sind die Zigeuner lustig?"
„Klauen die auch Kinder?"
„Warum sind die immer unterwegs?"

Um das sehr heterogene Wissen der Kinder als Chance für gemeinsames Lernen zu nutzen, ist es nötig, den Unterricht flexibel und offen zu gestalten und zu differenzieren, u.a. in den Lernmaterialien und in der Sozial- und Arbeitsform. Zu allen Kernthemen bietet sich das Arbeiten in arbeitsteiliger Gruppenarbeit an. Beim Thema Mittelalter können sich die Kinder je nach Vorwissen in die Gruppen „Ritter", „Ausbildung zum Ritter", „Burgenbau", „Leben auf der Burg" oder „Burgherrin" einwählen. Aufgabe der Lehrenden ist es dann, das Vorwissen zu erweitern und zu anderen Unterthemen wie „Leben in der Stadt", „Herr und Bauer" u.a.m. zu motivieren. Kinder mit spezifischem Expertenwissen können zu einem zu bearbeitenden historischen Thema eine Lerngruppe leiten, ein Referat halten, ein Themenplakat gestalten, eine Literaturrecherche in Kinderbüchern betreiben oder eine erweiterte Forscheraufgabe erhalten. Nach getaner Arbeit dürfen die kleinen Experten besonders stolz auf ihr Wissen und auf ihr Handeln sein.

Bei einem anderen Thema, in welchem sie keine besonderen Kenntnisse haben, dürfen sie sich eingestehen, dass nun sie es sind, die sich helfen lassen müssen.

Eltern und Großeltern sollten das Gespräch mit den Kindern suchen und die kleinen Experten darin bestätigen, dass sie ein sehr hohes Niveau erreicht haben und immer noch mehr zu diesem historischen Thema erfahren können, wenn sie sich beständig weiter informieren. Auch

 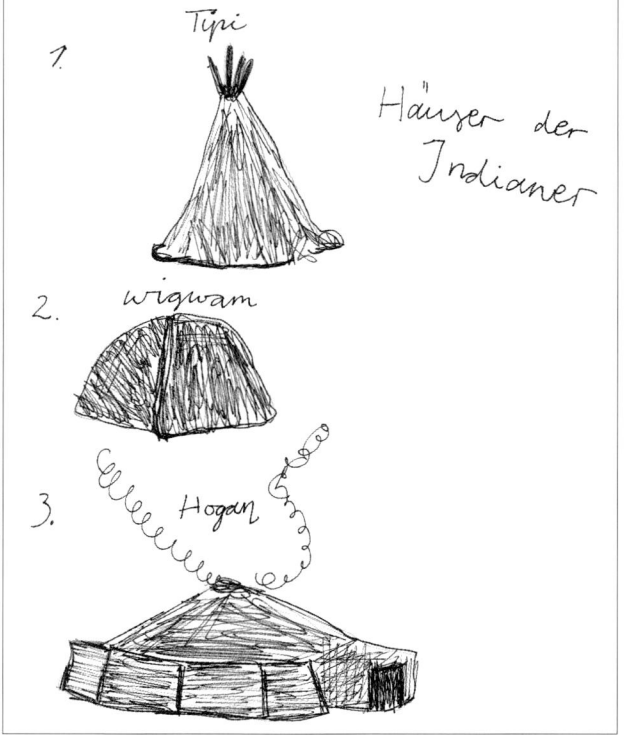

Zum Kernwissen der Kinder gehört das Wissen um Indianer, die in Wigwams leben und Federn tragen, was auf dem linken Bild einer Schülerin aus einem dritten Schuljahr deutlich wird. Fast alle Kinder hatten ihre Vorstellungen über Indianer in dieser Form gezeichnet. Nach einer Unterrichtserarbeitung, in welcher die Kinder die Vielzahl der unterschiedlich lebenden Stämme kennenlernten, zeichneten die Kinder das indianische Leben differenzierter, wie es im rechten Bild deutlich wird. Ein Konzeptwechsel hat stattgefunden.

sollten sie den Kindern deutlich machen, dass es immer wieder neue Veröffentlichungen zu dem Themenwissen geben wird, weil Geschichtsforscher immer weiter forschen werden und mit jeder neuen Quelle zu einem neuen Ergebnis kommen können.

Stilles Wissen

Kinder verfügen über sehr viel Wissen, über das sie kaum oder gar nicht kommunizieren, in diesem Buch „Stilles Wissen" genannt. Einer der Gründe dafür ist, dass Kinder nicht über unsere Fachbegriffe verfügen. Eine Studentin machte folgende Erfahrung. Sie wollte eine Unterrichtseinheit zum Thema „Kelten" entwerfen und die Kinder eines dritten Schuljahres vorher dazu befragen. Enttäuscht erzählte sie, dass die Kinder zu ihrer Frage „Was wisst ihr von den Kelten?" gar nichts aufgeschrieben hätten. Ich riet ihr, noch einmal in die Klasse zu gehen und den Kindern ein Bild von Asterix und Obelix zu zeigen und sie dazu erzählen zu lassen. Tatsächlich konnte die Studentin gar nicht schnell genug schreiben, so viel wussten die Kinder nun zu den Kelten zu berichten. Sie erzählten von tapferen Galliern, von Obelix und dem Zaubertrank, von Häuptlingen, Druiden und Misteln, von Römern, Gladiatoren und Legionären, von Kleopatra u.v.m. Studentin und Kinder hatten also lediglich zwei unterschiedliche Begriffe, die eine sprach von Kelten, die Kinder kannten das Wort Gallier.

Im obigen Beispiel (s. S. 71) kann Emma keinen Zusammenhang zwischen einem Begriff und ihren Geschichtsbüchern herstellen, weil sie den Begriff „Geschichte" nicht zuordnen kann, ihn vielleicht sogar noch mit dem Begriff „Geschichten" verwechselt.

Ein zweiter Grund für die mangelnde Kommunikation zwischen Erwachsenen und Kindern ist, dass Kinder spüren, was Erwachsene von ihnen erwarten. Erwachsene haben feste Vorstellungen davon, was Kinder wissen oder wissen dürfen. Zu manchen Themen, ganz besonders zu Hitler, Nationalsozialismus, Flucht, Vertreibung, Krieg und Genozid spüren die Kin-

> „Hitler hat alle Leute umgebracht, vor allem Ausländer."
> „Hitler wollte nur Leute, die zu ihm hielten, alle anderen hat er umgebracht."
> „Hitler hat Kinder ins Schwimmbad eingeladen – die Kinder haben sich gefreut – dann kam Gas raus, und alle waren tot."
> „Hitler wollte die Welt erobern/regieren."
> „Hitler hat Polen besetzt, Krieg geführt und verloren."
> „Hitler hat Juden umgebracht."
> „Nazis muss man verkloppen und hassen."
> „Nazis wollen Ausländer aus Deutschland rausschmeißen, sie mögen keine Ausländer."
> „Ausländer nehmen uns die Arbeit weg – deswegen sollen sie weg."
> „Was kann man gegen den Krieg tun?"

Aussagen von acht- bis elfjährigen Kindern beim Betrachten eines Fotos, das eine Hakenkreuzschmiererei auf einer Spielplatzrutsche ihres Schulhofes zeigt.[7]

der die Vorbehalte der Erwachsenen. Die Kinder denken, dass sie zu diesen Themen noch keinen Zugang haben dürfen und reden daher über ihr Wissen kaum oder nur mit anderen Kindern. Wenn wir Erwachsenen den Kindern aber in einem vertrauten Rahmen mithilfe von Bildern oder Reizwörtern die richtigen Impulse geben, können sie sich öffnen (siehe Beispiel S. 75) und ein spannendes Gespräch entsteht. Es eröffnet den Kindern die Möglichkeit, Fragen zu ihrem „Stillen Wissen" über diese nicht gängigen Schwerpunkte der Geschichte zu stellen. Eventuell vertrauen sie den Erwachsenen dann auch ihre Ängste an und so manches Missverständnis wird ausgeräumt (siehe obiges Beispiel zu Sinti und Roma, S. 73).

Was Kinder aus der Vergangenheit wissen wollen: Kinder haben andere Interessen als Erwachsene denken

Studierende bereiteten in zwei fünften Schuljahren die Unterrichtseinheit Ägypten vor. Sie hatten neben den üblichen Themenschwerpunkten wie Pyramiden, Pharao, Hieroglyphen auch das Alltagsleben gründlich vorbereitet. Die Studierenden nahmen an, dass die Kinder dieser fünften Schuljahre sich besonders für das Leben der Kinder im Alten Ägypten interessieren würden. Die Praktikanten waren überrascht, als sie vor dem Beginn der Unterrichtseinheit in einer kleinen schriftlichen Erhebung die besonderen Interessen der Kinder zum Thema Ägypten erfragten: Sieben Kinder interessierten sich am meisten für die Pharaonen, fünf für die Pyramiden, sechs für „Geheimnisse" (gemeint ist Unerforschtes), vier für die Götter und vier für die Mumien. Für das Alltagsleben interessierte sich keines der Kinder. Sie waren viel mehr an abenteuerlichen, spannenden Themen und an Informationen über Macht und Herrschaft interessiert. Besonders viel Vorwissen hatten die Kinder zu den Unterthemen Pyramiden, Pharao, Religion, Versorgung von Toten und Bautechniken. Dass die Kinder bereits über Wissen zu Bautechniken und zur Versorgung der Toten verfügten, verblüffte die Studierenden.

In einer umfangreichen Studie mit Schülerinnen und Schülern von weiterführenden Schulen wurde ermittelt, dass es im historischen Lernen eine Diskrepanz gibt zwischen dem, was Kinder wissen wollen und dem, was Lehrende an Schülerinteressen vermuten.[8] Welche Konsequenz können Erwachsene daraus ziehen? Sie sollten im geeigneten Rahmen Kinder in die Wahl von Themen, Unterthemen, Unterrichtsformen und Medien einbeziehen. Die Themenwünsche der Kinder können von Lehrenden auf einem Plakat gesammelt werden. In regelmäßigen Abständen tauschen sich dann Lehrende und Lernende über ihre Wünsche und Ziele aus und begründen ihre Entscheidungen. Kinder können ebenso mitentscheiden, welche Kinderbücher über Geschichte angeschafft werden sollen. In offenen Unterrichtsformen können sich die Kinder die ihnen adäquaten Sozial- und Arbeitsformen, passend zur Erschließung der Inhalte, wählen (s. S.104 ff.).

Was Kinder tun wollen: Kinder sind kleine Geschichtsforscher

„Manchmal möchte ich im Mittelalter leben, das war eine ganz andere Welt, spannend. Die will ich erforschen."

„Weil ich will gerne gucken, wie das so ist, in der Steinzeit und so."

„Ich möchte gern die Dinos ansehen, wie die wirklich aussehen. Und ob der Tyrannosaurus wirklich ein Aasfresser war."

Diese drei Äußerungen von Kindern zwischen acht und zehn Jahren machen deutlich, dass manche unter ihnen:
- forschen wollen;
- wissen, dass unsere Kenntnisse über die Vergangenheit auf Forschung beruhen;
- sich zutrauen, selbst zu forschen.

Hier ergibt sich besonders für Lehrerinnen und Lehrer eine große Chance. Wenn die Vergangenheit nicht als abgeschlossener Prozess verstanden wird, sondern als eine Grundlage zum Nachdenken und Forschen, ist Geschichte spannend und beständige Herausforderung für Kinder. Geschichtsunterricht – oder besser historisches Lernen – ist in diesem Fall nicht mehr das Erlernen von bereits Gedachtem, sondern „Geschichte selber denken"! Im historischen Lernen wird neben dem deklarativen Wissen besonders auch prozedurales Wissen, also Können, erweitert. Dass Kinder in Ansätzen bereits wissenschaftlich orientiert sind und wie Lehrerinnen und Lehrer mithilfe der Historischen Methode wissenschaftlich angelegte Lernprozesse initiieren können, wird im Kapitel 9 gezeigt.

Wichtiges in Kürze

- Als Wissen bezeichnen wir alles, was im Gedächtnis gespeichert wird. Es wird beständig neu geordnet.
- Kinder benötigen Begriffe als Wegweiser zum Verstehen, zur Einordnung und zur Kommunikation ihres Wissens.
- Einschränkungen im historischen Denken sind nicht nur auf das Alter der Kinder oder auf ihre kognitiven Fähigkeiten zurückzuführen, sondern auch auf bereichsspezifisches Wissen.
- Zum Kernwissen der Kinder gehören die Themen Saurier, Steinzeit, Ägypten, Römer, Ritter und Burgen, Wikinger, Indianer und Piraten. Zu diesen Themen fällt den Kindern eine Kommunikation leicht, weil sie in Medien kindgemäß aufbereitet sind und sich die Kinder daraus eine Grundlage aufgebaut haben.
- Zum Stillen Wissen der Kinder gehören die Themen Krieg, Migration, Macht und Herrschaft, Sexualität und Tod. Zu diesen Themen können und wollen die Kinder oft nicht mit den Erwachsenen kommunizieren. Sie wollen nicht, weil sie die Vorbehalte der Erwachsenen spüren. Sie können sich dazu nicht äußern, weil diese Themen nur selten kindgemäß aufbereitet sind und keine begriffliche Grundlage für die Kinder besteht.
- Kinder haben andere Interessen an historischen Inhalten als Erwachsene denken.
- Kinder sind gern Entdecker und Forscher. Es muss ihnen daher ermöglicht werden, der Vergangenheit nachzuspüren.

KAPITEL 7
„Reform, das kommt von Reh!"
Vom Wissen zum historischen Verstehen. Was sich Kinder erschließen und wie wir ihnen dabei helfen können

Zur Zeit der Fußballweltmeister- oder europameisterschaften haben sich Kinder bereits im Kindergartenalter die Deutschlandfahne ins Gesicht malen lassen und „Deutschland, Deutschland" skandiert. Die Kinder wiederholen damit die Rituale, die sie bei den Erwachsenen gesehen und gehört hatten. Aber nicht eines der vielen Kinder, die wir in dieser Zeit befragten, konnte uns sagen, was die drei Farben im Gesicht bedeuteten. Verstehen hätte bedeutet, dass die Kinder gewusst hätten, dass die drei Farben für die Deutschlandfahne stehen und die Erwachsenen mit der Bemalung ihren persönlichen Wunsch zum Sieg der deutschen Mannschaft ausdrücken wollten. Historisches Verstehen hätte bedeutet, dass die Kinder die Geschichte und den Sinn der Deutschlandfahne sowie des Nationalgedankens in einen Zusammenhang mit dem Wunsch zum Sieg der heutigen Nationalmannschaft gesetzt hätten, eine nicht zu schaffende Leistung für Kinder im Elementarbereich. Auch viele Erwachsene werden diesen Transfer nicht leisten können.

Einige Kinder wussten, dass die deutsche Mannschaft 1954 im „Wunder von Bern" Weltmeister geworden war, aber sie konnten und können nicht verstehen, warum der Sieg von den Menschen 1954 als ein „Wunder" bezeichnet wurde. Sie schließen von den heutigen geordneten und friedlichen Verhältnissen auf die damalige Zeit und stellen sich die Verhältnisse ähnlich vor. Historisches Verstehen hätte bedeutet, die besondere Leistung der Mannschaft sowie die Begeisterung der Bevölkerung in dem politisch und geografisch zerrissenen Nachkriegsdeutschland[1] von 1954 aus der Perspektive der damaligen Zeit heraus zu verstehen.[2]

Aus Wissen über wird Verstehen von Geschichte

Wie aus Wissen Verstehen wird, ist immer noch nicht ausreichend erforscht. Wir definieren bisher Verstehen als eine Methode, den Sinnzusammenhang menschlichen Handelns zu ermitteln. Ein Mensch, der im Alltag Neues erfährt und erlebt, wird dieses dem alten Wissen mit vorhandenen Erinnerungen, Erfahrungen und Erklärungsmustern zuordnen und daraus neues Wissen und neues Verstehen konstruieren. Dieses ist subjektiv, da es von den aktuellen Bedürfnissen des einzelnen Menschen abhängt.

Hier eine kleine Episode dazu, ein Gespräch zwischen dem fünfjährigen Moritz und seiner ehemaligen Babysitterin Lissy. Diese zog vor einem Jahr aus ihrem Elternhaus aus, was Moritz nicht nachvollziehen konnte. Drei Mal hat er sie bei ihren Besuchen zu Hause gefragt, warum sie jetzt woanders wohne und jedes Mal hat sie ihm erklärt, dass Jugendliche ausziehen, um irgendwann allein zu wohnen, zu studieren oder zu arbeiten. Wieder sind einige Monate vergangen und Moritz fragt bei einem vierten Besuch erneut:

Moritz: „Lissy, warum wohnst du nicht mehr zu Hause?"

Lissy: „Ich habe es dir ja schon mal erklärt. Wenn man älter wird, zieht man bei den Eltern aus, dann sucht man sich eine eigene Wohnung und wohnt allein."

Angestrengtes Nachdenken von Moritz, dann plötzlich strahlende Augen und seine Erklärung: „Dann kannst du auch länger aufbleiben!"

Ein Jahr lang hat der Auszug Lissys für den Fünfjährigen keinen Sinn gemacht. Die Vorstellung, in der Zukunft seine Eltern verlassen zu müssen, hat ihn vielleicht sogar verängstigt. Erst beim vierten Mal kann Moritz Lissys Auszug verstehen, weil er eine Erfahrung nutzt, die er wohl aktuell in seiner jungen Vergangenheit gemacht hat: Ohne die Eltern zu leben kann auch Vorteile haben, weil man dann „länger aufbleiben" darf. Mit dieser Erfahrung aus der Vergangenheit kann das Kind endlich einen Sinnzusammenhang herstellen, um die Vergangenheit zu verstehen und Gegenwart und Zukunft zu bewältigen. Moritz rekonstruiert die Vergangenheit. Er berücksichtigt und verknüpft „Gedächtnisspuren nach Maßgabe gegenwärtiger Bedürfnisse und Deutungen."[3]

Erziehende und Lehrende stehen oft vor großen Aufgaben, um einen Verstehenszusammenhang für komplexe historische und politische Grundlagen bereitzustellen. Hier ein Beispiel aus einem Unterrichtsgespräch mit Viertklässlern einer Freiherr-vom-Stein-Schule. Die Schülerinnen und Schüler versuchten, den Begriff Reform und die damit zusammenhängenden

---

Lehrerin: „Welches Wort versteckt sich in ‚Reformen'?"
Schülerin B: „Reh!"
Lehrerin: „Schau dir das Wort noch mal genau an."
Schülerin B: „Mh, Reh schreibt man mit H – stimmt also nicht."
Schülerin A: „Formen."
Lehrerin: „Ja, und die Vorsilbe ‚Re' bedeutet ‚wieder'."
Schülerin B: „Wieder formen?"
Schülerin C: „Vielleicht bedeutet es, immer wieder neu zu formen, wie mit Knete."
Lehrerin: „Ich glaube, das könnte es bedeuten. Denkt mal an Knete oder Ton. Ihr habt etwas gestaltet und nun macht ihr es wieder neu."
Schülerin A: „Dann wird es anders und ich verändere es."
Lehrerin: „Ja, es kann etwas ganz neu entstehen oder einfach umgeformt werden."[4]

Steckt im Wort Reform das Wort Reh? Mögliche Assoziationen oder Verknüpfungen in den Erklärungsversuchen eines Kindes könnten durch das Backen von Keksen entstanden sein.

Veränderungen im Rahmen einer Unterrichtseinheit „Auf den Spuren des Freiherrn vom Stein" zu verstehen:
Die Viertklässler knüpfen an erfahrene Handlungen an. Mit Knete oder Ton Neues zu formen und Altes zu überarbeiten ist ihnen bekannt. Der wesentliche „Anker" zum Verstehen des Wortes kam aus dem kindlichen Erfahrungsbereich. Um aber die Reformen des Freiherrn vom Stein in ihrer Zeit zu verstehen, mussten die Lehrenden weitere Hilfestellungen geben. Warum? Es ging nun nicht mehr um Alltagserfahrungen, an die angeknüpft werden konnte, sondern um politische Geschichte, und hier haben die Kinder die wenigsten Erfahrungen. Sie sind dennoch an politischer Geschichte interessiert, weil sie an Fragen von Macht und Herrschaft interessiert sind (vgl. Kap. 1, 6 und 11). Erwachsene müssen darum den Interessen der Kinder entgegenkommen und Hilfestellungen geben, so wie es auch die Lehrenden der Freiherr-vom-Stein-Schule taten: Eine Zeitleiste wurde darum erstellt, Lebensbedingungen heute und damals verglichen, Erneuerungen und Veränderungen in der Vergangenheit erarbeitet sowie Reformen in der heutigen Zeit thematisiert.[5]

Was bedeutet es, die Handlungen von Menschen aus der Geschichte zu verstehen? Was bedeutet **historisches Verstehen**? Welche Hilfestellungen müssen Erwachsene geben?

„Historisches ‚Verstehen' versucht, aus den Äußerungen und Überresten menschlichen Handelns die zugrunde liegenden Motive, Absichten, Wertvorstellungen und Zukunftsentwürfe zu erschließen […] Dies erfordert den Wechsel der Perspektive als didaktische Grundsatzentscheidung […] Aus dem Bemühen, andere Wertvorstellungen und Lebensweisen zu ‚verstehen' und ihre Bedingungen zu ‚erklären', erwächst die Möglichkeit, sich selber in seinen Bedingtheiten, Abhängigkeiten und Handlungsspielräumen besser zu erkennen und dadurch auch die eigene Position zu reflektieren."[6]

Die folgenden Hinweise bilden keine Reihenfolge, sondern nur eine lose Sammlung: Kinder sind auf ihrem Weg zum historischen Verstehen, wenn sie
- ein historisches Geschehen und das Handeln von Menschen in einen Sinnzusammenhang stellen können. Dies gelingt ihnen besonders dann gut, wenn sie es zu bereits vorhandenem Wissen, ihren zeitlichen Ordnungssystemen und eigenen Erfahrungen in Beziehung setzen können;[7]
- das damalige Geschehen aus der jeweiligen Zeit heraus verstehen, also die fremde Perspektive einnehmen können. Ab dem Alter von zwei Jahren entwickeln die Kinder die Fähigkeit zur Empathie, das heißt, sie können sich in andere hineinfühlen, mit ihnen lachen und weinen. Im Laufe der Kindergartenzeit oder zu Beginn der Schulzeit sind die meisten von ihnen in der Lage, die fremde Perspektive nicht nur zu erahnen, mitzufühlen sowie nachzuerleben, sondern auch distanziert zu verstehen;
- sich ihre Wünsche erfüllen dürfen, selbst Forscher zu sein und sie Forschungsprozesse zumindest in Ansätzen durch die Historische Methode (s. S. 102 f.) erlernen können;
- eine Brücke schlagen zwischen dem Wissen von heute und damals, das Gemeinsame und das Differente erkennen, analysieren und erzählen und diesem eine Bedeutung geben, die für ihre Orientierung in Gegenwart und Zukunft nutzbar ist. Damit bauen sie ihr Geschichtsbewusstsein beständig aus;
- aus den Hinterlassungen und Äußerungen von Menschen Aussagen machen können über das Leben der Menschen in ihrer Zeit.

Sprachliche Missverständnisse und naive Theorien

In Kapitel 4 wurde deutlich, dass Kinder der Geschichte zumeist in nicht angeleiteten Lernprozessen begegnen. Hier entstehen alltagsweltliches Wissen mit naiven Theorien und damit zum Teil auch Missverständnisse sowie Misskonzepte[8], von denen Erwachsene nicht einmal etwas ahnen:

Missverständnisse durch sich Verhören und fehlende Einordnungsmöglichkeiten: Die Kinder verstehen die Fachbegriffe, aber auch Begriffe aus der Alltagssprache falsch. Sehr viele Erwachsene können berichten, dass sie als Kinder statt „Musketiere" immer „Muskeltiere" verstanden und sich den Ersten und Zweiten Weltkrieg als einen Krieg in und auf dem gesamten Planeten Erde vorgestellt hätten oder auch als „Krieg der Welten/Planeten." Diese „Verhörer" aus dem Bereich Geschichte wurden noch genannt: Statt „ohne Gewähr – ohne Gewehr", statt „Reichstag – Reistag", statt „Märtyrer" – „Mehr-Türer". Eine hatte statt des Titels „Asterix erobert Rom" den Satz „Asterix der Oberthron" verstanden und eine andere hatte jahrelang zur Filmmusik „Asterix der Gallier" den Text „Asterix der Geier" gesungen. In dem kleinen und fröhlichen Handbuch des Verhörens, *Der Weiße Neger Wumbaba* (ein Verhörer aus dem Liedtext „und aus den Wiesen steiget der weiße Nebel wunderbar"), sind witzige, teilweise auch berührende Missverständnisse von Kindern und Erwachsenen gesammelt. Viele Menschen haben in ihren Briefen an den Autor deutlich gemacht, dass sie Missverständnisse, die in der Kindheit entstanden, zum Teil über Jahre und Jahrzehnte in sich getragen haben, ohne sich jemals zu wundern. Aus diesen Missverständnissen seien dann nicht selten Theorien über Handlungen von Menschen in der Vergangenheit entstanden.[9] Eine kleine Befragung, die wir im Rahmen einer Erarbeitung von Unterrichtsmaterialien[10] zu Bildung in Klöstern machten, zeigt, dass Fachbegriffe in der Alltagssprache, besonders in der Werbung, in anderen Zusammenhängen gebraucht werden und wohl auch durch schulisches Lernen nicht immer korrigiert werden können. Von 77 Schülern aus zwei Hauptschul- und einer Realschulklasse (Klassen 8 und 9) wollten wir das Vorwissen erkunden. Die Jugendlichen sollten zu den Begriffen Mönch, Nonne, Kloster und Orden eine kurze Erklärung schreiben. Hier nur einige Missverständnisse, in Klammern jeweils die Anzahl der Antworten: Zu Mönche wurde u.a. geschrieben Kriegermönch/PC-Spiel/Shaolin (18), Weizenbier (14), Buddha (12), dick (2). Zu Kloster konnten 60 Kinder nichts schreiben, die anderen schrieben u.a. Kirche (7), Brauerei (7), Einsamkeit (3). Zu Orden fiel 40 Kindern nichts ein, aber 36 schrieben Yedi.

Die neunjährige Evelyn, dritte Klasse, stellt sich vor, wie ihre Vorfahren mit Inflationsgeld die Wände tapezierten.

**Eine Unterrichtsstunde zum Thema „Arbeitsteilung in der Steinzeit"
in einem fünften Schuljahr:**

Ein Praktikant hatte seinen Unterricht so vorbereitet, dass die Kinder am Ende der Stunde gelernt haben sollten, dass die Männer die Jäger und die Frauen die Sammlerinnen gewesen waren. Ich wies ihn darauf hin, dass dieses Lernziel verallgemeinere, dass, je nach Größe der Sippe, auch junge Frauen an der Jagd und ältere Männer am Sammeln und an der Zubereitung von Nahrung beteiligt gewesen seien. Der Praktikant hatte keine Zeit mehr, sein vorgefertigtes Arbeitsblatt zu ändern und besprach darum in der nun beginnenden Unterrichtsstunde mit der Klasse, was er Neues gehört hatte. Die Kinder, die ohnehin am Thema Steinzeit interessiert waren, zeigten eine gespannte Neugier und große Diskussionsbereitschaft. Die Mädchen waren geradezu erleichtert. Sie erzählten, dass sie immer wieder gehört hätten, dass Frauen „nur" Sammlerinnen gewesen seien. Einige Jungen riefen in den Raum, dass Frauen ja auch an den Kochtopf gehörten. Die Mädchen protestierten und fragten den Praktikanten nach weiteren Lebensbeschreibungen über Steinzeitfrauen. Der Praktikant erzählte erweiternd, dass er von mir gehört hätte, dass Schwangere und Mütter nicht an der Jagd teilnahmen, weil sie das Überleben der Sippe sichern mussten. Er berichtete, dass Frauen viele wichtige Aufgaben hatten, neben dem Sammeln und Erziehen der Kinder auch das Lehren, das Heilen, das Herstellen von Kleidung u.a.m. Zum Schluss der Diskussion fragte ein Mädchen den Praktikanten: „Also kann man das jetzt nicht mehr sagen, dass die Männer die Jäger waren und die Frauen den Haushalt machten? Kann man das jetzt wirklich nicht mehr sagen?" Als der Praktikant bestätigte, dass diese Vorstellung überholt sei, brach in der Klasse, besonders bei den Mädchen, großer Jubel aus.

Dieses Beispiel zeigt, dass aus historischen Forschungsergebnissen, die im Laufe vieler Jahre vereinfacht und generalisiert wurden, naive Theorien entstehen, die Mädchen und Jungen im differenzierten Verstehen der Vergangenheit und auch in der Entwicklung ihrer gegenwärtigen und zukünftigen Identität behindern können. Das Beispiel zeigt auch, wie einzelne Jungen ihr Frauenbild der Gegenwart in die Vergangenheit transportieren und aus dem Bild der Vergangenheit eine Legitimation für die Gegenwart und Zukunft ableiten.
Auch das Geschlechterbild in Jugendbüchern über die Steinzeit ist einseitig und undifferenziert: Eine Analyse von 40 Kinder- und Jugendbüchern aus zwei Bücherkoffern einer guten Stadtbücherei ergab: In allen (!) Bilderbüchern sieht man Szenen, in denen die Männer von der Jagd kommen und die Frauen wartend um das Feuer vor den Zelten hocken!

Worte, die Angst machen können: Große Ängste werden die Kinder sicherlich entwickeln wenn sie hören, dass die Revolution ihre „Kinder frisst." Weitere Beispiele für solche Begriffe oder Metaphern aus der Geschichte sind zum Beispiel „Der letzte Indianer", „Kalter Krieg", „Eiserner Vorhang", „Rosinenbomber", „Mauerfall", „die Armee überrollte die Flüchtlinge", „gefallene Soldaten", „die Mönche waren Motoren der Missionierung", „nach der Inflation konnten wir die Wände mit Geld tapezieren". Manche Kinder sind verletzt, wenn sie mit „Du Bauer", oder „Jude" angesprochen werden, Begriffe, welche die Sprecher von anderen Kindern und Jugendlichen als Schimpfworte übernommen haben und danach unreflektiert nutzen. In solchen sprachlichen Angriffen verfestigen sich gefährliche Stereotype.

Vorstellungen, die sich zu naiven Theorien und zu Lebenskonzepten verdichten können: Im Alltag, manchmal leider auch im angeleiteten Lernen, bringen die Kinder Vorstellungen mit, die sich zu problematischen Theorien und Handlungs- und Lebenskonzepten verdichten können, zum Beispiel:

- Veränderungen entstehen durch Gott, durch die Natur und durch Wunder (Vorstellungen aus der Religion und aus Märchen).
- Veränderungen entstehen durch starke Persönlichkeiten, besonders durch Männer (Vorstellungen aus Märchen, aus den Personalisierungen der Medien).
- In der Steinzeit waren alle Männer Jäger und alle Frauen Sammlerinnen und hockten in den Zelten (Vorstellungen aus Medien und Unterricht, vgl. Beispiel im Kasten S. 82).
- Ritter waren edel, ebenso wie viele Indianer. Indianer hatten Federn auf dem Kopf und lebten in Zelten.
- Wikinger hatten zwei Hörner auf ihrem Helm und machten Überfälle.
- Hitler tötete alle Ausländer (Vorstellungen aus Büchern, elektronischen Medien und aus Gesprächen der Kinder untereinander).

Die dabei entstehenden Konzepte sind äußerst gefährlich: Kinder könnten aus den Rollenzuschreibungen der Männer und Frauen in der Geschichte schließen, dass Männern der aktive und Frauen der passive Teil im gesellschaftlichen Leben zustand und darum auch heute noch zusteht. Sie könnten schließen, dass Geschichte von einzelnen Personen, besonders von Männern, gemacht wird und ihr eigenes Handeln in der Gesellschaft nicht erforderlich ist. Sie könnten aus dem Hitler-Bild (u.a. Überschriften zu Fernsehsendungen: „Hitlers Frauen/Kinder/Soldaten") schließen, dass EIN einziger Mensch die Gesellschaft so verändern und beherrschen kann, dass Faschismus in Deutschland wieder möglich werden könnte. Hier haben Lehrende die nicht einfache Aufgabe, den Konzeptwechsel (conceptual change) zu organisieren.

Wie können Erwachsene das Wissen und die Konzepte der Kinder erkennen, daran teilnehmen, sie erweitern oder verändern?

„Auf ein Wort":
Schule kann nicht alles erledigen

Erziehende und Lehrende im Elementar- und Primarstufenbereich können sehr genau feststellen, welche der ihnen anvertrauten Kinder in der Entwicklung ihres Wissens, ihres Verstehensprozesse und ihres Geschichtsbewusstseins durch ihre Familien unterstützt wurden. Eltern, Verwandte und Freunde der Familie haben vielfältige Möglichkeiten, Kinder kontinuierlich in ihrer Entwicklung zu begleiten. Sie sollten aus Büchern vorlesen oder zu Bildern erzählen. Sie sollten die Chance nutzen, auf die zahlreichen historischen Feste zu gehen, zum Beispiel auf Mittelaltermärkte. Sie sollten mit den Kindern die Burgen oder die historischen Orte der Region besuchen und die Geschichte der Orte erzählen oder auch Fantasiegeschichten dazu erfinden. Es gibt in Deutschland zahllose ausgezeichnete Museen, in denen unsere Vergangenheit dargestellt wird.[11] Museumsbesuche mit Kindern erscheinen Erwachsenen oftmals als problematisch, weil sie denken, dass die Kinder dafür zu unruhig sind und Probleme machen könnten durch Anfassen oder Kaputtmachen. Auch glauben Erwachsene, dass die Fülle der Informationen die Kinder überfordert. Diese Probleme lassen sich mit vier Vorschlägen relativieren: Erste Museumsbesuche sollten in Museen stattfinden, die die Kinder besonders interessieren, wie zum Beispiel in naturhistorischen Museen oder in Kindermuseen. Die ersten Besuche sollten kurz sein, damit die Geduld und die Konzentration der Kinder nicht überfordert werden. Weiterhin sollten Museumsbesuche motivierend und vorbildlich sein. Wir sollten mit den Kindern nur einen bestimmten Aspekt anschauen und unsere persönliche Freude an einem Detail deutlich machen. So sind wir Vorbilder und motivieren die Kinder dafür, einen eigenen Blick für einen besonderen Aspekt zu gewinnen. Wenn wir dieses in mehreren Museumsbesuchen wiederholen, werden die Kinder darin geschult, sich auch einen Ausstellungsteil zu suchen, der sie besonders interessiert, und darüber nachzudenken. Auch gibt es in vielen Museen besondere Kinderführungen und Kinderworkshops. Manche Museumspädagogen bieten sogar die Organisation von Kindergeburtstagen im Museum an. So wird das Museum zu einem Ort der Freude und des Erfahrens. Wenn Kinder nach einem Museumsbesuch behaupten, er sei langweilig gewesen, sollten sich die Erwachsenen dadurch nicht entmutigen lassen. Immer wird ein Eindruck zurückbleiben und immer wird die Kultur des Hinschauens und Nachdenkens gefördert, wenn die vier obigen Vorschläge Interesse, Zeit, Vorbildcharakter und Motivation berücksichtigt werden.

Die Erziehenden sollten sich die Zeit nehmen, mit dem Kind gemeinsam Spiel- und Dokumentarfilme anzuschauen. Alle Aktivitäten geben spannende Gesprächsanlässe über die kindlichen Vorstellungen. Sie ermöglichen es dem Kind zu fragen, zu erzählen, zu fantasieren und eventuell auch Gedanken über Zukunftsvorstellungen zu äußern. Die Erwachsenen können Ängste der Kinder aufnehmen, die Bedeutung einzelner Aspekte für die kindliche Entwicklung erkennen und auch eventuelle Misskonzepte korrigieren. Wenn Kinder die Erwachsenen auf ein Thema ansprechen, dann sind sie auch bereit, sich damit auseinanderzusetzen und dürfen nicht entmutigt werden mit Worten wie „Dafür bist du noch zu jung, das verstehst du noch nicht".

Die Kinder werden die Erfahrungen aus diesen Gesprächen und Besuchen für ihr individuelles, aber auch für das gemeinsame schulische Lernen nutzen und in ihre Lerngruppen einbringen.

Erzählen und Fragen im Gespräch

Im Familiengespräch oder in Kreisgesprächen in Kindergarten und Schule können Vorstellungen besprochen und ausgetauscht werden. Die Erwachsenen können Kindern ein Bild zeigen, ein Stichwort geben, eine Geschichte erzählen und alle Äußerungen dazu sammeln. Danach sollten sie die Kinder auffordern, Fragen zum Thema zu stellen. Lehrerinnen und Lehrer sollten die Fragen nach der Gesprächsrunde auf einem Plakat sammeln und im Laufe der Themenbearbeitung beantworten lassen. In einer abschließenden Gesprächsrunde wird dann besprochen, was sich im Verstehen der Kinder geändert hat.

In Kindergarten und Schule Vorstellungen visualisieren und thematisieren

Lehrerinnen und Lehrer können zu Beginn einer Unterrichtseinheit die Kinder auffordern, ihre Vorstellungen zu zeichnen. Über die Zeichnungen kommen sie in ein Gespräch mit den Kindern und zu einem gemeinsamen Nachdenken über unterschiedliche Vorstellungen über Vergangenheit:
So stellt sich Paul einen Kaiser vor/eine Hexe/einen Indianer … und so stellt sich Lisa und so … Wo kommen deine/unsere Vorstellungen her? Gibt es richtige und falsche Vorstellungen? Was bedeutet es für jeden von uns, diese Vorstellung zu haben – in Gegenwart und Zukunft? Was möchtet ihr jetzt gern wissen? Wie wollen wir jetzt zu diesem Thema arbeiten?

Die Erwachsenen sollten den Kindern erzählen, dass auch jeder Erwachsene eine bestimmte Vorstellung von etwas hat, die er immer wieder überdenkt. Dann verstehen die Kinder, dass es kein wertloses Wissen oder keine Vorstellung gibt, über die man sich schämen müsste. Sie verstehen, dass Wissen und Erfahrungen Grundlage sind und nicht Ende eines Denkprozesses. Sie verstehen, dass Geschichte ein Konstrukt ist.

Kinder sollten also lernen: „Den Umgang mit Vorstellungen von Geschichte und das Wissen darum, wie solche Vorstellungen entstehen, welche Funktion sie erfüllen und wie man sich selbst mit ihnen auseinandersetzt und zu ihnen verhält."[12]

So wie diese Kinderzeichnung (s. S. 85) sehen viele aus. Die Geschichtsbilder der Kinder haben ihren Ursprung in unserer Geschichtskultur, vor allem in Kinderbüchern und Märchen. Indianer werden von den Kindern zumeist mit Federn und vor Zelten gezeichnet, „Hexen" mit besonderen Kennzeichen und fliegend. Von 60 sechs- bis zehnjährigen Kindern[13], die wir nach ihren Vorstellungen zu „Hexen" befragten oder die wir ihre Vorstellungen malen ließen, zeichneten die meisten Kinder Frauen mit Besen, oft auch mit einem Raben oder einer Katze. Sieben- und achtjährige Kinder malten zumeist freundliche Hexen, ähnlich der Comicfigur *Bibi Blocksberg*. Die neun- bis zehnjährigen zeichneten zu einem großen Teil „böse" Märchenfiguren mit spitzem Hut, langer Nase und einer Warze darauf. Drei Kinder zeichneten Männer mit einem Zaubermantel. Nur wenige Kinder, und zwar die älteren, machten im Gespräch oder in ihren Zeichnungen deutlich, dass es Hexen nie gegeben habe.

Kenntnisse und Vorstellungen eines neunjährigen Mädchens zum Thema Hexe.

Manche erzählten, dass es im Mittelalter zu Hexenverbrennungen gekommen war, dass auch Männer und Kinder verbrannt worden seien. Sie erklärten, dass die Opfer von anderen als Hexen bezeichnet worden seien. Diese Kinder hatten bereits ein differenziertes Geschichtsbewusstsein. Es wäre aber falsch, allen anderen Kindern ein mangelndes Geschichtsbewusstsein zuzuweisen. Vielleicht malten sie die Figuren ja nur deshalb so klischeehaft, weil die Erwachsenen die Personen darauf eindeutig als Hexen erkennen sollten. Vielleicht wollten die Kinder sich dem Hexenbild, das sie durch Erwachsene vermittelt bekommen, lediglich anpassen.

Im obigen Beispiel wird deutlich, dass diese Schülerin ihre Kenntnisse auch aus Büchern hat. Sie kennt fiktive Literatur wie *Bibi Blocksberg* und *Harry Potter* und sie besitzt Sachliteratur wie das *Buch des Fantastischen*. Die Schülerin hat jedoch keine Bilder aus diesen drei Büchern übernommen, sondern das in der Geschichtskultur der Erwachsenen verbreitete Geschichtsbild gezeichnet.

Offene und kommunikative Unterrichtsformen

Kommunikative und partnerschaftliche Unterrichtsformen, das Erlernen der Historischen Methode (s. S. 102), Differenzierung sowie genügend zur Verfügung gestellte Zeit für Gespräche ermöglichen einen ständigen Dialog zwischen den Schülern und damit einen Austausch von Wissen und ersten Theorien (s. S. 98 ff.): Geeignete Arbeits- und Sozialformen sind u.a. die Partner- und Gruppenarbeit, Unterrichtsgespräche im Sitzkreis, szenische Spiele und das dialogische Schreiben. Im dialogischen Schreiben werden Texte von zwei Kindern verfasst: Dabei müssen unterschiedliches Vorwissen und verschiedene Präkonzepte ausgetauscht und mit neuem Wissen verbunden und reflektiert werden. Am Ende entsteht eine gemeinsame Erzählung, eine Geschichtserzählung, die vorgetragen und von den anderen Kindern besprochen wird. Zu organisieren sind diese kommunikativen Unterrichtsformen am einfachsten in Tages- und Wochenplänen, in denen sich die Kinder ihre Arbeitszeit, die Reihenfolge der Bearbeitung, die Arbeitsform und die Sozialform selbst auswählen (vgl. ausführlich das Kap. 9). Ein Lernen in eher offenen Lernformen und im kommunikativen Prozess erleichtert den Kindern das Verstehen und Erzählen von Geschichte. „Verstehen ist ein tastender Konstruktionsprozess, der Zeit und Raum braucht für das eigene Nachdenken und Prüfen, aber ebenso den Austausch mit anderen. Vorzüglich im Unterrichtsgespräch vollziehen sich Verstehensprozesse als gemeinsame Konstruktion neuer Einsichten."[14] Zeit und Raum sowie Differenzierung sind also Voraussetzung für die Aufnahme und Förderung der unterschiedlichen Verstehensleistungen der Kinder. Kinder sind nicht nur im Wissen, sondern auch in ihren Verstehensleistungen äußerst unterschiedlich und manche Siebenjährige können die Vergangenheit besser deuten als Kinder in der Sekundarstufe. In England hat man für dieses Phänomen den Begriff „seven-year-gap" geprägt. Kluge Lehrerinnen und Lehrer müssen darauf, wie bereits betont, mit Individualisierung und Differenzierung reagieren.[15]

Perspektivenwechsel

Wenn sich Kinder in andere hineinversetzen können besitzen sie Empathie. Empathie ist eine angeborene Fähigkeit, die aber zur Entfaltung gefördert werden muss. Etwa mit zwei Jahren sind Kinder dazu fähig, wahrzunehmen, wie es den anderen geht. Darauf kann im Elementar- und Primarbereich aufgebaut werden. Der Wechsel zur fremden Perspektive kann in verschiedenen Arbeits- und Sozialformen geübt werden: Im freien oder gebundenen szenischen Spiel mit und ohne Stabpuppen (s. S. 68), im Schreiben von fiktiven historischen Briefen und Tagebüchern oder auch durch Sexchange (Umschreiben des Geschlechtes einer historischen oder literarischen Figur in einem historischen Jugendbuch). Gespielt, gestaltet, erzählt oder geschrieben wird, um Handlungsmöglichkeiten auszuprobieren, zu analysieren und zu diskutieren. Wer glaubt, dass Kinder noch nicht fähig sein sollten, andere Rollen zu erproben und zu übernehmen, sollte sie im freien Spiel beobachten.

Rollenspiele mit Stabpuppen sind ideale Arbeitsformen, um Prozesse des Verstehens zu begleiten. Die Kinder tauschen Argumente aus, analysieren sie, akzeptieren sie oder entgegnen. Damit loten die Kinder die fremden Perspektiven doppelt aus: die der eigenen Stabpuppe und die der fremden. Die Kinder dürfen ganz im Spiel sein, ohne sich selbst präsentieren zu müssen. Bereits bei der Herstellung der Stabpuppe vollziehen sich erste Prozesse des Verstehens, wenn reflektiert wird, welche Charakterzüge man seiner Stabpuppe gibt, zum Beispiel durch die Form oder durch das Anmalen. Stabpuppen bieten auch Frageanlässe wie diese: Welchen Stoff mag wohl die Hose des Bauern in der Zeit gehabt haben? Gab es damals schon die Farbe Gelb?

Ein neunjähriges Mädchen hat diese Hexe gezeichnet und den Text dazu verfasst. Die Leistung des Mädchens lässt sich dem Begriff „seven-year-gap" zuordnen. Das Mädchen hat die Hexenverfolgungen reflektiert und sogar eine Forderung für die Zukunft formuliert. Neben Wissen und Verstehen zeigt es ein eindeutiges humanes Denken. Seine Überlegungen können von manchem Erwachsenen nicht geleistet werden.

Regionale und personifizierende Verankerung

Lehrende und Erziehende wissen, dass ein vergangenes Geschehen leichter verstanden wird, wenn es regional verankert ist oder personifiziert wird. Für viele Kinder ist Geschichte immer noch sehr mit Geschichten = Literatur verbunden, so

Die Stabpuppen auf diesem Bild sind aus einfachem Papier ausgeschnitten und auf einen Holzspieß geklebt. Zur Abwechslung kann man sie auch einmal auf einen Tageslichtprojektor legen, wie hier im Bild.

dass authentisches Geschehen von ihnen wie Unterhaltungsliteratur aufgenommen wird. Die Kinder *wissen* dann zum Beispiel, dass Menschen aus Deutschland in ihrer Not nach Amerika auswanderten, sie nehmen das Schicksal dieser Menschen aber eher auf wie die Geschichte von „Hans im Glück". Erst, wenn manche Kinder ein Migrantenleben am Beispiel eines Menschen aus ihrem Ort erarbeiten, beginnen sie zu verstehen. Eine alte Unterrichtsregel, das Lokalisieren und Personifizieren, gibt immer wieder Hilfestellung zum Verstehen.

Verstehen heißt nicht Verständnis haben zu müssen: Über den Umgang mit Emotionen und außerordentlichen Inhalten

Ein Kind, welches das Handeln eines Menschen aus seiner damaligen Zeit heraus analysieren kann, hat die damalige Zeit und die Handlungsmöglichkeiten der Menschen in jener Zeit verstanden. Es darf und sollte sogar dennoch sagen: „Das finde ich aber gemein, wie der/die handelte." Verstehen heißt nicht, dass ein Kind auch Verständnis im Sinne von Akzeptanz oder Verzeihen aufbringen muss. Ein Kind kann verstehen, dass eine Patrizierfamilie im Alten Rom Sklaven hatte, es kann dieses als für die Zeit typisch analysieren und darf es dennoch verurteilen. Wenn stark emotionalisierende Themen in Kindergarten und Schule behandelt werden, sollten Lehrende zulassen, dass Kinder ihre spontanen Empörungen, Parteinahmen oder Verurteilungen äußern. Mithilfe der von Kindern geäußerten Emotionen können Erwachsene erkennen, welche positiven und negativen Gefühle und damit verbundene Lernchancen und Lernhindernisse das Kind mit einem Thema verbindet.

In der Familie ist die Einbeziehung von Emotionen in Gespräche üblich, im Unterricht nur selten, obwohl wir wissen, dass rationales und emotionales Denken sich gegenseitig bedingen.

Emotionen sollten also selbstverständlicher Teil von Unterricht sein. Sie dürfen aber nicht bewertet werden, sondern sollten als Chance zum Dialog und Abbau von Kinderängsten genutzt werden.

Mit einigen Themen aus der Geschichte, wie zum Beispiel mit der Lebensgeschichte der Heiligen Elisabeth, werden die Kinder sowohl in ihrem Verstehen als auch im Verständnis stark herausgefordert. Elisabeth von Thüringen, 1207 geboren, gab ihre Kinder weg und widmete ihr Leben den Kranken und Armen. Sie starb entkräftet mit 24 Jahren. Auch wenn die Kinder, wie das Bild zeigt, spielerisch und handlungsorientiert an das Thema herangeführt werden, werden sie kein Verständnis, also keine Akzeptanz für eine Mutter entwickeln, die ihre Kinder weg gab, um sich um andere Menschen zu kümmern. Die Gründe für Elisabeths Verhalten, die u.a. in ihrer familiären Situation und der mittelalterlichen Religiosität zu suchen sind, sind sehr komplex. Am Beispiel des Lebens und Handelns von Elisabeth können Kinder in einem guten Unterricht vorzüglich ein adeliges, religiöses Frauenleben im Hochmittelalter mit einer gänzlich anderen

Die Kinder der Kindertagesstätte St. Elisabeth feiern den 800. Geburtstag der Heiligen Elisabeth (Gießener Allgemeine Zeitung vom 21.11.2007, S. 25).

Foto: Oliver Schepp

Sichtweise auf Kindererziehung kennenlernen. In einem schlechten Unterricht werden sie jedoch in der Entwicklung ihres Geschichtsbewusstseins behindert. Es gibt einige zauberhafte Bilderbücher über die Heilige Elisabeth, von denen jedoch die meisten die Kinder überfordern, weil darin die Handlungen Elisabeths nicht aus ihrer Zeit heraus erklärt werden und ihr Leben als „Heilige" idealisiert wird, ohne distanzierendes Nachdenken über dieses „heilige" Leben einzuräumen.[16]

Bei allen Schwierigkeiten in der Auseinandersetzung mit der Heiligen Elisabeth: Im Lehrplan für die Grundschulen in Thüringen wird Elisabeth als Vorbild geführt.[17] Besonders Mädchen haben großes Interesse an ihrer Person. Acht- bis zehnjährige Mädchen zeigten sich in einer Studie an Elisabeths Geschichte genauso stark interessiert wie an Kleopatra (s. S. 55).

Wichtiges in Kürze

- Historisches Verstehen bedeutet, den Sinnzusammenhang vergangenen menschlichen Handelns und Leidens zu ermitteln.
- In der Konstruktion eines Sinnzusammenhangs bauen die Kinder auf eigene Erfahrungen und Bedürfnisse auf.
- Erfahrungen können die Kinder zumeist für das Verständnis von Alltagsgeschichte aktivieren, für die politische Geschichte brauchen die Kinder vielfältige Hilfestellungen durch die Erwachsenen.
- Im nicht angeleiteten Lernen entstehen eher Misskonzepte als im angeleiteten Lernen zur Vergangenheit.
- Missverständnisse und Misskonzepte können Stereotype beinhalten und zu inhumanen und undemokratischen Denkweisen führen.
- Erwachsene müssen eine Kultur des Zuhörens und Beobachtens entwickeln, um Verstehensprozesse begleiten zu können.
- In Gesprächen und mithilfe didaktischer Schwerpunktsetzungen (offene und kommunikative Unterrichtsformen, Lernarrangements, genügend zur Verfügung gestellte Zeit, Perspektivenwechsel) werden Misskonzepte geklärt und Hilfen zum Verstehen gegeben.
- Verstehen gelingt am erfolgreichsten in der mündlichen und schriftlichen Kommunikation mit anderen.
- Emotionen sind Träger von Verstehensprozessen und Grundlage didaktischer Entscheidungen.
- Verstehen heißt nicht, Verständnis haben zu müssen.

KAPITEL 8
„Die Maria Merian, die hat sich alles getraut"

Lernen an Biografien: Fremdverstehen fördern und die Suche nach Erfahrungen unterstützen

Bettina von Arnim beschreibt in einem ihrer Briefe ihren Geschichtsunterricht: „Menes ist der erste König, er erbaute Memphis [...] Möris grub den See Möris, um die schädlichen Überschwemmungen des Nils zu hindern, dann folgte Sesostris der Eroberer, der sich selbst entleibte? ‚Warum?' unterbricht sie den Lehrer, ‚war er schön?, hatte er geliebt?, war er jung?, war er melancholisch?' Auf diese Fragen erfolgte keine Antwort, sondern eine weitere Belehrung über den Ablauf der Reiche [...]."[1]

Ähnlich wie Bettina von Arnim sind manche Kinder und Jugendliche enttäuscht vom Geschichtsunterricht. Bettina sucht nach dem BEISPIEL in der Geschichte, sie sucht nach Sinnsystemen in einem vergangenen Lebenslauf, um als Heranwachsende ihre Identität zu entwickeln. Dies ist ein menschliches Bedürfnis: Schon im Alter von 3 bis 5 Jahren kann man Kinder beim Rollenspiel beobachten, in welchem sie Lebensaufgaben probieren und spielerisch Erfahrungen vorwegnehmen. Man hört sie, wie sie eine Welt entwerfen, sich darin organisieren und die Rollen verteilen:

„Wir wären jetzt in der Burg, unsere Mutter wär' tot, wir wären ganz allein. Du wärst jetzt ... und ich wäre ... !" Es ist ein Genuss, die Kinder im sicheren Gebrauch des Konjunktivs zu belauschen. Es ist überraschend, wie sie sich der Fiktion ihres Spieles bewusst sind und es ist spannend, wie sie im Spiel Strategien entwickeln, um ihr „Überleben" in der Spielprobe – und vielleicht auch für ihre Zukunft – zu sichern.

Geschichte wurde früher als Kunde von fremden Erfahrungen begriffen. Auf der Suche danach sind nicht nur Kinder, sondern auch noch Jugendliche und Erwachsene. Sie finden die Beschreibungen individueller menschlicher Erfahrungen in ihrer Zeit aber oft nur in historischen Filmen und Romanen und nur sehr selten im Geschichtsunterricht. Dies hat drei Gründe: Zum einen sind Ergebnisse der Biografieforschung kaum in Unterrichtsmaterialien umgesetzt. Zum anderen befürchten Historiker durch ein Lernen an Biografien eine mögliche Manipulation in einer einseitigen Vorbilddidaktik. Außerdem befürchten sie eine Emotionalisierung des Unterrichts, welche die Rekonstruktion der komplexen Vergangenheit behindern könnte.[2]

Wenn aber die Gefahren einer Manipulation und Emotionalisierung bedacht werden, ist ein Lernen an Biografien[3] für Kinder äußerst gewinnbringend:

- Kinder lernen durch die Auseinandersetzung mit einer historischen Person die vergangene Welt mit zwei UND mit vier Augen zu sehen, das heißt aus der eigenen und der fremden Perspektive.
- Durch das Sehen mit „vier Augen" erschließen sich die Kinder wesentlich leichter die so ganz andersartige Zeit.[4]

- Kinder üben sich in Perspektivenübernahme sowie Empathie und somit im Fremdverstehen, ein wichtiges Ziel in einer multiethnischen Gesellschaft.
- Kinder brauchen und gebrauchen die fremden Erfahrungen, um sich zu entscheiden, ob sie diese zur Entwicklung ihrer Identität nutzen wollen. Orientierung an einem Vorbild ist ein „Weg zu etwas hin."
- Bereits ab ihrem 2. Lebensjahr entwickeln Kinder Vorstellungen von typischem Jungen- und Mädchenverhalten. Bald wissen sie, dass sie in ihrem Geschlecht festgelegt sind. Sie wollen besonders viel über Jungen und Mädchen sowie über Handlungsspielräume des sozialen Geschlechts (Gender) wissen und finden diese mithilfe von Biografien. In historischen Biografien können die Kinder ein abgeschlossenes Menschenleben mit den dazugehörenden Wirkungen auf unsere Gegenwart erforschen.

Lehrplanentscheidung in einem dritten Schuljahr: Ein Beispiel

Am Ende des dritten Schuljahres bekommt die Lehrerin Angst um die Kinder ihrer Klasse. Sind sie genug gewappnet für die Zeit nach der Grundschule? Werden sie es aushalten, dass nun manche von ihnen zu den „Guten", den Gymnasiasten, gehören werden und andere die „Looser" sind, weil sie eine Sonderschule oder „nur" die Haupt- und Realschule besuchen können? Einige von ihnen haben Eltern, die sie in ihrer Identitätssuche nicht unterstützen können. Einige der Kinder sind in Gefahr, weil sie mit älteren Geschwistern oder Jugendlichen in der Nachbarschaft sympathisieren, die zur rechtsextremistischen Szene gehören. Um ein aramäisches Mädchen macht sich die Lehrerin Sorgen, weil das Mädchen erzählt, dass sie ihren Ehepartner ausgesucht bekommt und davor Angst hat. Drei Jahre hat die Lehrerin Verantwortung für diese Kinder getragen, jetzt bleibt noch ein Jahr: Was kann sie ihnen mit auf den Weg geben?

Sie erlebt die Kinder als SUCHER. Sie probieren aus, sie fordern die Erwachsenen und andere heraus. Sie träumen von einer gerechten und friedlichen Welt. Sie fragen sich, wer in der Geschichte dazu beigetragen hat. Die Kinder der Klasse sind auf dem Weg, ihr soziales Geschlecht zu erforschen. Sie diskutieren mit ihrer Lehrerin, welche Rechte Mädchen und Jungen, Männer und Frauen hatten, haben und welche sie haben werden. In dieser Klasse sind viele Kinder aus unterschiedlichen Kulturen, was besonders für die Mädchen eine große Herausforderung ist. „Die Schule", so behauptet die Rechtsanwältin Seyran Ates, die für die Gleichberechtigung von türkischen Mädchen kämpft, „ist gerade für Mädchen und Jungs aus traditionellen muslimischen Familien ein sehr zentraler Ort. Im Grunde der einzige, an dem sie andere Lebensentwürfe kennenlernen können."[5]

Die Lehrerin hat die Aufgabe, das Geschichtsbewusstsein und somit das Identitätsbewusstsein der Kinder zu fördern.

Nur: Welche historische Lebenswelt, welche fremde Identität, welche Lebenserfahrungen kann sie aussuchen und mit der Lerngruppe bearbeiten?

Sie entscheidet sich: Es sollen eine Frau und ein Mann sein, um beide Geschlechter anzusprechen. Es sollen zwei Personen aus der Region sein, das bringt den Kindern die historische Figur noch näher und die Lerngruppe kann eventuell originale Orte besuchen und selbst recherchieren. Es müssen auch in der Folgezeit wieder Einzelpersonen oder Personengruppen vorgestellt werden, um den Kindern einen Orientierungsrahmen für Identitätsentwicklung zu geben und nicht in eine einseitige Vorbilddidaktik zu verfallen. Es müssen Personen sein, die den Kindern psychisch nahe sind, von denen also die Kindheit mit einem herausfordernden Entwicklungsprozess bekannt ist.

Um den Schulort herum sind dies besonders Maria Merian aus Frankfurt und Justus Liebig aus Gießen. Maria Merian (1647–1717) erforschte schon als Kind den Verpuppungsprozess der Raupen und ließ sich von ihren Beobachtungen auch nicht abbringen, als man sie in der Nachbarschaft verdächtigte, eine Hexe zu sein. Maria Merian wurde eine bedeutende Künstlerin und Wissenschaftlerin. Justus Liebig (1803–1873) versagte in der Schule (vgl. Kasten) und Lehre, wurde aber einer der berühmtesten Wissenschaftler der Welt.[6] Maria und Justus enttäuschten als Kinder die Erwachsenen, aber sie setzten sich durch und bestimmten selbst ihren Lebensweg. Diese Sinnsuche und Konflikte sind besonders wertvoll für Kinder in ihrer Identitätsentwicklung.

Wie erwartet arbeitet die Lerngruppe hoch motiviert und sehr erfolgreich zu den beiden Biografien und gewinnt Orientierung bzw. Erfahrung in einer Phase des Suchens.

Nach einem ersten erfolgreichen Durchgang hat die Lehrerin das Lernen mit Biografien mehrfach ausprobiert und nicht nur in ihrer, sondern auch in anderen Grundschulen, in denen Kolleginnen und Kollegen arbeiten, als äußerst hilfreich für die Entwicklung der Kinder in der Ausbildung ihrer Perspektivenfähigkeit, ihres Identitätsbewusstseins und somit ihres Geschichtsbewusstseins erfahren.

Den folgenden Aufsatz (s. S. 94 f.) haben zwei Jungen im Alter von 8 und 9 Jahren geschrieben. Sie haben das Angebot zur Partnerarbeit angenommen und konnten somit einen umfangreichen Text im dialogischen Schreiben verfassen. Der Text nimmt viele Lerninhalte des Themas auf und zeigt, dass sich die beiden Schüler sowohl im Leben Liebigs als auch in der Zeit des 19. Jahrhunderts bestens auskennen, dass sie also ihr Sachwissen erweitert haben. Es ist ihnen auch gelungen, die fremde Perspektive einzunehmen, besonders gut an einem Beispiel, das ihnen psychisch sehr nah ist: Bei der salopp formulierten Auseinandersetzung zwischen Justus und seiner Mutter bringen sie nicht nur die fremde Erfahrung des Justus Liebig, sondern wohl auch eigene mit ein, denn sie karikieren ein wenig das dominante Elternverhalten. Die kindlichen

Justus Liebig über seine Schulzeit:

„Als einst der ehrwürdige Rektor des Gymnasiums bei einer Visitation meiner Klasse auch an mich kam und mir die ergreifendsten Vorstellungen über meinen Unfleiß machte, wie ich die Plage der Lehrer und der Kummer meiner Eltern sei, und was ich denn gedächte, was einst aus mir werden sollte, und ich ihm zur Antwort gab, dass ich ein Chemiker werden wollte, da brach die Schule und auch der gute Mann selbst in ein unauslöschliches Gelächter aus […]."[7]

Zwei Jungen, 8 und 9 Jahre alt, haben im Dialog die Perspektive des Lebens von Justus Liebig ausgelotet, aber auch eigene Erfahrungen genutzt.

Justus Liebig erzählt

„Hallo, hier ist Justus Liebig. Geboren: 1803 in Darmstadt. Berühmter Chemiker. Als ich noch klein war, wollte ich unbedingt mal was Neues entdecken. Ich wußte nicht was, aber ich wollte was entdecken. Ich mischte CO_2 mit H_2 zusammen und erhielt ein wunderschönes Blau. Dann mischte ich H_2O und Eigelb zusammen und erhielt eine grüne Brühe. Da mir schon 2 Sachen gelungen **waren**, wollte ich noch Rot mischen und matschte H_2O, O_2 und Kupfer zusammen und erhielt einen Knall. Ein paar Jahre später wurden mir die Farben langweilig. Jetzt wollte ich ein bißchen mit Sprengstoff experimentieren. Als ich gerade in vollem Gang war, kam meine Mutter rein und sagte: „Such dir endlich einen ordentlichen Job, schließlich bist du in der Schule 2 mal sitzengeblieben." „Aber ich will doch Chemiker werden", sagte ich. „Ich hab dir doch 1000 mal gesagt, daß du Apotheker werden sollst." Dann ging sie raus. Ich arbeitete weiter. Als ich 39 war, war ich schon lange ein **bekannter** Chemiker und arbeitete wieder an der Universität in Gießen. Da hatte ich eine unbeschreiblich tolle Idee. In der letzten Zeit starben so viele Menschen, weil sie nicht genug Brot hatten, und woraus macht man Brot? Aus Weizen, Roggen und anderen Getreidearten. Die Ernten fielen meistens schlecht aus.

> Also mußte ich ein Produkt entwickeln, das Pflanzen zum Wachsen bringt. Ich nahm einen Halm Roggen und verbrannte ihn. Dann guckte ich mit dem Mikroskop, welche Stoffe in der Asche sind. Ich machte auch noch viele chemische Untersuchungen. Ich besorgte mir dann alle Stoffe und mischte sie zusammen. Auf einem Stück Land in London sähte ich Roggen ein. Danach warf ich den Dünger drauf, und es wurde nichts. Das Land und die Pflanzen waren wie verbrannt. Doch ich wollte es schaffen. Ich arbeitete, arbeitete und arbeiten, bis ich's endlich hatte. Diesmal hatte ich ein Feld in Gießen, in der Nähe der Grünberger Straß, ein ganz schlechtes Feld. Ich versuchte eine neue Zusammenstellung der Stoffe, und jeder einzelne Halm stand ein Meter hoch. Ich hatte es endlich geschafft.
>
> Dong-Dong und Jakob

Perspektiven und Emotionen sind hier Brücken zum Verstehen und Motoren zum Lernen, die zu einem beeindruckenden Lernergebnis geführt haben. ==Dieses Ergebnis zeigt auch, dass Kinder dann besonders viel schreiben, wenn sie zu herausfordernden Themen arbeiten dürfen. Historische Themen bieten eine gute Basis hierfür.==

Im folgenden Bild (s. S. 96) hat ein Mädchen in freier Arbeit dargestellt, wie es sich den ersten Arbeitsplatz des Chemikers Justus Liebig vor 150 Jahren vorstellt, nämlich sehr richtig wie den eines Alchimisten. Rechts auf den Tisch hat die Schülerin einige von Liebigs Erfindungen gezeichnet, wie die Babymilch, den Kunstdünger und den Fleischextrakt. Das Besondere: Die Schülerin hat nicht den Chemiker Liebig, sondern eine Frau an den Laborplatz gesetzt. Auf eine Nachfrage erzählte sie, dass sie sich gewünscht hätte, selbst eine bedeutende Wissen-

Für Barbara, acht Jahre, ist die Anfertigung dieser Zeichnung sowohl Festigung des Lernstoffes als auch „Probierfeld" für ihre Wünsche.

schaftlerin zu sein. In der Zeichnung wird deutlich, dass der Schülerin die Imagination der fremden Arbeitswelt mithilfe des erarbeiteten Hintergrundwissens vorzüglich gelungen ist. Es wird aber auch deutlich, dass sich das Mädchen ein „Probierfeld" für ihre Fragen, Wünsche sowie Sehnsüchte und damit für die Entwicklung seiner Identität schafft. Dies gelingt ihr mit der Darstellung der Frau als Forscherin in einem berühmten Labor.

Eigene und fremde Erfahrungen in einem Diskurs:
Die Schülerarbeiten zeigen, dass Kinder die Biografien als Erfahrungsfeld für Handlungsmöglichkeiten und Rollenbilder suchen und nutzen. Die Kinder bringen eigene mit fremden Erfahrungen in einen Diskurs und üben sich somit in Selbst- und Fremdverstehen. Die Arbeiten zeigen auch, dass keine Gefahr besteht, dass die Kinder sich nur mit der historischen Person identifizieren und EIN Vorbild gefunden haben, sondern dass ihnen vielmehr die besonderen Erfahrungen von historischen Personen wichtig sind. Die Kinder bringen diese in Rollenspielen, in Aufsätzen und Bildern zum Ausdruck und stellen ihre Arbeiten in der Lerngruppe zur Diskussion. Irgendwann werden sie sich entscheiden, ob sie die fremden Erfahrungen zur Entwicklung ihrer Identität nutzen wollen.

Über die Schwierigkeiten der Imagination und die Leichtigkeit des Perspektivenwechsels

„Es ist eine andere Kindheit als die meine, alles ist anders. Wenn er Entfernung denkt, denkt er sie anders als ich; er denkt sie als Wanderer, als Reiter, oder als Passagier einer Pferdekutsche. Wenn er seine Kleider fühlt, fühlt er sie anders als ich. Sie sind enger, grober. Er weiß es nicht. Wenn er warm meint, sieht er andere Wärmespender als ich, auch das Licht ist anders für ihn. Wenn er Straße sagt, sieht er andere Straßen als ich, bevölkert, anders befahren. Ich muss mich in das Kind hineinfinden; ich muss es erfinden."[8]

Mit diesen Sätzen beschreibt der Schriftsteller Peter Härtling in seinem Roman *Hölderlin* eindrucksvoll die Schwierigkeit der Imagination. Besonders Kindern fällt es nicht leicht sich die vergangene Zeit anders als heute vorzustellen. Sie können aber, so das Ergebnis von Studien, die Piagets Forschungen relativieren, bereits im Elementarbereich unterschiedliche Wahrnehmungsperspektiven verstehen und Aufgaben mit Perspektivenübernahme lösen.⁹

Kindern fällt es also schwer, sich eine Straße vor Hundert Jahren anders als eine heutige vorzustellen. Es fällt ihnen aber nicht schwer, sich das Denken eines Menschen vor Hundert Jahren anders als das ihre vorzustellen, weil sie täglich erleben, dass andere Kinder anders als sie selbst denken. Kinder erleben also täglich eine Variationsbreite von Verhaltens- und Denkweisen. Auf diese Erfahrung können sie aufbauen, sie aktivieren und zu einer Sinnbildung nutzen. Sie können sich – nach Härtling – „in das Kind hineinfinden", „es erfinden".

Imagination und Perspektivenwechsel sind also zu unterscheiden. Ein Perspektivenwechsel mit der Übernahme der fremden Sicht ist im Elementar- und Primarstufenbereich bereits gut leistbar und kann daher Grundlage von Lernprozessen sein, um Fremdverstehen und Identitätsentwicklung zu unterstützen.

Wichtiges in Kürze

- Kinder suchen nach fremder Erfahrung.
- In Biografien erschließen sich die Kinder die historische Zeit durch das Sehen „mit vier Augen", das heißt aus der Perspektive der eigenen und der historischen Person.
- Beim Lernen an Biografien bringen die Kinder eigene und fremde Erfahrungen in einen Diskurs.
- Perspektivenwechsel ist leistbar; Schwierigkeiten bereitet die Imagination der fremden Zeit.

Ziele für ein Lernen mit Biografien:
- Übungen in Perspektivenübernahme, Förderung von Empathie
- Entdecken des nach unseren Begriffen Unalltäglichen im Alltagsleben eines Menschen
- Förderung von Methodenkenntnissen durch Rekonstruktion der Vergangenheit im Perspektivenwechsel, zum Beispiel im szenischen Spiel oder durch dialogisches Schreiben
- Erprobung von Identifikation
- Teilnahme an Erfahrungen

- Begleitung der kindlichen Suche nach Passung sowie nach Rolle und Aufgabe
- Kennenlernen und Hinterfragen von Geschlechtszuordnungen
- Begleitung der kindlichen Suche nach und Weiterentwicklung von Identität
- Förderung von Identitätsbewusstsein im Allgemeinen und Geschlechtsbewusstsein im Besonderen
- Förderung von Zukunftsvertrauen

Kriterien für ein gelungenes Lernen an Biografien:
- Beobachtung der kindlichen Entwicklung
- Angebot mehrerer Biografien und somit mehrerer Sinndeutungen
- Berücksichtigung beider Geschlechter
- psychische Nähe der Lerngruppe zu der historischen Person
- Kenntnisse aus der Kindheit der historischen Person
- Ermöglichung eines Diskurses von eigenen und fremden Erfahrungen
- regionale Anbindung

KAPITEL 9

„Machst du was mit uns darüber?"

Was Kinder schon können und wie sich darauf aufbauen lässt

Historisches Lernen ist Nachdenken über vergangenes Handeln und Leiden

Nachdenken braucht
- Zeit! Zeit zum Ausprobieren, Zeit für Umwege und neue Wege der Gedanken.
- einen anregenden Raum mit Medien zur Anschaulichkeit und zur Erinnerung (Lernarrangements/Thementisch).
- kommunikative Sozial- und Arbeitsformen.
- einen Partner oder eine Gruppe zum gemeinsamen Entwickeln von Gedanken.
- einen Partner oder eine Gruppe zum wechselseitigen Lernen.
- Lernen mit allen Sinnen.
- multiperspektivische Materialien mit daran angepassten Arbeits- und Sozialformen.
- differenzierende Medien und Methoden.
- ästhetische Arbeitsmaterialien.
- Zulassung von Imagination und Emotion als Begleitung und Ergänzung kognitiver Lernprozesse.
- individuelle Anknüpfungsmöglichkeiten an gemachte Erfahrungen; Chancen für neue Erfahrungen.
- Kenntnisse, Probemöglichkeiten und beständige Übungen von wissenschaftlichen Arbeitsformen, hier besonders die Historische Methode.

Eine Unterrichtsform im historischen Lernen: Lernen im Geschichtsraum

„Machst du was mit uns darüber?", so fragen die Kinder oft ihre Lehrerinnen und Lehrer, wenn sie wissen, dass ihre Interessen und Fragen ernst genommen und aufgegriffen werden. Kinder haben ihren eigenen Lernplan im Kopf und sind stolz, wenn sie Einfluss auf den Lehrplan ihrer Gruppe oder Klasse nehmen dürfen. Wenn die Lehrenden ihnen dann Arbeitsgrundlagen zur Verfügung stellen, fühlen sie sich wie kleine Forscher und arbeiten mit Lust, Ausdauer und Disziplin. Der Grundschulunterricht und die Historische Methode (s. S. 102 f.) als Fachmethode des historischen Lernens bieten dafür eine ideale Grundlage, wie sie Lehrende im Unterricht der Sekundarstufen nur selten haben. Der Geschichtsunterricht der Sekundarstufen wird von manchen Schülerinnen und Schülern nicht als Lernchance erlebt, sondern als Lernzwang erlitten. Die Gründe liegen u.a. in der chronologischen Orientierung und der damit verbundenen Inhaltsauswahl, in einer lehrerzentrierten Ausrichtung der Lerninhalte und der Lernmethoden, im 45-Minuten-Takt der Schulstunden, aber vor allem darin, dass hier Vorgedachtes gelernt und abgetestet wird. Die Schülerinnen und Schüler lernen nicht selbsttätig und begründet auf Erfahrungen[1], sondern werden belehrt und lernen für die Note. Sie lernen zu häufig Faktenwissen und zu wenig verfahrensbezogenes Wissen, das sich in Können manifestiert. Die meisten Jugendlichen vergessen das Faktenwissen sofort nach der Lernkontrolle und erwerben insofern „träges Wissen", das sie im Alltag der Gegenwart und Zukunft nicht anwenden können oder wollen.

Um diesen Unterricht vom Prinzip des historischen Lernens abzugrenzen, habe ich den Begriff *Lernen im Geschichtsraum*[2] geprägt. In einem solchen Lernen werden die oben genannten Anforderungen an das Denken berücksichtigt, damit ein Finden und Probieren von Lernwegen sowie ein Aufbau von Können und Chancen zum Verstehen möglich werden. Dieser Unterricht ist dem erfahrungsbezogenen, dem projektorientierten sowie dem konstruktivistisch orientierten Unterricht ähnlich.[3]

„Lernen im Geschichtsraum" geschieht manchmal an einem Ort außerhalb von Schule und Kindergarten, an dem Kinder im angeleiteten Lernen zur Geschichte arbeiten. Der „Geschichtsraum" ist aber vor allem der Lernraum im Kindergarten oder der Klassenraum in der Schule. Er ist als „Arbeitsraum" so arrangiert, dass Geschichte anschaulich ist, Perspektivenwechsel erleichtert wird und das unterschiedliche Vorwissen sowie die heterogenen Erfahrungen und Fähigkeiten der Kinder produktiv genutzt werden können. „Der Raum ist der dritte Erzieher des Kindes", dies hat sich in der Reggio-Pädagogik und in vielen Elementar- und Primareinrichtungen bewährt. Die Lehrperson versteht sich wie in der Reggio-Pädagogik als Lernbegleiter[4] und beobachtet, unterstützt und fördert die Geschichtsinteressen, die Arbeitshaltung und das Geschichtsbewusstsein der Kinder.

Das Lernen im Geschichtsraum wurde in vielen Jahren mit Kindern erprobt, evaluiert und im kollegialen Austausch erweitert. Besonders für die Grundschule mit einem nicht fächergebundenen Gesamtunterricht, in welchem über drei bis fünf Stunden täglich und über mehrere Tage an einem Thema gearbeitet werden kann, ist das differenzierte Lernen im Geschichtsraum eine ideale Unterrichtsform für das Denkfach Geschichte mit der Historischen Methode. Auch in Kindergärten kann bereits ähnlich gearbeitet werden, wenn der kindliche Spieltrieb aufgenommen wird und der natürliche Frage- und Forscherwille der Kinder als Grundlage für das gemeinsame Lernen und Arbeiten berücksichtigt wird. Kinder, so wissen wir, unterscheiden noch nicht zwischen Spielen, Lernen und Arbeiten.[5]

Ein Beispiel:

„Treten" Sie mit den Kindern einer dritten Klasse in den Klassenraum, um ein Lernen im Geschichtsraum nachvollziehen zu können. Das Thema dieser Woche ist Stadtteilgeschichte mit einer ethnischen Spurensuche.

Montag, 8 Uhr. Die Kinder gehen mit Neugier in den Klassenraum, denn montags gibt es meistens ein neues Arrangement im Raum, das zu einem neuen Thema gehört. Darum gilt die Achtsamkeit der Kinder dem Thementisch mit seinen Lernmaterialien und seinen Gegenständen der Erfahrung. Wie immer steht dort ein Globus, liegen dort der Kinderatlas, das Kinderlexikon und neue Kinderbücher; unter dem Tisch steht die Verkleidungskiste. Heute liegen auf dem Thementisch auch noch eine alte Kiepe, ein Wäschekorb mit weißer Leinenwäsche, ein Waschbrett, ein dickes Stück Kernseife, Gummiringe und ein Schirm. Über dem Tisch hängt wie immer ein Plakat, das ist die Zeitkollage. Heute sehen die Kinder auf der Zeitkollage unter anderem Schwarz-Weiß-Bilder von Menschen beim Schirmflicken, beim Tragen von Waren in einer Kiepe, beim Waschen und Bleichen von Wäsche an einem Fluss. Daneben hängt noch ein anderes Plakat, eine Landkarte mit einem Fluss und Straßennamen ihres Stadtteils. Die Neugier ist geweckt! Erste Assoziationen entstehen, erste Erfahrungen mit dem Thema werden im Gesprächskreis genannt. Die Lehrerin erklärt, dass die Kinder in dieser Woche ihre bereits gestellte Frage klären können, warum die Weststadt, ihr heimatlicher Stadtteil, von manchen Menschen auch verächtlich „Gummiinsel" genannt wird. Danach erhalten die Kinder eine zeitliche Orientierung mithilfe der Zeitleiste und eine räumliche durch die Landkarte, die den Stadtteil zur Zeit seiner Entstehung zeigt. Die Lehrerin erklärt die Dinge auf dem Thementisch und die Bilder auf der Zeitkollage, die mit der Entstehung des Stadtteils an der Großen Bleiche am Fluss Lahn zu tun haben und auch mit der Entstehung des verächtlich gebrauchten Namens. Damit hat sie die Kinder zügig auf eine gemeinsame inhaltliche Basis gebracht. Sie erklärt danach die Aufgaben des Wochenplanes, erklärt, was die Kinder neu dazu lernen werden und warum sie es in welcher Form lernen können. Nun ist alles vorbereitet für die Erarbeitung des Themas „Westlich der Lahn ist die Luft viel frischer" und die Kinder beginnen nach fast 30-minütiger Konzentration, ein anspruchsvoller Zeitraum für Kinder in diesem Alter und darum die schwierigste Phase in dieser Woche, ihren Wochenplan. Manche Kinder müssen sich zuerst noch mal alles angucken, andere müssen sich erst einmal ausruhen oder erledigen einige Mathematikaufgaben, die auch auf dem Wochenplan aufgenommen sind. Einige bemalen mit Buntstiften die Ausmalbögen, manche lesen in einem Buch oder in Arbeitsblättern nach, andere suchen sich einen oder mehrere Arbeitspartner, um eine gemeinschaftliche Aufgabe im Pflichtteil des Wochenplanes zu lösen. Am Ende des Tages haben alle ihren eigenen Lernplan entwickelt, haben sich entschieden, wie und mit wem sie arbeiten, sie haben Arbeiten begonnen oder auch wieder abgebrochen. Die Kinder haben individuelle und gemeinschaftliche Wege gesucht, die Aufgaben des Wochenplanes unter Einbeziehung ihres Vorwissens, ihrer Erfahrungen und ihrer Lernmöglichkeiten zu lösen. Nach Schulschluss nehmen sie ihren Wochenplan mit nach Hause, damit auch die Eltern wissen, was die Kinder in dieser Woche arbeiten und damit einige Arbeitsaufgaben, wie zum Beispiel ein Interview von alten Menschen im Stadtteil, erledigt werden können.

Am Dienstag und Mittwoch arbeiten alle konzentriert an ihren Arbeitsvorhaben. Die Kiepe wird immer mal wieder getragen, das Waschbrett in die Hand genommen, die Bilder werden angeschaut, Arbeitsvorhaben besprochen, Fragen gestellt und von Klassenkameradinnen und -kameraden oder der Lehrerin beantwortet, manchmal auch mithilfe des Kinderlexikons. Manche schreiben zu zweit einen Text und sind intensiv am Besprechen (dialogisches Schreiben). Sie bringen ihre Erfahrungen ein und verbinden sie mit neuem Wissen zu einer historischen Sinnbildung. Immer, wenn mehrere, schneller arbeitende Kinder mit ihren ersten Arbeitsergebnissen fertig sind, ruft die Lehrerin die Kinder im Kreis zusammen und die Ergebnisse werden vorgestellt, verglichen und beurteilt (andere Perspektiven im Denken und Schreiben erkennen und beurteilen). Nach einer Rechtschreibkorrektur werden die Arbeitstexte auf den Thementisch gelegt oder darüber gehängt und andere Kinder, die einiges noch nicht so gut verstanden haben, dürfen sie sich anschauen um davon zu lernen, damit sie ihre Arbeitsergebnisse nun auch bald fertigstellen können (wechselseitiges Lernen). Alle, die noch viel mehr lernen wollen, suchen sich auf dem Wochenplan Zusatzaufgaben oder finden auf und über dem Thementisch Anregungen für neue Fragen und Gedanken. Die Lehrerin hat viel Zeit für Fragen der Kinder, vor allem aber auch Zeit, um die Kinder zu beobachten und ihnen individuelle Hilfestellungen zu geben. Manchmal ruft sie die Kinder auch in den Kreis, um mit ihnen ein Lied zu singen oder ein Spiel zum Thema zu spielen.

Am Donnerstag werden weitere Arbeitsergebnisse vorgestellt. Eine Gruppe, die sich zusammengefunden hatte, um ein Rollenspiel zu einem Bild auf der Zeitkollage zu entwerfen, möchte dieses Spiel den anderen vorstellen. Am Montag haben sich diese Kinder nach vielen Absprachen gefunden, Dienstag und Mittwoch haben sie sich ab und zu getroffen, Handlungsmöglichkeiten und Sprache entworfen und verworfen sowie auf Bilder und in Bücher geschaut, um alles so zu machen, wie es wohl vor 100 Jahren gewesen sein könnte. Auch hierbei wurden eigene Erfahrungen diskutiert, um sich Fremdem zu nähern. Wie immer bekommt die Rollenspielgruppe begeisterten Applaus, aber die Lehrerin bittet auch um sachgebundene Kritik. „Ja, so hätte es sein können", sagen einige, „man war richtig drin in der Zeit". „Nein, so einfach wären die ihre Waren nicht los geworden", sagen andere, „auf den Bildern sehen die Wanderverkäufer arm aus". Besonders spannend ist das, was einige Kinder nachmittags herausgefunden haben. Sie zeigen alte Postkarten sowie Fotos vom Stadtteil und lesen vor oder erzählen, was ihre Interviewpartner ihnen auf ihre Fragen hin berichtet haben. Ein Kind hat ein Lied entdeckt, was dort früher gesungen wurde, ein besonders wertvoller Fund. Die Kinder kennen es, dass zu allen Themenerarbeitungen immer ein passendes Lied von ihrer Lehrerin ausgesucht wird. Das Singen hilft ihnen, ihr Wissen mit Imagination und Emotionen zu verbinden. Zusammenhänge werden erkannt und Fremdverstehen wird geübt.

Am Donnerstag beeilen sich alle mit dem Fertigwerden, um ihr Erarbeitetes zu präsentieren und besprochen zu bekommen. Wie auch am Dienstag und Mittwoch, so helfen ihnen auch heute die Lernarrangements und die fertigen Ergebnisse auf und über dem Thementisch, sich des Themas immer wieder gewiss zu werden und Einzelinformationen zu verknüpfen.

Am Freitag werden auch die letzten Pflichtaufgaben besprochen und die Kinder, die schneller gearbeitet haben, stellen ihre Zusatzaufgaben vor. Danach beraten alle Kinder, was sie mit ihren Arbeitsergebnissen und den vielen neuen gefundenen Materialien machen möchten. Sollen sie diese alle zusammen in einen Ordner zu einem „Eigenbuch" sammeln oder lieber auf Plakate kleben und in den Flur hängen? Vielleicht wäre es gut, demnächst mal wieder die Eltern einzuladen und ihnen von dem neu gewonnenen Wissen zu erzählen, denn die Erwachsenen wissen ja noch gar nicht, warum der Stadtteil „Gummiinsel" heißt und dass man stolz darauf sein kann, mit den ganz besonderen Menschen, den Nachfahren von Wandergewerbetreibenden, Wäscherinnen und Gerbern, hier zu wohnen. Die Kinder beraten sich mit der Lehrerin und beschließen, in der nächsten Woche das Thema weiter zu bearbeiten. Sie wollen ein kleines Heft machen über die Geschichte ihres Stadtteils und eine Rallye für das nächste Stadtteilfest.

Die Lehrerin ist zufrieden, denn die Kinder haben den kommenden Wochenplan schon fast so geplant, wie sie ihn bereits angedacht hatte. Vor allem aber ist sie zufrieden, weil die Kinder im Wissen, Lesen, Schreiben, historischen Denken und in fachspezifischen Methoden wieder vorangeschritten sind. Sie konnte die Kinder beobachten und in ihrer Unterschiedlichkeit betreuen, den schwächeren helfen und die stärkeren herausfordern. Auch ist die Lehrerin froh, dass die Kinder wieder ein Stück klüger geworden sind, weil sie nun wissen, dass manche Menschen in ihrem Stadtteil „Gummiinsel" einmal wichtige Berufe und sogar eine eigene „Sprache" hatten[6] und dass die Kinder sich der Geschichte des Stadtteils und mancher Worte aus dieser Sprache nicht zu schämen brauchen! Diese Woche hat den Kindern geholfen, sich ihre Region mit ihrer Geschichte zu erschließen und somit Orientierung in Zeit und Raum zu erlangen sowie ein Stück Identität aufzubauen.

Historische Methode und perspektivisches Denken in offenen Lernformen und mithilfe von Lernarrangements

> „Man darf sich also nicht vor dem historischen Lernen in der Grundschule oder Orientierungsstufe fürchten oder drücken, aber man muss es so gestalten, dass der Denkvorgang ‚Historie' selbst konkret gezeigt und wiederholt geübt wird."[7]

Im oben beschriebenen Unterricht wird der Denkvorgang „Historie" transparent und beständig geübt. Ein solcher Wochenplanunterricht ist ähnlich auch im Tagesplan und, wenn auch schwieriger, im lehrerzentrierten Unterricht durchführbar. Zentral für ein gelungenes historisches Lernen mit sehr jungen und heterogenen Lerngruppen sind eine zügige Einführung in das Thema, das Arbeiten nach der Historischen Methode, das perspektivische Denken mit Perspektivenübernahme, das Lernen mithilfe von Lernarrangements und differenzierenden Aufgaben in kommunikativen Prozessen. Diese Voraussetzungen sollen darum noch genauer beschrieben werden:

Kinder, die zu einem historischen Thema Fragen stellen oder sich hineinarbeiten sollen, müssen durch Lernarrangements, Bilder, Musik, aber vor allem durch eine Lehrererzählung[8] einen Einblick in die zu erarbeitende Zeit erhalten. Dies gelingt sehr gut durch eine kleine Zeitreise (s. S. 40 f.) oder durch eine **Geschichtserzählung**. Ein Kind könnte kaum Imagination oder Fragen entwickeln, wenn Erwachsene nicht anfangs eine kleine Geschichte erzählen würden, in welcher die Zeit mit ihren Besonderheiten erklärt wird. Die Lehrenden müssen die unzähligen Lücken zu einem Thema füllen, das heterogene Wissen ausgleichen und Anknüpfungsmöglichkeiten für kindliche Erfahrungen aufzeigen. Lehrerinnen und Lehrer können schon für Grundschulkinder Ursachen- und Sinnzusammenhänge aufzeigen, das heißt, Bedingungen von heute auf ihre Ursachen zurückführen oder aufzeigen, welchen Sinn es macht, sich mit dem Thema jetzt und zukünftig zu befassen. Die Kinder gewinnen erstes Sachwissen, ihre Imagination ist geweckt und sie erahnen die Bedeutung des Themas.

Aber Vorsicht: In einer guten Lehrererzählung ist deutlich zu machen, was erforschte und was fiktionale Teile der Erzählung sind, und es wird so erzählt, dass Kinder nicht manipuliert werden.

Es braucht eigentlich kaum erwähnt zu werden: Kinder lieben es, erzählt zu bekommen, und sie können dabei höchst konzentriert sein. Sie fordern das Erzählen auch ein, erst bei Verwandten in der Familie, später dann in Kindergarten und Grundschule: „Du musst uns dazu eine spannende Geschichte erzählen, dann verstehen wir das!", hat einmal ein Schüler zu einer Lehrerin gesagt, um ihren Hinweis zu entkräften, dass die Klasse noch zu jung für das Thema sei.

Wenn Historiker sich mit einem neuen Forschungsthema beschäftigen und objektiv arbeiten, dann arbeiten sie nach der **Historischen Methode**: Sie haben eine Fragestellung (Historische Frage), für deren Beantwortung sie Materialien suchen (Heuristik), dieses Material auf dessen Glaubwürdigkeit überprüfen (Kritik) und die neu gewonnenen Informationen mit ihren bereits vorhandenen Kenntnissen, aber immer auch mit ihren kulturell gewachsenen

Werthaltungen verknüpfen (Interpretation). Ihr Ergebnis, die wissenschaftliche Ausarbeitung, stellen sie zur Diskussion (narrative Antwort).

Kinder im Elementar- und Primarbereich können ähnlich wie Historiker arbeiten, auch, wenn sie es noch gar nicht wissen. Sie tun dies ganz von selbst in ihren Gesprächen und auch im Spiel.

Am besten können die Kinder Fragen stellen, zum Beispiel diese: „Ob die Indianer wohl alle in Zelten lebten?" Dies ist die historische Frage. Auch können sie gut zuhören und nachfragen oder sich ganz allein in Bilderbüchern und anderen Medien versenken. Sie können sich neue Bücher wünschen, Medien austauschen und Erwachsene befragen: Dies sind Ansätze von Heuristik. Sie lernen, aufmerksam dafür zu werden, wo oder mit welcher Hilfe sie Material gewinnen und sammeln können, damit sie Antworten auf ihre Fragen erhalten können und sie lernen, dieses Material zu nutzen. „In der Stadtbibliothek gibt es eine ganze Kiste über Saurier, die könnten wir eigentlich mal für die Klasse ausborgen und vergleichen. Die haben bestimmt gute Bücher, in denen stimmt, was drin steht." Dabei entwickeln die Kinder Hypothesen, wie es wohl gewesen sein könnte: „Auf diesem Bild sind sie auf der Jagd. Vielleicht hatten sie die Zelte nur, wenn sie umzogen oder auf der Jagd waren?" Sie entscheiden sich, welchen Hypothesen sie nachgehen wollen und welche der neuen Informationen ihnen gefallen oder nicht: Hierin entwickeln sie Ansätze von Kritikfähigkeit. „Dieses Buch ist aus der Bibliothek. Da sind echte Fotos drin. Die stimmen wohl." Wenn die Kinder dann genug Antworten oder neues Wissen für das sich ihnen gestellte Problem gesammelt haben, verknüpfen sie dieses alles mit ihrem Vorwissen, ihrer Imagination, ihren Emotionen, ihren Erfahrungen und kommen zu neuen Ergebnissen: der Interpretation. Manchmal erzählen sie davon in ihrer Spiel- oder Lerngruppe (narrative Antwort) und antworten auf die o.g. Frage eventuell so: „Nein, nicht alle lebten in Zelten. Es gab auch Indianer, die in Langhäusern lebten! Wir spielen jetzt mal, dass wir Indianer wären, die in einem Haus lebten ... und da kämen die Siedler und wollten Mais von uns haben ... und dann ... Und du wärst jetzt mal ... und ich hätte ..."

Dieses Vorgehen ist ein vorwissenschaftliches intuitives Vorgehen und entspricht den natürlichen Spielbedürfnissen der Kinder. In der kindlichen Gemeinschaft Fragen stellen, Pläne schmieden, andere befragen, im Spiel Sinnzusammenhang herstellen, ist implizites, natürliches Wissen/Können von Kindern im Elementar- und Primarstufenbereich. Es hat sich inzwischen gezeigt, „dass offene, an der Lebenssituation der Kinder orientierte Angebote"[9] für jüngere Kinder effektiver sind als gezielte Förder- und Trainingsprogramme. „Suchen ist ansteckender als Wissen", so auch das Bundesministerium für Bildung und Forschung. Plädiert wird dafür, den Forscherdrang der Kinder zu nutzen, sie Wissen selbst organisieren und zum Lösen von Problemen einsetzen zu lassen.[10] In den Beispielen des Bundesministeriums aber erwähnen die Autoren nur Themen aus der Naturwissenschaft, wie zum Beispiel die „Wasserwerkstatt". Vielleicht wissen sie wie so viele Erwachsene nicht, dass Kinder auch im Bereich der Geisteswissenschaften forschend arbeiten wollen und können. Mit der Historischen Methode das Lernen zu erlernen und auch wissenschaftliches Arbeiten zu erlernen, dafür finden Lehrende und Lernende in der Auseinandersetzung mit Geschichte eine gemeinsame Basis, in der Inhalt und Methode eins werden können.

Die Historische Methode gilt als die zentrale Methode im historischen Lernen und ist Lernweg

(Weg zu etwas hin) und Lernziel. Wenn am Ende der Historischen Methode die Antwort steht, also ein Ergebnis von den Schülerinnen und Schülern vorliegt, sollten Lehrende immer Hilfestellung geben, dass diese Ergebnisse in irgendeiner Form präsentiert werden, zum Beispiel auf Plakaten, in kleinen Heftchen, in Vorträgen, in Ausstellungen, bei Festen und in anderen Formen und zu anderen Gelegenheiten.[11] Es ist wichtig, dass Kinder erleben, dass ihre Arbeitsergebnisse anerkannt werden und ausstellenswert sind. Das macht sie stolz auf ihr Können und gibt ihnen Mut, auch weiterhin etwas zu produzieren und sich im Schreiben zu üben. Das Lernen im Geschichtsraum bewirkt eine beständige Förderung von sprachlichen Fähigkeiten. Das Verstehen und Verfassen von Texten geschieht nicht in Einzelübungen mit einem Grammatik- oder Lesebuch, sondern in einem Zusammenhang und zu einem Zweck, wozu auch die Präsentation gehört.

Wenn Kinder die Historische Methode erlernen und immer wieder üben, werden sie verstehen, dass Geschichte nicht nur Wissen über die Vergangenheit ist, sondern das Ergebnis von Fragen, Suchen, Finden, Kritisieren und Deuten. Sie stellen somit einen Zusammenhang zwischen Vergangenheit und Gegenwart her. Sie werden erkennen, dass sie ein Verfahren beherrschen, das ihnen eine Grundlage für eigenständiges Lernen und für ein Lernen in der Gemeinschaft gibt – besonders in der Historischen Methode. Wird sie in der Lerngemeinschaft im kommunikativen Prozess durchgeführt, werden Kinder in ihrem Selbstkonzept und in ihrer sozialen Identität gestärkt. Besonders in der Historischen Methode ist Lernen mit Erfahrungsnutzung und Erfahrungsbildung verbunden. In der Phase der Interpretation verknüpfen Kinder eigene Erfahrungen mit fremden. Während des gesamten Arbeitsprozesses machen die Kinder vor allem aber Erfahrungen in ihrer Verstehensfähigkeit, die aus den Arbeitserfahrungen erwachsen.

Die Historische Methode braucht, wenn sie erfolgreich durchgeführt werden soll, einen Unterricht, der genügend Zeit und Raum für die selbstbestimmten Arbeitsvorgänge und den Austausch von Erarbeitetem, Erfahrungen und Perspektiven zur Verfügung stellt. Ein solcher Unterricht wird in vielen Schulen mithilfe von Lernarrangements und offenen Lernformen wie dem **Tages- und Wochenplan** (siehe exemplarischer Wochenplan und differenzierende Aufgaben) erfolgreich organisiert. Manche Kritiker von offenen Lernformen befürchten, dass Kinder hier nicht effektiv genug arbeiten und zu viel Zeit verschwenden. Studien[12] belegen jedoch, dass Kinder in offenen Lernformen ihre Selbstständigkeit und Selbstorganisation erweitern[13] und auch sehr gut Leerzeiten aushalten.

Ein Lernen mit der Historischen Methode in Tages- oder Wochenplänen ist kaum möglich ohne Thementisch. Der **Thementisch** ist die

Beispiel für einen Thementisch zum Kernthema Ritter: Arbeitsmaterialien und fertiggestellte Schülerarbeiten liegen auf dem Tisch, darüber hängen eine Zeitkollage und Anschauungsmaterial.

Arbeitsaufgaben für das historische Lernen

Ein Tages- oder Wochenplan ermöglicht das Formulieren von unterschiedlichen Aufgaben, die eine unbemerkte Differenzierung gewährleisten. Die Aufgaben legen Minimalanforderungen fest, berücksichtigen unterschiedliche Begabungen und geben jedem Kind die Chance, eine begonnene Aufgabe nach individuellem Zeitrhythmus fertigzustellen. Die Pläne sind besonders für das historische Lernen geeignet, weil in ihnen unterschiedliches Vorwissen, vorunterrichtliche Vorstellungen, verschiedene Erfahrungen, Interessen, Emotionen und die notwendigen kommunikativen Prozesse berücksichtigt werden können. Die meisten der Aufgaben bilden eine Basis für gemeinsame Denk- und Erkenntnisprozesse und für dialogisches Schreiben. Im gemeinsamen Erzählen und Schreiben tauschen die Schülerinnen und Schüler ihr Wissen aus, reflektieren, hinterfragen, erweitern, strukturieren es neu und bringen es in eine Form: Möglich sind u.a. ein kleiner Vortrag, ein Tagebucheintrag, ein Brief, ein Bericht, eine Befragung, eine fiktive Erlebniserzählung aus einer anderen Zeit u.a.m.

Einige Beispielaufgaben für einen differenzierenden Wochenplan:
- Suche/sucht Materialien für unser Thema und bringe/bringt es für den Thementisch mit.
- Schau dir die Bücher/Bilder/Materialien auf dem Thementisch an und erzähle uns, was dich besonders interessiert hat. Erzähle zuerst einem Partner/einer Partnerin und dann im Kreis.
- Entscheide dich, zu welcher Frage/welchem Inhalt du arbeiten möchtest. Du kannst allein oder mit anderen arbeiten. Überlege dir oder überlegt euch gemeinsam, wie das Arbeitsergebnis vorgestellt werden soll: ein Text, ein Referat, ein Plakat, ein Modell, ein Rollenspiel oder …
- Du kannst so arbeiten wie XY (= historische Person) früher. Auf dem Thementisch findest du Material/Werkzeug/Spielsachen/Verkleidungssachen … dazu.
- Wähle/wählt einen Gegenstand vom Thementisch aus. Er erzählt der Klasse eine Geschichte. Erzähle/erzählt sie.
- Überlege/überlegt Interviewfragen zu unserem Thema. Wir machen daraus einen Interviewbogen.
- Was wissen eure Eltern/Nachbarn/die Menschen auf der Straße über XY (historische Person, Gruppe, Geschehen). Fragt sie und schreibt auf oder nehmt auf, was sie erzählen (Achtung: Erlaubnis einholen).
- Stell dir vor, du hättest in der Zeit von XY gelebt. Schreibe auf, was du erlebt hast (Partnerarbeit möglich).
- Stell dir vor, du wärest die kleine Schwester/der kleine Bruder von XY (historische Person). Schreibe ihr/ihm einen Brief.
- Wie hast du dich gefühlt beim Lesen/Hören/Spielen dieses Textes/dieses Interviews/beim Anschauen dieses Bildes? Schreibe deine Gefühle auf. Wenn du möchtest, kannst du sie jemandem vorlesen oder sie im Kreis vorstellen.
- Reise mit einer Partnerin/einem Partner auf dem Globus/auf der Karte/mit der Zeitrolle in das Land/die Gegend/in die Zeit von … Erzählt euch.

organisatorische Mitte des offenen Unterrichts. Hier erhalten die Kinder Anregungen zum Fragen und Arbeiten. Auf, unter und über dem Thementisch finden die Kinder in Verbindung mit Arbeitsplänen differenzierende Medien und Arbeitsgrundlagen. Hier können die Kinder sich ihr Material aussuchen und somit begleitete Erfahrungen in Heuristik und Kritik machen. Hier legen sie selbst neues Material in Form von Arbeitsergebnissen und gesuchten Materialien aus. Damit wird der Tisch ein Ort der Kommunikation. Mithilfe des Thementisches haben die Kinder das Arbeitsthema für die ganze Woche vor Augen, somit ist er auch ein Ort des Erinnerns. Hier holen sich die Kinder Anregungen, Arbeitsmaterialien und nutzen die **Zeitmedien** wie Zeitrolle und Zeitkollage zur wiederholenden Orientierung.

Meine Geschichte

Ich habe meine Waren gut verkauft:
Wolle, Seifen, Spangen und andere Sachen.
Ich freue mich nach drei Wochen wieder Zuhause zu sein. Die Kinder laufen mir entgegen.
Sie nehmen mir die Bündel ab und die schwere Kiepe. Sie ziehen mir die Stiefel aus. Wir freuen uns. Die Kinder fragen mich: „Mama, hast du gut verdient?" „Ja, ich habe gut verdient und habe euch ein Geschenk mitgebracht."

Funda und Isabell, 8 Jahre

Ein Arbeitsergebnis aus einer Wochenplanaufgabe: Die Schülerinnen haben im dialogischen Schreiben die vergangene Erfahrung mit ihren eigenen in einen Zusammenhang gebracht und ihren Aufsatz anschließend zur Diskussion gestellt.

Die Verkleidungskiste oder auch Stabpuppen erleichtern das Schlüpfen in fremde Rollen im **szenischen Spiel**. In diesen Spielen sowie in Sachtexten, Kinderbüchern und Quellen entdecken die Kinder oft auch Widersprüche.

Somit entdecken sie, dass es zur gleichen Zeit verschiedene Formen vergangenen Erfahrens und Wertens gibt, die sie bedenken müssen: Sie erkennen **Perspektivität**.[14] Je jünger die Kinder sind, umso vorsichtiger müssen wir Erwachsenen sie mit Widersprüchen konfrontieren, um sie nicht zu entmutigen, denn natürlich wollen die meisten Kinder immer genau wissen, dass es SO und nicht anders und wer damals gut und wer böse war. Wir können es aber allen Vorschulkindern zutrauen herauszuarbeiten, dass zum Beispiel die Siedler und die Indianer unterschiedlich lebten oder wir können alle Grundschulkinder erkennen lassen, dass ein Hitlerjunge und ein jüdisches Kind unterschiedliche Meinungen zu den Nazis haben mussten. Da uns meistens wegen fehlender Lesekompetenz der jüngeren Kinder geeignete, also sprachlich einfache Quellen als Arbeitsgrundlagen fehlen, empfiehlt es sich, auf einfachste Sachtexte, fiktive Literatur, Geschichtserzählungen und Arbeitsformen wie Rollenspiel und perspektivisches Schreiben zurückzugreifen (vgl. Kap. 5 und 7).

In der Abschlussphase einer Unterrichtserarbeitung präsentieren die Kinder ihre Unterrichtsergebnisse und erkennen auch hierin unterschiedliche Ansichten. Die Unterschiedlichkeit in den präsentierten Arbeitsergebnissen ist allerdings begrenzt, da die kindlichen Aussagen als Übergänge zu Ergebnissen zu verstehen sind, die sich am wissenschaftlichen Forschungsstand orientieren müssen. So kann eine Lehrerin die fantastischen Rettungen von Juden in Kinderaufsätzen zwar akzeptieren, weil diese Fantasien den Kindern gut tun. Sie muss aber zugleich deutlich machen, dass solche Rettungen selten waren.

Beispiele von Perspektivität erhalten die Kinder also sowohl in den verschiedenen Materialien auf dem Thementisch, im dialogischen Schreiben, in szenischen Spielen, in der Präsentation u.v.m. Hier liegen die Chancen für den Aufbau und die beständige Erweiterung von Deutungskompetenz, Fremdverstehen und Toleranz.

Kompetenzen aufnehmen und fördern

Was Kinder können oder nicht können	Ziele und Kompetenzen im historischen Lernen	Allgemeine Ziele und Kompetenzen	Lernen im Geschichtsraum bzw. Lernen in offenen Lernformen
Fragen stellen. Neugierig sein. Vorwissen und vorunterrichtliche Vorstellungen einbringen. Fachexperte auf einem Gebiet sein. Erfahrungen aus Spielen aktivieren.	Historische Frage stellen.	Fragekompetenz	Eine Frage in die Lerngruppe einbringen oder durch das Lernarrangement zu einer Frage provoziert werden. Bereichsspezifisches Wissen und vorunterrichtliche Vorstellungen besprechen. Zügige Kontextualisierung durch die Lehrenden erfahren, zum Beispiel durch Geschichtserzählungen, Bildkollagen u.a.m.
Mit allen Sinnen aufnehmen: denkend, hörend, sehend, schmeckend, tastend, singend, spielend, Rollen spielend (auch mit Verkleidung), gestaltend etc.	Medienkompetenz	Medienkompetenz Lernen mit Kopf, Herz und Hand. Kognitive, visuelle, auditive, spielerische und haptische Lernzugänge nutzen.	Lernarrangements wie Thementisch, Zeitkollage, Zeitleiste etc. verstehen und nutzen.
Mit dem Finger/mit der Schablone auf der Zeitleiste dem Zeitverlauf „nachspuren"; die Zeit abschreiten oder abrollen.	Förderung der Entwicklung von Zeit- und Raumbewusstsein. Epochenbegriffe kennenlernen. Geschichte als orientierend erleben.	Grafiken und Symbole erkennen und umsetzen.	Orientierungen erhalten und einüben: Mit den Zeitmedien arbeiten, mit Karten und dem Globus arbeiten.

Nicht alle zur gleichen Zeit in gleicher Geschwindigkeit das Gleiche tun, sondern ein individuelles Zeit- und Arbeitskonzept verfolgen. Auf vorhandene Spiel- und Lernerfahrungen aufbauen.	s.o.	Schlüsselqualifikation: Zeitkompetenz. Das Lernen lernen. „Bildung als Selbstbildung".	Ein Wochenplan ermöglicht unbemerkte Differenzierung. Aus einem solchen Wochenplan Pflicht- und Zusatzaufgaben wählen; sich für Sozial- und Arbeitsformen entscheiden; die Reihenfolge der Bearbeitung und die Zeit selbst einteilen dürfen; Umwege und Neuwege gehen dürfen.
Singen und spielen.			Ein Lied und ein Spiel begleiten die Erarbeitung während der Woche, fördern Imagination, schaffen Nähe oder Distanz, binden Gefühle mit ein, lockern auf und helfen zu behalten.
Eigene Bücher oder Spielzeug für den Thementisch mitbringen. Altersangemessene Texte, Erzählungen und Bilder verstehen und verarbeiten. Selber Material sammeln.	Fachwissen aufbauen. Historische Methode kennenlernen: Heuristik und Kritik. Fachspezifische Methoden lernen: Oral history/Zeitzeugeninterviews. Quellen finden und auswerten. Geschichtsbewusstsein weiterentwickeln. Geschichtskulturelle Angebote wahrnehmen und nutzen lernen.	Sach- und Methodenkompetenz Schlüsselqualifikationen: Sprach- und Lesekompetenz	Die angebotenen Medien und Methoden nutzen, eventuell ergänzen. Aus Medien und Interviews Neues erfahren und dem alten Wissen hinzufügen.
Individuelles Wissen und Erfahrungen weitergeben. Erzählen, zuhören, vergleichen, absprechen, verwerfen, neu denken, spielen etc.	Förderung historischen Denkens: Quellen finden und mit Hilfestellung erschließen können. Prozesse der Sinnbildung kennen und einüben.	Ko-Konstruktion Schlüsselqualifikationen: Teamarbeit Das Lernen lernen Methoden- und Sozialkompetenz	Einen Ausdruckswillen im Schreiben und Erzählen entwickeln. Nicht nur in Alleinarbeit, sondern vor allem in Partner- und Gruppenarbeit über die Vergangenheit sprechen und sich diese erzählend, schreibend, malend, spielend aneignen.

Individuelles Wissen und Erfahrungen weitergeben. Erzählen, zuhören, vergleichen, absprechen, verwerfen, neu denken, spielen etc.	Erkennen, dass Geschichte konstruiert wird. Historische Methode: Interpretation Geschichtsbewusstsein weiter entwickeln.	Lernen als Erfahrungsbildung	Das Wissen und die Erfahrungen der kleinen Fachexperten aus der Lerngruppe nutzen durch arbeitsteilige Gruppenarbeit oder Expertenreferate. Auslegen fertiger Schülerarbeiten mit dem Zweck des wechselseitigen Lernens. Neue Erfahrungen machen.
Mitfühlen, mitleiden, empört sein, sich etwas erspielen, Trauer und Freude empfinden. Die fremde Perspektive entdecken und verstehen.	Förderung von Empathie und Perspektivenübernahme	Fremdverstehen	In szenischen Spielen, durch Malen sowie Gestalten, durch kreatives Schreiben etc. sich in die fremde Perspektive versetzen. Neue Erfahrungen machen. Gefühle thematisieren dürfen und anerkannt bekommen.
Geschichte selber denken. Andere Denkweisen erkennen und würdigen. Etwas leisten wollen. Stolz auf eine geleistete Arbeit sein.	Historische Methode: Interpretation und narrative Antwort. Prozesse erneuter Sinnbildung. Eigene und andere Perspektiven deutlich werden lassen und anerkennen.	Methodenkompetenz Transferleistung Förderung von Leistungsbereitschaft Lernen als Erfahrungsbildung Stärkung des Selbstkonzeptes	Allein und gemeinsam neues Wissen und neue Erfahrungen mit alten verknüpfen. Arbeitsergebnisse in Referaten, Eigenbüchern, auf Plakaten etc. präsentieren und zur Diskussion stellen. Sich bewusst werden, etwas geleistet zu haben und stolz auf das gemeinsame Ergebnis zu sein. Sich bewusst werden, wie ein Forscher vorgehen zu können: „Ich bin, was ich kann."
Sich erfolgreich merken, was über viele Sinne aufgenommen und selbst gedacht wurde.	Fachwissen und Fachmethoden verfügbar haben. Freude an historischem Denken ausbauen.	Wissen und Kompetenzen abrufen können. Persönlichkeitsentwicklung Transferleistung	Üben und Wiederholen: Die Arbeitsergebnisse durch die Präsentationen mehr als üblich gewürdigt bekommen und zur Wiederholung aller noch möglichst lange sichtbar vor Augen zu haben. Mit von den Lehrenden hergestellten Spielen oder Karteikarten ebenso wiederholen und üben. Einen weiterführenden Wochenplan gemeinsam andenken.

Die vorangegangene Tabelle erklärt die oben beschriebene Arbeitswoche der Kinder (rechte Spalte). Das Lernen in offenen Lernformen bzw. im Geschichtsraum ergibt sich aus den vorhandenen Kompetenzen und Bedürfnissen der Kinder (linke Spalte) sowie fachspezifischen und allgemeinen Anforderungen (mittlere Spalten).

Wichtiges in Kürze

- Geschichte ist ein Denkfach.
- Nicht Gedachtes soll gelernt werden, sondern das Denken.
- Auch im geisteswissenschaftlichen Bereich können und wollen Kinder forschend arbeiten.
- Offene Unterrichtsformen initiieren und begleiten Denkprozesse durch:
    - kognitive, visuelle, auditive, spielerische und haptische Zugänge;
    - Berücksichtigung und Nutzung der heterogenen Kompetenzen der Kinder in Wissen und Erfahrungen;
    - Wahlmöglichkeiten der Arbeits- und Sozialformen sowie der Zeiteinteilung;
    - arrangierte Räume und genügend Arbeitszeit;
    - kommunikative und erfahrungsorientierte Arbeits- und Sozialformen;
    - differenzierende Arbeitsaufgaben;
    - Zulassung von Imagination und Emotionen;
    - beständiges Üben von wissenschaftlichen Arbeitsformen und Verstehensprozessen durch Anlehnung an die Historische Methode;
    - Erkennen, Wechseln, Übernehmen und Aushalten von anderen Perspektiven in perspektivischen Denk- und Schreibformen;
    - so wenig Belehrung und so viel eigenständige Erarbeitung wie möglich.

KAPITEL 10

„Geschichte in der Grundschule? Gibt's doch gar nicht!"

Orientierung und Bildung: Aufbauende Kompetenzen und Inhalte für den Elementar- und Primarbereich

Was möchten Sie, was ein Kind in Kindergarten und Schule lernen, erfahren, erleben sollte? Viele Erwachsene denken, dass Kinder bis zur Grundschulzeit noch keinen Geschichtsunterricht haben oder haben sollten. Und wenn ja, dann was und warum und wie?

Dieses regeln in Deutschland die Bundesländer in Curricula, in denen sie festlegen, was die Kinder warum, wie und wann lernen sollen. Die Bildungsstandards, Kompetenz-, Inhalts- und Lernzielbeschreibungen orientieren sich dabei an den wissenschaftlichen Erkenntnissen der Fächer, an den Kindern und an der Gesellschaft. In Zeiten wirtschaftlicher Krisen überwiegen Forderungen zur Beachtung naturwissenschaftlicher Kompetenzen bei Kindern, nach kulturellen Krisen zur Beachtung historisch-politischer Kompetenzen.

Historisches Lernen in den Curricula der Bundesländer und in Initiativen

In den vergangenen Jahren wurden nicht nur einige neue Lehrpläne für die Grundschulen erarbeitet, sondern auch, bedingt durch die Ergebnisse des Vergleichs internationaler Schulleistungen wie PISA und IGLU (Grundschulstudie), Bildungspläne schon für Kinder unter 6 Jahren, um allen Kindern beim Schuleintritt gleiche Startchancen zu ermöglichen. In sogenannten Bildungs- und Erziehungsplänen wird nun das Kind in seiner Entwicklung von 0 bis 10 Jahren bedacht.

In diesen Plänen lassen sich leider nur wenige Lernziel- oder Kompetenzbeschreibungen für das historische Lernen finden. Allen Entwürfen und Plänen ähnlich sind Zielvorgaben wie diese aus dem Bildungs- und Erziehungsplan für Kinder von 0 bis 10 Jahren in Hessen:
Die Kinder sollen zu medienkompetenten und wertorientiert handelnden Menschen erzogen werden und ihre Umgebung selbst erforschen. Dabei sollen sie die Einsicht gewinnen, „[...] dass Formen gesellschaftlichen Zusammenlebens, Strukturen und Wertehaltungen oftmals auf eine bestimmte Region begrenzt und dort historisch gewachsen sind. Im Rahmen von historischem Lernen können Kinder das menschliche Dasein als etwas verstehen, das sich im Laufe der Zeit entwickelt hat, verändert werden kann

und Veränderung wiederum neu verantwortet werden muss." Die Kinder sollen eigene Familiengeschichte wahrnehmen können, sie sollen Kultur und sich selbst in einer geschichtlichen Eingebundenheit erkennen oder Geschichte und Wandel „als Ordnungsprinzipien menschlichen Zusammenlebens verstehen."[1]

Ziele wie diese gab es schon immer in den Lehrplänen der letzten 50 Jahre. Neu ist, dass in manchen aktuellen Curricula für Grundschulen die Lehrplangestalter den Kindern wesentlich mehr als noch vor 10 bis 20 Jahren zutrauen, nämlich zum Beispiel, sich auch mit den drängenden gesellschaftlichen Problemen wie Krieg oder Migration in der Geschichte auseinanderzusetzen.

Neben diesen verpflichtenden Bildungsplänen gibt es eine Reihe von Initiativen, die Einfluss auf historisches Lernen nehmen, wie zum Beispiel die Kultusministerkonferenz mit dem Orientierungsrahmen „Bildung für nachhaltige Entwicklung" (BNE), die Gesellschaft für Didaktik des Sachunterrichts mit dem „Perspektivrahmen Sachunterricht", die Initiativen „Schule ohne Rassismus", „Eine Welt in der Schule" u.a.m.

Kerncurriculum für das historische Lernen – Ein Beispiel

Ein Kerncurriculum für alle Schulstufen und -fächer muss „[...] als Einheit von Zielen und Themen, Kompetenzvorgaben und Gütekriterien, Modellen guten Lebens und angemessenen Lernens [...]" verstanden werden.[2]

Ein Kerncurriculum zum historischen Lernen hat als Voraussetzungen das Wissen, bereichsspezifische Wissen, Verstehen, Können sowie das Forscherinteresse der Kinder aufzunehmen und zu erweitern. Es sollte den Kindern helfen, ein Orientierungssystem aus Wissen und Können für die Erschließung von Vergangenheit, Gegenwart und Zukunft so aufzubauen, dass sie mit Stolz auf ihr Wissen in unsere demokratische Gesellschaft hineinwachsen können. Dafür müssen Lernziele, Lerninhalte und Kompetenzen festgelegt werden. Kompetenzen und Ziele sagen aus, was ein Kind wissen und können sowie welche Haltungen es entwickeln soll. Kompetenzen beschreiben eher Anforderungen an das Können und müssen aufbauend angelegt sein. Ziele beschreiben eher Inhalte und Haltungen. Einzelne Kompetenzbegriffe werden in der Fachdidaktik[3] anders gebraucht als in der Stufendidaktik. Ich verwende die drei häufig gebrauchten Oberbegriffe der Stufendidaktik: *Sachkompetenz* für den Aufbau fachspezifischen Wissens; *Methodenkompetenz* für den Umgang mit fachspezifischen Medien und Methoden; *Urteilskompetenz* für den Aufbau von Urteilsfähigkeit sowie von Empathie und Solidarität. Im Gegensatz zu manchen Ansätzen, die Kompetenzen ohne Inhalte beschreiben, werden in diesem Entwurf auch und besonders Inhalte genannt. Kompetenzen können nur über inhaltliche Erarbeitungen[4] erworben werden. Die hier genannten Inhalte bauen Orientierungswissen auf, das helfen soll, die Gegenwart zu verstehen und mitzugestalten, Alternativen zu denken und ohne Angst in die Zukunft zu schauen. Die Inhalte sind nicht beliebig, sondern zentral für die demokratische Entwicklung des Kindes.

Die Altersstufen 3 bis 6

Die Phase der Gewöhnung an die Verkehrszeit der Erwachsenen

In ihrer Kindergartenzeit und im ersten Grundschuljahr erhalten die Kinder durch Rhythmisierungen und Regeln für den Tag, die Woche, den Monat und das Jahr eine Eingewöhnung in die Verkehrszeit der Erwachsenen (s. S. 32 ff.). Die Jahreszeiten und Feste strukturieren das Jahr. Durch das gemeinsame Feiern der Festrituale lernen die Kinder eigene und fremde religiöse und kulturelle Orientierungen kennen.

Eine zentrale Kompetenz in diesen Jahren ist die Fähigkeit, Veränderungen wahrzunehmen und als Geschichte zu erkennen, auch als die eigene Geschichte. In immer mehr Kindergärten wird autobiografisches Lernen[5] angestrebt. Die Erziehenden legen für die Kinder Portfolios an, welche die Entwicklung und somit die Kindergartengeschichte der Kinder dokumentieren. In einer Mappe wird gesammelt, was die Kinder im Verlauf der Jahre produziert haben. Die Betreuerinnen und Betreuer des Kindes halten fest, wie sich das Kind entwickelt hat und bestimmen Ziele, wie sie das Kind unterstützen möchten. Dies ist so in mittlerweile allen Bildungs- und Erziehungsplänen der Länder festgelegt. In regelmäßigen Zeitabschnitten setzen sich die Erwachsenen mit den Kindern zusammen und besprechen die Hefte, auch „Schatzkiste", „Könnerheft" oder „Bildungstagebuch" genannt, mit gesammelten Fotos, Kinderzeichnungen, Kinderinteressen, besonderen Fragestellungen der Kinder u.a.m.:

„Hier konntest Du schon eine Burg zeichnen. Hier bist du auf dem Foto mit XY, der jetzt umgezogen ist, danach warst du sehr traurig. Dies ist das Lied, das du vor einem halben Jahr beim Sommerfest vorgetragen hast. Seit kurzem beschäftigst du dich am liebsten mit … , du hast für die nächsten Wochen geplant, dieses zu erledigen …"

Mithilfe der Erziehenden erlangen die Kinder Methoden- und Urteilskompetenz im Erzählen, Erinnern, Vergleichen und Planen. Die Kinder reflektieren die Vergangenheit, Gegenwart und Zukunft und erfahren, dass sie eine Kontinuität haben, aber auch, dass sie sich verändern und dass dies gut ist. Sie reflektieren dabei, wer sie sind, wie sie sind oder auch, wie sie sein möchten oder andere dies von ihnen erwarten. Die Kinder entwickeln oder verfeinern ihr Selbstkonzept. Die Erziehenden haben hier großen Einfluss auf die Entwicklung der Kinder, können die Entwicklung der kindlichen „Lebens-Entscheidungs-Kompetenz"[6] sowohl behindern als auch fördern.

Dass jeder Mensch Phasen von Dauer und Veränderung durchläuft und somit jeder seine individuelle Geschichte hat, erkennen die Kinder, wenn andere berichten. Einmal im Jahr sollten ältere Menschen zum Erzählen ihrer Geschichte in den Kindergarten eingeladen werden und aus ihrem Leben berichten. Es wäre schön, wenn sie dazu Gegenstände mitbringen könnten, die ihre Erzählungen illustrieren. Heute gibt es nur noch selten Großfamilien, und manche Kinder haben keine Kontakte zu ihren Großeltern. Darum können ältere Menschen den Kindergartengruppen von ihrer Kinderzeit, ihren Schulerlebnissen und eventuell auch besonderen Lebensphasen erzählen. Die Kinder erkennen, dass die Erzähler älter sind und schon viel mehr und auch anderes als sie selbst erlebt haben.

In ihren ersten Lebensjahren werden die Kinder immer wieder mit fremden Gegenständen konfrontiert, die wertvoll sind und eine Geschichte haben, zum Beispiel in Museen. Im

Kindergarten kann eine Übung in museale Präsentationsformen erfolgen, wenn Kinder ein eigenes Museum anlegen und betreuen. Als erstes kann dies ein Kuscheltiermuseum sein. Jedes Kind bringt dafür sein liebstes Kuscheltier mit und erzählt dazu seine Geschichte, wobei es zugleich auch seine biografische Zeit thematisiert. Nach dem Erzählen erfolgt die gemeinsame Präsentation, sodass die Kinder innerhalb der Methodenkompetenz besonders die Präsentationskompetenz entwickeln. Die Kinder besprechen dabei zum ersten Mal, in welcher Art und unter welchen Voraussetzungen eine Ausstellung Sinn macht. Sie werden ALLE verstehen, dass jeder Gegenstand eine Geschichte hat, wertvoll für den Besitzer ist und entsprechend achtsam behandelt werden muss. Sie erkennen dabei auch schon, dass der Wert des Gegenstandes abhängig von dem Besitzer und seiner Geschichte dazu ist und erfahren dadurch Perspektivität.

Zu vielen Anlässen bekommen Kinder Bilderbücher und Spielsachen zu historischen Themen geschenkt und bringen sie zum Zeigen mit in ihre Gruppen. Dieses können Erzieherinnen und Erzieher zum Anlass nehmen, die gezeigten Spielsachen und entsprechend passende Bücher auf einem Thementisch auszustellen und besprechen zu lassen, sodass die Kinder in ihrer Sach- und Urteilskompetenz gestärkt werden. Die Kinder können zum Beispiel ihre Saurierfiguren oder ihre Playmobil-Ritter mit den Darstellungen in Bildersachbüchern vergleichen. Sie erkennen die andere Auffassung bzw. Perspektive in der Darstellung und erfahren Kontroversität. Die Erzieherinnen und Erzieher sollten den Kindern dabei erzählen, dass unser Wissen über Geschichte auf Forschungen von Archäologen und Historikern beruhen und dass sich die Bilderbuch- und Spielzeughersteller in unterschiedlicher Achtsamkeit an die Forschungsergebnisse halten. So werden die Kinder in allen drei Kompetenzbereichen gestärkt, hier besonders in ihrer geschichtskulturellen Kompetenz.

In historischen Projekten, oft initiiert zum Abschluss des Kindergartenjahres, beschäftigen sich die Kinder in spielerischer Form mit ihren Lieblingsthemen Saurier, Steinzeit oder Indianer. Dazu müssen Kindergärtnerinnen Lernarrangements schaffen und entsprechendes Material zum Anfassen, Schauen, Spielen und Gestalten sowie Bilderbücher und Ausmalbilder zu den Themen auslegen.

Nur wenige Erziehende kennen allerdings Medien oder Methoden zur Zeitschließung. Um die Kinder an den Umgang mit diesen Methoden und Medien zu gewöhnen, um ihre Teilnahme an Kommunikation über Geschichte zu erleichtern und ihr Gefühl für Geschichtszeit zu stärken, sollten das Abschreiten von Zeit sowie die Benutzung von Zeitrolle, Zeitleiste oder Erduhr (s. S. 39 ff.) feste Bestandteile im Methodenlernen ab dem dritten Lebensjahr sein. Zugleich empfiehlt es sich, dass die Kinder, um untereinander und mit uns kommunizieren zu können, zu den oben genannten Lernanlässen eine Grundlage erster Fachbegriffe erhalten. Sie sollen zwischen den Begriffen Geschichten (fiktiv) und Geschichte (erlebt, erforscht) unterscheiden können und sie sollen für ihre Lieblingsthemen die Begriffe Saurierzeit, Steinzeit, Römerzeit, Mittelalter, Entdeckerzeit und Unsere Zeit nutzen können.

Die Altersstufen 5 bis 8

Die Phase der reflektierten Wahrnehmung von Kontinuität und Wandel
In diesen Altersstufen werden weiterhin die drei Kompetenzen gefördert und es findet eine wei-

tere Strukturierung von linearer und zyklischer Zeit statt. Im Gegensatz zu den ersten Jahren, in denen die Kinder die Feste des Jahres nur miterlebt haben, können sie nun aber schon die Feste als kulturell gewachsen verstehen und das Gemeinsame erkennen (s. S. 34 f.).

Auch zu Beginn der Grundschulzeit beschäftigen sich die Kinder weiter mit ihren Kernthemen, entweder zu den Sauriern oder zur Steinzeit. Sie verstehen oder wiederholen, dass Geschichtskenntnisse auf Forschungen, zum Beispiel aus Funden mit Interpretationen, beruhen und dass diese Forschungen nicht abgeschlossen sind. Sie erfahren, dass wir viele unterschiedliche Vermutungen hatten und haben, wie die Saurier lebten, aussahen und warum sie ausstarben. Die Kinder überdenken, was die Forscher über die Saurier aussagen können und was nicht (Farbe des Fells, Tierlaute). Sie überlegen, was wir aus Steinfunden der Steinzeit erforschen können und was nicht, weil wir kaum Funde über Gegenstände aus anderen Materialien als aus Stein haben. Diese Erkenntnisse irritieren die Kinder nicht, sondern geben ihnen die Chance, Geschichte als Denkfach zu erleben und somit mitdenken zu dürfen.[7] Die Reflexionen über die Feste und über diese beiden Kernthemen fördern weiterhin die Freude der Kinder am Mitforschen sowie ihre Sach- und Urteilskompetenz.

Die Arbeit zur eigenen Biografie „Das-bin-ich" hilft den Kindern in der Entwicklung ihrer Identität (s. S. 36 f.). Die „Das-sind-wir"-Zeitleiste bietet den Erst- oder Zweitklässlern eine erste große Gelegenheit, sich in einer geschichtlichen Gemeinschaft eingebunden zu fühlen und die Erkenntnis zu erarbeiten, dass Geschichte perspektivisch ist. Die Kinder üben sich in der Rekonstruktion von Vergangenheit und werden in ihrer Methodenkompetenz gefördert.

Ebenso wie in den vorangegangenen Jahren werden die Kinder auch in diesem Alter Kontinuitäten und Veränderungen an Menschen, Institutionen und Orten in der Region unter Anleitung erkunden. Nun sind die Kinder alt genug, um Veränderungen als von Menschen verantwortet zu erkennen. Es ist für sie wichtig zu lernen, dass nicht die Natur oder Gott die Veränderungen vornahmen, sondern Menschen, und dass auch sie selbst einmal zu Veränderungen beitragen werden.

Die Erschließung der Region unterstützt alle Kinder in der Entwicklung ihrer Beobachtungskompetenz und ihres Raumbewusstseins, das sich noch vor dem Zeitbewusstsein entwickelt. Durch die „[…] Betrachtung von Orten in der Zeit […]" bildet sich „[…] eine erste Vorstellung von Historizität."[8] Eine Raumerschließung hilft allen Kindern, besonders aber denen aus nicht-heimischen Kulturen, sich ihre Umgebung durch die gemeinschaftliche (!) Erschließung allmählich zur Heimat zu machen.[9] Dies ist zunächst noch ein regionaler Heimatbegriff. In den nächsten Jahren sollte Heimat aber nicht mehr nur regional verstanden werden. Ihre Heimat können die Schülerinnen und Schüler dann auch in einer demokratisch und human orientierten Idee finden.

Die Altersstufen 6 bis 9

Die Phase der Orientierung an den Kernthemen
Die Auseinandersetzung mit Originalen wurde bereits beim Kuscheltiermuseum geübt und sollte weiterhin geübt werden, zum Beispiel durch den Aufbau eines Klassenraummuseums mit Sachquellen (s. S. 45). Durch die Arbeit mit Quellen erhalten die Kinder die Erkenntnis, dass Forscher

ihre Aussagen über Geschichte aus den Hinterlassenschaften unserer Vorfahren gewinnen. Durch das Sammeln, Vergleichen, Beurteilen und Deuten der gefundenen Quellen sowie durch das eventuelle Interviewen von Zeitzeugen (Oral history) üben sich die Kinder im Gebrauch von Quellen sowie in der Anwendung der Historischen Methode (s. S. 102 f.) und gewinnen damit Methodenkompetenz.

Konnten die Kinder Kontinuität und Veränderungen in ihrer Region bisher nur unter Anleitung wahrnehmen, so sind sie nun durch den Erwerb der Schriftsprache so weit fortgeschritten, dass sie diese Veränderungen auch relativ selbstständig erschließen, dokumentieren und präsentieren können. Bei der Spurensuche[10] in ihrer Umgebung und in Lernarrangements werden die Kinder mit Quellen konfrontiert, die es zu beurteilen, zu deuten und einzuordnen gilt. Die Spurensuche wurde durch den Geschichtswettbewerb des Bundespräsidenten und der Körber-Stiftung zu einer anerkannten Arbeitsform im historischen Lernen. Kinder forschen in ihrer Region, zum Beispiel in Archiven oder durch Interviews von Zeitzeugen, zu Fragen wie *Migration, Umwelt, Alt und Jung, Helfen, Helden* u.a.m. Es hat sich dabei herausgestellt, dass selbst Grundschulkinder erfolgreich teilnehmen und zu erstaunlichen Ergebnissen kommen können. Wir können eindeutig sagen, dass eine regionale Anbindung Kompetenzen wie Orientierungskompetenz, Methoden- und Handlungskompetenz aufbaut. Bei der schwierigen Aufgabe, das neue Wissen in Form von gefundenen Quellen und gehörten Zeitzeugenaussagen in einer Quellenkritik zu bearbeiten, müssen Lehrende allerdings immer wieder und immer noch helfen und den Kindern Selbstbewusstsein im Methodenlernen geben. Aber auch die Erstellung eines Klassenraummuseums, das offene Arbeiten im „Geschichtsraum" und die zunehmende Orientierung durch die „Das-bin-ich"- und die „Das-sind-wir"- Erarbeitung geben den Kindern Sicherheit in der Einordnung ihrer Quellen und ihres Wissens.

Das Alter von 8 und 9 ist ideal, um zwei weitere Kern- oder Lieblingsthemen der Kinder aufzunehmen und sich damit nun nicht mehr unter Anleitung und spielerisch zu beschäftigen, sondern selbstständig mit einem Partner oder in einer Gruppe zu arbeiten. In diesem Alter können die Kinder vermehrt ihr bereichsspezifisches Wissen als Experten in eine Lerngruppe einbringen. Im Gebrauch der Schriftsprache sind sie so weit fortgeschritten, dass sie die vielfältigen Kinderbücher und Kinderinternetseiten für die differenzierte Erarbeitung ihrer Lieblingsthemen nutzen können. An Themen wie „Indianer und Siedler", „Edle Ritter und arme Bauern" oder „Kelten und Römer in der Vergangenheit und im Comic" üben sich die Kinder in der Unterscheidung von Faktenwissen und fiktivem Wissen. Sie lernen, Geschichte aus zwei Perspektiven zu betrachten, wie zum Beispiel die Perspektive der Indianer/der Siedler oder die Perspektive der Bauern/der Ritter als deren Grundherren. Perspektivenübernahme und Empathie werden ebenso gefördert wie das Wirklichkeitsbewusstsein und das moralische Bewusstsein, teilweise auch das ökonomisch-soziale sowie politische Bewusstsein. Der Umgang mit den Fachmedien wird weiterhin geübt, ebenso der Gebrauch von Fachbegriffen (siehe Tabelle S. 139 ff.), die erweitert werden. Statt Römerzeit wird der Begriff Antike eingeführt, für die Entdeckerzeit der Begriff Neuzeit. Die Sachkompetenz wird hiermit erweitert und gibt den Kindern Sicherheit in der Kommunikation.

Im Kindergarten haben die Kinder mehrmals ältere Menschen kennengelernt, die zu ihrer Biografie erzählt haben. Auch in der Schule sollen die Kinder in der Entwicklung ihrer Identität durch die Arbeit an Biografien (s. Kap. 8) unterstützt werden.

Weiterhin entdecken und dokumentieren die Kinder die „Üblichkeiten" in den unterschiedlichen Festen des Jahres und erarbeiten die kulturellen Wurzeln dieser Feste. In dieser Altersstufe können sie zum Beispiel zu einem für die Lerngruppe besonderen Fest einladen, dieses gestalten und ihre Überlegungen zur Durchführung in einer Präsentation dokumentieren. „Was sind gemeinsame religiöse Traditionen [...] wo sind religiöse Gastgeber und Gäste zu unterscheiden? Mit viel Fantasie werden Möglichkeiten ausgelotet und erprobt, wie religiös Verschiedene miteinander feiern können. Sie sind Ausdruck der Hoffnung, dass nicht mehr gegenseitiges Verurteilen, sondern eine Verständigung für das Miteinander der Religionen bestimmend sein werden."[11]

Neben dem Identitätsbewusstsein und dem Perspektivenwechsel werden in diesen Altersstufen und in den folgenden besonders das politische, das ökonomisch-soziale, das moralische Bewusstsein und das Geschlechtsbewusstsein gefördert. Auch wird besonders die Urteilskompetenz kontinuierlich aufgebaut.

Die Altersstufen 8 bis 12

Die Phase der Orientierung an den „Stillen Themen", die die „Großen Themen" sind
Die Kinder sind nun in einem Alter, in welchem sie sich nicht mehr so sehr für die Kernthemen interessieren, sondern bereits für Themen aus der Geschichtskultur der Jugendlichen[13] und Erwachsenen, in diesem Buch „Stille Themen" genannt, weil die Kinder diese mit Ängsten behafteten Inhalte oft nicht mit Erwachsenen

Von ihren Klassenkameraden und aus Medien erfahren die Kinder von Krieg und Flucht und ängstigen sich. Im autobiografischen Comic von Marjane Satrapi[12] über ihre Kindheit in den Revolutionsjahren im Iran wird deutlich, dass Kinder viel mehr wissen als verstehen und mit ihren Fragen unter sich bleiben. Ihre Ängste spielen sie auf dem Schulhof in der Pause.

besprechen (s. S. 75 f.). Durch Fernsehen und Computerspiele, durch Informationen Gleichaltriger sowie achtsame Teilnahme an der Kommunikation der Erwachsenen setzen sich die Kinder zumeist allein mit den „Großen Fragen"[14] auseinander, vor allem mit den Themen „Arbeit/Arbeitslosigkeit", „Macht/Herrschaft" sowie „Krieg und Flucht", die Ängste bewirken und von den Kindern geklärt werden wollen:
„Warum haben manche die Macht und müssen andere gehorchen? Wie kam es zur Herrschaft Hitlers? Warum verlassen manche Menschen ihr Land, um anderswo Arbeit zu suchen, ... um anderswo Sicherheit für ihr Leben zu finden? Warum haben manche Menschen Arbeit und andere nicht?"

Diesen „Stillen Themen" bzw. vielfältigen „Stillen Fragen" der Kinder nachzugehen, bedeutet, Kindern zu helfen, ihre Welt zu ordnen und eigene Positionen einzunehmen.[15] Historisches Lernen muss die Fragen der Kinder aufnehmen und ihnen Zuversicht für die Zukunft geben. Die Kinder können „[...] vergleichen, was sich in ähnlichen Situationen entwickelt hat und was aus Angriffen, Einwanderungen oder Unterdrückung erwachsen kann."[16]

Viele Lehrerinnen und Lehrer unterrichten Klassen, in denen bis zu zehn Ethnien miteinander auskommen müssen. Manche Lehrende unterscheiden dabei nicht zwischen Kindern von Aussiedlern, von Asylbewerbern oder ehemaligen „Gastarbeitern", was nicht ohne Probleme ist, da die Kinder einen von ihrem Status abhängigen Rechtsanspruch haben, womit Aufenthaltserlaubnis, Recht auf Schulbildung und Recht auf sprachlichen Förderunterricht verbunden sind. Lehrende, die glauben, dass es reicht zu wissen, dass die Kinder aus der Türkei Muslime sind, werden den Kindern nicht gerecht. Die Schülerinnen und Schüler sind entweder Kinder ehemaliger sogenannter „Gastarbeiter" oder aber Kinder aus kurdischen und aramäischen Familien, die aus religiösen und politischen Gründen ihre Heimat verließen. Alle haben somit verschiedene Religionen mit einer unterschiedlichen Geschichte und den daraus resultierenden kulturellen Mustern.

Kinder aus Migrantenfamilien sind oftmals zwischen den Kulturen zerrissen. Heimische Kinder erfahren von Flucht, Vertreibung und wirtschaftlicher Not und fürchten sich.

Aus verschiedenen Studien wissen wir, dass besonders die Kriegsthemen auf Kindern lasten.[17] Sogar der Nationalsozialismus ist den Kindern in vielen ängstigenden Einzelheiten bekannt (s. S. 75 und S. 125 f.). Wir dürfen uns um die „Stillen Fragen" der Kinder nicht herumdrücken, indem wir in kleineren Gesprächen versuchen, die Kinderfragen zu beantworten und ihnen ihre Angst zu nehmen. Es reicht nicht. Kinder wollen diese Themen wirklich durchdenken, und das heißt unter Anleitung eigenständig bearbeiten. Im Alter von 8 bis 12 müssen wir die Kinder klug machen für die Herausforderungen unserer Gesellschaft: Wir fördern weiterhin ihre Entwicklung von Kompetenzen und bereiten Themenbearbeitungen zu Arbeit, Migration, Krieg, Herrschaft sowie Nationalsozialismus vor. Daneben können weiterhin Unterrichtseinheiten und Gespräche zu den Kernthemen laufen und Erarbeitungen von Biografien, damit Kinder aus mehreren Biografien auswählen können. In den Jahrgängen 8 bis 12 empfehlen sich solche, die auch eine Relevanz für die „Stillen Themen" der Kinder bzw. die „Großen Fragen" der Zeit haben. Zum Beispiel können die Kinder zu Menschen aus der Region recherchieren,[18] die keine Mitläufer im Nationalsozialismus waren (s. S. 128), und sie können zu den Geschwistern Scholl arbeiten.

Hildegard von Bingen, Maria Merian, Peter Suhrkamp, Margarethe Steiff oder Justus Liebig (vgl. S. 93 f.) können als Jugendliche und Erwachsene kennengelernt werden, die ihre Lebensentwürfe und Arbeitsbereiche trotz großer Schwierigkeiten durchsetzten.[19]

Bis zum 12. Lebensjahr ist eine politische Orientierung des Kindes erfolgt und seine Reifung weit fortgeschritten. Seine Kompetenzen zum selbstregulierten Lernen, seine Urteilsfähigkeit, Empathie und Solidarität sind gewachsen und bieten nun ein gutes Fundament für seinen Eintritt in die Welt der Jugendlichen. Werden die „Stillen und Großen Themen" bis zu diesem Alter behandelt, ist dies eine wichtige Voraussetzung dafür, dass die Kinder sich als Jugendliche und Erwachsene in einer multiethnischen und globalen Gesellschaft so verhalten, dass ein friedliches und humanes Miteinander gewährleistet wird.

Im nächsten Kapitel folgen dazu Gestaltungsvorschläge. Mehr als jeder andere Unterricht ist das historische Lernen zu diesen Themen ein sensibler sozialer und politischer Prozess, in dem Inhalt und Unterrichtsform aufeinander abgestimmt sein sollten und die Interessen und das Vorwissen zu berücksichtigen sind. Humane und demokratische Ziele lassen sich am besten in demokratischen und freien Unterrichtsformen erreichen.

Wichtiges in Kürze

- In den Altersstufen 3 bis 6 wird das Orientierungsbedürfnis der Kinder an Zeitstrukturen berücksichtigt.
- In den Altersstufen 5 bis 8 stehen die Wahrnehmungen von Veränderungen am Ich, in der Gruppe und der Region im Mittelpunkt von Erarbeitungen.
- In den Altersstufen 6 bis 9 werden Kinder in wissenschaftliche Arbeitsformen eingeführt und reflektieren Inhalte ihrer Kernthemen.
- In den Altersstufen 8 bis 12 sollten die „Stillen Themen/Fragen" der Kinder aufgenommen werden, die zugleich die „Großen Themen" sind und durch deren Bearbeitung sich im Kind grundlegende demokratische und humane Haltungen entwickeln.
- Neben Fachwissen mit Fachbegriffen werden Methodenkompetenz und Urteilskompetenz aufgebaut und kontinuierlich erweitert, sodass Geschichtsbewusstsein aufgenommen, gefördert und gefestigt wird.

KAPITEL 11
„Wann der Krieg beginnt, das kann man wissen. Aber wann beginnt der Vorkrieg?" (Kassandra)[1]
Orientierung und Bildung: Die Stillen und Großen Fragen

In der Nachbarschaft wohnen aramäische, kurdische und muslimische Türken, wohnen Deutsche aus Russland, manchmal auch Kriegsflüchtlinge und politische Flüchtlinge aus unterschiedlichen Ländern. „Warum sind die hier? Wer hat da die Macht?"

Gut, dass es historisches Lernen gibt, das „per se schon Interkulturelles Lernen"[2] ist, weil die zeitliche Ferne immer auch eine andere Kultur zeigt und somit Fremdverstehen fördert. Auch kann historisches Lernen die Welt mit seinen historisch gewachsenen Besonderheiten erklären. Historisches Lernen leistet mehr als den Appell, Verschiedenheit auszuhalten, weil es erklären kann, wie historisch bedingte Verschiedenheit entsteht und wie in aller Individualität doch Gemeinsamkeit und Kontinuität die Grundlage für die differente Kultur bilden.

In der Nachbarschaft wohnen Menschen ohne Arbeit. „Wollen die nicht arbeiten? Warum kommen Menschen aus anderen Ländern und nehmen den Deutschen die Arbeit weg und warum überfallen die Nazis die?", so fragen Kinder. Gut, dass es historisches Lernen gibt, das über die Geschichte der Arbeit, der „Gastarbeiter", des Nationalsozialismus und über Wirtschaftsmigration Aufschluss geben kann.

Die folgenden Ausführungen können Lehrerinnen und Lehrern Hilfen in der Gestaltung für ihren Unterricht zu den „Stillen und Großen Themen" sein. Diese früh genug zu erarbeiten ist Grundlage für die „allererste" Forderung an Erziehung, dass „Auschwitz nicht noch einmal sei" (Adorno). Historisches Lernen liefert zentrale Grundlagen für die Friedenserziehung, weil Kinder sich hier erarbeiten können, wann „der Vorkrieg beginnt"[3], das heißt, unter welchen Bedingungen sich inhumane und undemokratische Haltungen sowie Strukturen etabliert haben und etablieren können und was das mit der Verantwortung jedes Einzelnen zu tun hat. Die Schülerinnen und Schüler können sich Vorformen von antidemokratischen Prozessen erklären und sich hier erarbeiten, dass die Kriegsgefahr unter Alleinherrschaft immer am größten war und ist. Historisches Lernen erklärt, dass Migration als Folge von Krieg, Unfreiheit und Arbeitslosigkeit der Normalfall in der Geschichte ist und nicht Angst, sondern Wissen darüber eine Grundlage für ein friedliches Miteinander ist.

Die Projekte „Eine Welt in der Schule" und „Bildung für nachhaltige Entwicklung"

Seit 30 Jahren nutzen Lehrerinnen und Lehrer die Materialien des Projekts *Eine Welt in der Schule*[4] für die Klassen der Grundschule und der Sekundarstufe I. Mit dem Ziel, eine positive Einstellung gegenüber Völkern und Kindern anderer Kulturen zu fördern, werden an der Universität Bremen Unterrichtseinheiten erstellt und Materialien und Medien zur Ausleihe zur Verfügung gestellt. Die Materialien sind von Lehrenden aus der Praxis für die Praxis entwickelt. Zu den Kernthemen der Kinder gibt es zum Beispiel eine Ägypten-Kiste und eine Indianer-Kiste. Auf den ersten Blick sind die Materialien eher für politisches und soziales Lernen einsetzbar, man wird jedoch immer wieder auch im historischen Bereich fündig. Ähnliche Schwerpunkte wie diese setzt das Bildungskonzept *Bildung für nachhaltige Entwicklung (BNE)*, in welchem Empfehlungen der Kultusministerkonferenz und der Deutschen Unesco-Kommission aufgenommen sind. Ziele von *BNE* sind, den Schülerinnen und Schülern zu mehr Gestaltungskompetenz in Form von lokalen und globalen Handlungs- und Problemlösungsfähigkeiten zu verhelfen. Die für die Grundschulen angebotenen Lernmaterialien und -boxen sind auch hier oft eher naturwissenschaftlich oder politisch orientiert.[5] Leider werden auch hier viel zu oft Unterschiede in den Lebensweisen der Menschen thematisiert und nicht so sehr die Gemeinsamkeiten, die die Menschen verbanden und immer noch verbinden. Die „Großen Fragen" Macht, Arbeit und Krieg werden nur wenig historisch behandelt.

Die drei „Großen Fragen"

Gestaltungsvorschläge zum Thema „Macht und Herrschaft"

Mit drei bis vier Jahren fragen Kinder bei jeder Bilderbuchseite, wer gut oder böse ist. Große Tiere und Menschen sind die Bösen, kleine sind die Guten. In den folgenden Jahren lösen sie sich von der Größenvorstellung und machen Gut und Böse an anderen Hinweisen fest, zum Beispiel am Tragen einer Uniform, einer Waffe oder eines Herrschaftssymbols. Wer böse ist, hat Macht über die anderen.

„Warum hat jemand Macht, ist jemand Herrscher? Wie nutzt er/sie diese Herrschaft? Wie schützt man sich vor Ungerechtigkeit und Machtmissbrauch?"

Dies sind u.a. die nun anstehenden zentralen Fragen der Kinder im Primarbereich.

Astrid Lindgren schrieb 1944 an ihren Verleger:

„Bei Bertrand Russell (Erziehung zum Leben, S. 85) lese ich, in der Kindheit herrsche vor allem das Verlangen vor, erwachsen zu werden, oder vielmehr der Wille

Mit nur wenigen Besonderheiten haben die Kinder ihr spezifisches Wissen über Kaiser gezeichnet.

zur Macht. Das normale Kind hänge in der Fantasie Vorstellungen nach, die den Willen zur Macht beinhalten."
Astrid Lindgren: Ur-Pippi. Kommentiert von Ulla Lundquist. © Verlag Friedrich Oetinger, Hamburg 2007.

Lindgren begründet den Erfolg ihres Buches *Pippi Langstrumpf* damit, dass sie ein Kind mit Macht erfunden habe.

Ebenso wie in fiktiver Literatur suchen die Kinder auch in der Geschichte nach Beispielen zur Macht, weil diese für sie besonders wertvoll sind, da sie „wirklich" stattgefunden haben. Wie bereits einleitend ausgeführt, suchen die Kinder in diesen Beispielen Hinweise, wie sie ihr Erwachsenwerden absichern, also überleben können.

Im Rahmen der Förderung von Geschichtsbewusstsein wird durch eine Auseinandersetzung mit dem Thema Macht und/oder Herrschaft besonders das politische, das ökonomisch-soziale und das moralische Bewusstsein gefördert. Im Kernthema Ägypten haben sich die Kinder bereits mit der Macht eines Herrschers auseinandergesetzt. Die Herrschaft des Pharaos wird für sie sichtbar im staunenswerten und geheimnisvollen Pyramidenbau. Aus Märchen wissen die Kinder von Königen und Kaisern, die Macht über das Leben ihrer Untertanen hatten und von diesen bedingungsloses Gehorchen erwarteten. Diese kindlichen Vorstellungen sollen von den Lehrenden aufgenommen werden, indem sie die Kinder zeichnen und erzählen lassen (s. S. 122). Zu den fantasievollen Kaiserbildern, die hier von Kindern eines dritten Schuljahres gemalt wurden, erzählten die Kinder im Sitzkreis und es wurde deutlich, wie heterogen und spezifisch ihr Wissen ist:

Marcel: „Mein Kaiser ist der Kaiser von China."
Lehrerin: „Warum hast du einen Kaiser aus China gemalt?"
Marcel: „Den kenne ich aus Jim Knopf."
Steven: „Ich habe einen Kaiser aus Rom gemalt. Ich habe Cäsar gemalt."
Annabell: „Mein Kaiser ist eigentlich ein König."
Lehrerin: „Woran erkenne ich das?"
Annabell: „Weil der nicht so reich ist. Ein Kaiser ist noch reicher."
Lehrerin: „Erklärst du uns das mal?"
Annabell: „Ein Kaiser hat noch mehr Länder als ein König. Darum hat er auch noch viel mehr kostbare Kleider und Kronen. Meiner hat nicht so eine tolle Krone."
Josefine: „Mein Kaiser hat ein Kreuz auf seinem Zepter, das ist, weil er ein christlicher Kaiser ist."

Aus den Kinderzeichnungen und -äußerungen ergeben sich viele Anknüpfungsmöglichkeiten für Erziehende. Wie bei jeder Themenbearbeitung können die Lehrenden nun mithilfe einer Lehrererzählung oder geeigneten Materialien eine zügige Kontextualisierung leisten, damit die Schülerinnen und Schüler einen ersten Einblick in die Zeit des Deutschen Kaiserreichs erhalten und sich Fragen dazu ergeben und Arbeitsvorhaben geplant werden können. Nach dieser zweiten Annäherung an das Thema erhalten die Kinder in einem Lernarrangement oder Tages- und Wochenplänen Materialien als Grundlage für eine Erarbeitung zum Thema „Der Kaiser im Märchen – Der Kaiser im Deutschen Kaiserreich vor Hundert Jahren". Aus einem Sachtext und einer Bildquelle zu Kaiser Wilhelm II. erfahren die Kinder von der Monarchie in Deutschland und den Merkmalen einer Monarchie. Aus Bildquellen zu adeligen, bürgerlichen und Arbeiterfamilien erarbeiten sie Rollenspiele. Aus Gedichten, Liedern und Spielen der Kaiserzeit erhalten die Kinder eine Vorstellung von der Erziehung zum Soldatentum sowie zum Gehorsam und reflektieren die Folgen dieser Erziehung. Die Mode im Kaiserreich (Einstellung zum Militär durch Matrosenkleidung) wird ebenso thematisiert wie Werbung, Erfindungen und der Kampf der Frauen für ihre Rechte.[6]

Zum Schluss wird im fächerübergreifenden Unterricht noch ein Märchen gelesen und zu den erarbeiteten historischen Aspekten in Beziehung gesetzt. Natürlich sind viele andere Annäherungen an das Thema „Macht" möglich, zum Beispiel über das mittelalterliche Herrschaftssystem. Die Annäherung über das Deutsche Kaiserreich ist deshalb sehr gut möglich, weil zahlreiche geeignete Text- und Bildquellen, letztere in Form von Fotografien, zur Verfügung stehen.

Gestaltungsvorschläge zum Thema „Arbeit"

Kindern ist bekannt, dass Menschen arbeitslos sein können und dass Menschen ihre Heimat verlassen, um anderswo Arbeit zu suchen. Schon in der Grundschule stehen Kinder unter Notendruck, weil sie den Zugang zu höheren Schulen schaffen sollen, um später eine gute Arbeit zu finden, so hören es die Kinder in den Familien.

Arbeit zu haben verstehen die Kinder also als zentral für die Erwachsenen. Für sie selbst ist das Thema Arbeit noch mit Träumen von spannenden und Erfolg versprechenden Szenarien besetzt und daher in einer anderen Form voller Sinn. An diese Sinngebung kann angeknüpft werden. Je nach regionalem Schwerpunkt erfassen die Lerngruppen Arbeitsstätten oder Arbeitsprozesse zu einer anderen Zeit oder in ihren zeitlichen Veränderungen[7] und erkennen, dass Arbeit als Konstante des menschlichen Lebens Sinn und Stabilität gibt und gab (siehe das Leben von Maria Merian, Gutenberg, Liebig, Suhrkamp und Steiff, siehe auch Anm. 6, Kap. 8). Im Zentrum der Auseinandersetzung mit dem Thema Arbeit in der Schule sollte immer der Sinn von Arbeit stehen. Von Bild- und Textquellen mit erschreckenden Darstellungen von Kinderarbeit zurzeit der Industriellen Revolution ist abzuraten, weil sie bei Kindern eher Entsetzen denn multiperspektivische Erkenntnis und Freude auf Arbeit auslösen. Zu wissen, dass Arbeit den Menschen seelische und materielle Lebensgrundlage ist, wird Kinder sensibel machen für das Recht auf sinngebende Arbeit und für gerechte Entlohnung. Auch wäre es sinnvoll, dass die Kinder erste Eindrücke davon bekommen, dass Menschen für sichere Arbeitsplätze, gerechten Lohn, für Lohnausfall und für Rente kämpften und dass dies auch heute noch ein zentraler gesellschaftlicher Verantwortungsbereich ist. An solch einem schwierigen Inhalt müssen wir Erwachsenen noch üben, bisher stehen kaum Unterrichtshilfen und -auswertungen dazu zur Verfügung.

Zwei Beispiele für kindliches Nachdenken über Arbeit: In einer dritten Grundschulklasse in ländlicher Umgebung haben Schülerinnen und Schüler ältere Interviewpartner eingeladen, die ihnen von Kinderarbeit auf dem Land erzählt haben. Die Kinder haben gelernt, dass Kinderarbeit für die arme Bevölkerung auf dem Land noch selbstverständlich war und manche Schulkinder darum nicht adäquat lernen konnten. Sie haben den Erzählungen aber auch entnommen, dass die Kinder aus ihrer Arbeit Stolz gewinnen konnten. So haben sie eine multiperspektivische Einsicht gewonnen, wie obige zwei Schüleraufsätze

Verschiedene Perspektiven in Schüleraufsätzen zum Thema Arbeit.

(s. S. 124) aus dem Bereich des kreativen Schreibens zeigen.[8]

Gestaltungsvorschläge zum Themengebiet „Krieg"

Das Thema Krieg und Frieden – das Thema Nationalsozialismus/Widerstand/Holocaust – das Thema Nachkriegszeit

Krieg ist ein zentrales Thema der Friedenserziehung in Kindergarten und Grundschule.[9] *Unicef*, *Terre des hommes*, *Bundeszentrale für politische Bildung* (*BpB*), *Kindernothilfe*, der *Deutsche Bildungsserver*, die *WDR-Sachgeschichten mit der Maus*, die Kindersender der Länderprogramme mit *Willi wills wissen* u.a.m. versorgen Kinder und Lehrende mit Unterrichtsmaterialien für die Drei- bis Zwölfjährigen zum Thema Krieg und Frieden.[10] In diesen Materialien werden zumeist die Kriege der Gegenwart und jüngsten Vergangenheit und das Elend der Kindersoldaten thematisiert. Die kindlichen Ängste werden ebenso aufgenommen wie die Verantwortung jedes einzelnen Kindes im Umgang mit anderen Kindern. Viele dieser Materialien sind kindgemäß, wie zum Beispiel die der Kindernothilfe, andere überfordern die Kinder zum Teil mit schockierenden Bildern von Kindersoldaten und Kriegsopfern.

Fast alle Ansätze gehen, ebenso wie die meisten im politischen Lernen, nicht von Kriegsursachen in der Geschichte aus – aber es sind besonders diese Ursachen, die Schülerinnen und Schüler zu kennen haben, um konzeptuelles Wissen und historisch-politische Kompetenz[11] aufzubauen. Wir stellen immer wieder fest, dass Kinder vielfältiges, zum Teil aber auch diffuses und falsches Wissen und ängstigende Vorstellungen zum Krieg und zum Nationalsozialismus erhalten und entwickeln. Besonders ängstigende Vorstellungen entwickeln sich aus den Personalisierungen wie „Hitlers Jugend", „Hitlers Machtergreifung" oder „Kindheit unter Hitler", weil diese Formulierungen den Kindern suggerieren, dass EIN Mann so viel Macht besaß, dass ein ganzes Volk ohne Selbstbestimmung war.[12]

Ein anderes Problem: Manche Jugendliche fühlen sich nicht als Nachfahren eines Tätervolkes, sondern selbst als Opfer. Ihren Vorfahren dürfe keine Schuld zugewiesen werden.[13] Wir wissen, dass das Alter, in welchem Kinder sich entscheiden, ob sie sich einer rechtsradikalen Szene zugehörig fühlen möchten, zwischen 11 und 14 liegt.[14] Auf manchen Schulhöfen werden, von der Pausenaufsicht unbemerkt, CDs mit rechtsextremer Musik verteilt. Bands wie die *Böhsen Onkelz* verbreiten Schwarz-Weiß-Bilder, die Ausgrenzungen und rassistisches Denken vorbereiten können. So kann es kommen, dass mittlerweile nach Schätzungen über 5 % der Jugendlichen in Deutschland rechtsextremes Verhalten zeigen und fast 4 % Mitglieder in rechtsextremen Gruppen sind.

In diesem Bild hat ein Kind seine Ängste zum Irak-Krieg gezeichnet: Das Haus ist getroffen, die Mutter will mit den Kindern flüchten, aber das Kind will seinen Teddy nicht zurücklassen.[15]

Wie können Kinder Kriegs- und Nachkriegszeit verstehen? Zum Beispiel durch Anknüpfung an die Erfahrungsbereiche Schule, Nahrung und Hilfsbereitschaft.

Wenn also Kinder im Alter von 8 bis 12 mit ihrem Vorwissen und ihren naiven Theorien der Straße überlassen werden, kann es uns passieren, dass wir sie bald an rechtsradikale Gruppen verlieren.

Kinder aus Migrantenfamilien fürchten sich vor rechtsradikalen Jugendlichen, eine nicht unbegründete Furcht. Diesen Kindern und auch den Nachfahren jüdischer Opfer tut es gut zu hören, dass nicht alle Deutschen im Nationalsozialismus Nazis waren, dass es also auch Hilfe und Widerstand gegeben hat. Manche Juden gebrauchen für solche Beispiele den Begriff „Lichtpunkte in einer grausamen Zeit". Auch können sich die Kinder aus Migrantenfamilien nach Kenntnissen über Widerstand eher mit den Menschen und der Kultur des Aufnehmerlandes identifizieren. Mit einer Erarbeitung zum Thema Nationalsozialismus, Holocaust **UND** Widerstand haben wir also eine große Aufgabe und große Chance, Kindern Angst zu nehmen und sie zu klugen, humanen und demokratisch orientierten Jugendlichen zu erziehen.

In vielen Unterrichtsdurchführungen[16] haben Kinder zum Thema Nachkriegszeit gearbeitet, und zwar erfolgreich, weil zu diesem Thema eine regionale und personifizierende Verankerung sehr gut möglich ist. Die Kinder gehen auf Spurensuche und entdecken Veränderungen im Ortsbild oder nehmen die Erfahrungen von Zeitzeugen auf, die von ihrer Kindheit in der Nachkriegszeit, von Hunger (siehe Kinderzeichnung),[17] Arbeit, Furcht und Flucht berichten können. Die Unterrichtseinheiten stärken besonders die Methodenkompetenz der Kinder und dienen der Wahrung des Friedens. Sie dienen allerdings nicht so sehr dem Ziel, Rechtsradikalismus vorzubeugen, was in einem Unterricht zu Nationalsozialismus/Holocaust/Widerstand angestrebt wird. In einer solchen Einheit kann eher die Veränderung von einer Demokratie zu einer Diktatur aufgezeigt und somit erkannt werden, „wann der Vorkrieg beginnt". Auch kann einer Mythenbildung zur Person Hitlers vorgebeugt werden.

Erarbeitungen zum Nationalsozialismus/Holocaust/Widerstand und 17 Regeln, wie man es nicht machen darf

In Deutschland gibt es für einen Unterricht zum Nationalsozialismus/Holocaust/Widerstand leider kein Gesamtcurriculum. Bei manchen Jugendlichen wurde bis zum Schulabgang das Thema Nationalsozialismus nur ein einziges Mal im Unterricht behandelt, bei anderen der Holocaust bis zu zehn Mal, hier auch in den Fächern Deutsch, Religion, Ethik und Kunst, oft zu kurz und sehr oft emotionalisierend und ohne einen Zusammenhang zum Nationalsozialismus als Diktatur. Vom Thema Holocaust wollen viele Jugendliche am Ende ihrer Schulzeit wegen der häufigen Wiederholungen und des moralischen Zeigefingers nichts mehr hören. Mit schockierenden Bildern und inhaltsleeren Zahlen zu den Opfern haben manche Lehrende ihre Lerngruppen überfordert. In nur wenigen Unterrichtseinheiten wurde neben dem Holocaust auch der Widerstand thematisiert, und wenn, dann oft nur in ein bis zwei Unterrichtsstunden. In einer Befragung von 240 Schülerinnen und Schülern in neunten und zehnten Haupt- und Realschulklassen gaben 45% an, keinen Unterricht zum Thema Widerstand gehabt zu haben. Wenn sie vom Widerstand erfuhren, dann zumeist über den der Weißen Rose und des Militärs. Der alltägliche Widerstand, der in vielen kleinen helfenden Aktionen deutlich wurde und der viel mehr beispielhaft sein kann, der auch in einer Spurensuche durch die Jugendlichen selbst erforscht werden kann, wird in der Sekundarstufe also nur selten erarbeitet.

In vielen Unterrichtseinheiten wurden ästhetische, literarische, religiöse oder kulturelle Schwerpunkte gesetzt, zum Beispiel zur Geschichte der Juden oder zu den Erlebnissen eines jüdischen Kindes. Was ist der Grund für die Vernachlässigung der politischen Geschichte des Nationalsozialismus, ganz besonders für die Klassenstufen vier bis sechs? Lehrerinnen und Lehrern, die keine Geschichte studiert haben, fiel die Reduktion des historischen Hintergrundes schwer, ebenso die einfache Sprachverwendung. Die Relevanz der Zeit von 1918 bis 1933 wurde oft nicht erkannt. In einem solchen Unterricht konnten Kinder nicht verstehen, dass die Partizipation jedes Einzelnen an politischen Entscheidungen, wie zum Beispiel am Lesen von Parteiprogrammen sowie an Wahlen, Voraussetzungen für ein Gelingen von Demokratie ist.

In den Schuljahren fünf und sechs ist das Thema „Kindheit und Jugend im Nationalsozi-

Nationalsozialismus wie ein Märchen zu erzählen fördert statt eines reflektierten Geschichtsbewusstseins nur problematische Geschichtsbilder.[18]

alismus" Pflichtthema in manchen Lehrplänen. In einer solchen Erarbeitung erlangen die Kinder aber auch keine Aufschlüsse zum Entstehungszusammenhang und zur Struktur des Nationalsozialismus, sodass wieder Angst und Verwirrung das Resultat einer solchen eingeschränkten Themenbearbeitung sein kann.

Aus einer Langzeitbeobachtung[19] wissen wir, dass Jugendliche, die über Vorstellungen zum Holocaust verfügen, diese im Verlauf eines Jahres kaum verändern. Ein Jugendlicher, der bereits früh über Kenntnisse und „Bilder" zum Holocaust verfügt, hält also an diesen fest, nutzt sie zur Orientierung und somit auch zum Aufbau von Identität.

Es ist dringend notwendig, dass aus den oben genannten Fehlern gelernt wird und ein Curriculum erarbeitet wird, welches die Inhalte der einzelnen Fächer und der Klassenstufen zu diesem Thema aufeinander abstimmt.

Die Bearbeitung des Themas Holocaust durch Grundschulkinder begann vor ungefähr

20 Jahren. Mithilfe von wenig geeigneten Kinderbüchern wie *Damals war es Friedrich* oder emotional überfordernden Aktionen wie dem Anstecken von Dreiecken und dem Besprechen von daraus resultierenden Gefühlen thematisierten manche Lehrende den Holocaust. Eine der ersten gelungenen Unterrichtsideen, die Erarbeitung der Biografie einer jüdischen Überlebenden, fand Aufnahme in das *Sach- und Machbuch* für dritte Klassen[20] und motivierte in den folgenden Jahren viele Lehrerinnen und Lehrer zu eigenständigen, auf ihre Lerngruppen abgestimmte Erarbeitungen mit unterschiedlichen Schwerpunkten.[21]

Es gibt mittlerweile sehr viel Kinderliteratur zum Thema. Da darunter auch überfordernde Bücher sind, ist eine Vorauswahl der Erwachsenen notwendig (Beispiele s. S. 66 f.).

In Schulen und Hochschulen sowie auf Tagungen wurde diskutiert,[22] dass die Neun- bis Zwölfjährigen das Thema Holocaust einfordern und dass wir sie mit ihren Fragen nicht allein lassen dürfen. Heute wird nicht mehr über das „Warum" und „Was" diskutiert, sondern darüber, wie[23] man die Inhalte Nationalsozialismus, Holocaust und Widerstand vermitteln kann und muss. Hier ein gelungenes Beispiel:

In München haben sich Schülerinnen und Schüler einer vierten Klasse auf Spurensuche begeben. Sie hatten von einem ehemaligen Schüler ihrer Schule gehört, der im Nationalsozialismus als Halbjude der Schule verwiesen wurde, von zwei Lehrern aber abends heimlich weiter unterrichtet wurde und der überlebte. Die Schülerinnen und Schüler nahmen Kontakt zu ihm auf, suchten nach Dokumenten in der Schule und im Archiv, interviewten weitere Zeitzeugen, suchten das Versteck auf u.v.m. Wie Historiker gingen sie nach der Historischen Methode vor: Sie stellten Fragen und Hypothesen auf, suchten in Archiven und an historischen Orten sowie in Zeitzeugenaussagen nach Antworten, verarbeiteten das gefundene Wissen und erarbeiteten daraus eine Broschüre (eine Seite davon im Beispiel).[24] Durch den Inhalt und die projektorientierte Arbeitsform mit der Historischen Methode konnten die Schülerinnen und Schüler Methoden- und Urteilskompetenz aufbauen. Diese Erarbeitung erfüllt alle pädagogischen Vorstellungen *Yad Vashems*[25] für einen altersgemäßen Unterricht zum Thema: Die Kinder konnten sich mit einer überlebenden Person identifizieren. Sie haben über diese Person eine authentische, realistische und Hoffnung vermittelnde Geschichte kennengelernt.

Gelungener Auswertungstext zweier Schülerinnen über eine Spurensuche zu einem Verfolgten der Naziherrschaft.

Die Schulzeit im Theresiengymnasium

Herr Richard Schaeffler ging auf das Theresiengymnasium, wo er sehr gute Lehrer hatte. Zwei Schüler waren sehr unangenehm – sie hänselten ihn. Er hatte sogar ein paar Freunde, obwohl er Halbjude war.

Von seinen Lehrern musste er keine Schikanen aushalten. Eines Tages ließ der Schuldirektor ihn zu sich kommen und sollte ihm kündigen. Er sagte jedoch, er solle sich krank melden und in vier Wochen wieder kommen. Doch als das nichts nützte, wurde er vom Gymnasium verwiesen, weil er Halbjude war.
Einige Lehrer jedoch waren empört und erteilten trotz des Verbotes Privatunterricht. Diese Lehrer waren Herr Walter und Herr Weier.

Einer dieser Lehrer hatte Angst, dass seine Kinder es herumerzählten. Also kam Richard immer um 18 Uhr abends heimlich in die Schule und konnte deshalb nach dem Krieg sofort das Abitur ablegen.

(Sophie Schnitzenbaumer und Anna Hauser)

In einem Unterricht zum Thema Nationalsozialismus haben Lehrende besonders sensibel vorzugehen. Darum sollen hier einige zentrale Regeln genannt werden:

1. Keine verkürzte Unterrichtserarbeitung, weil der Nationalsozialismus nur in seiner Gesamtheit verständlich wird und dieses Verstehen wichtig ist für die demokratische Entwicklung.
2. Keine Erarbeitung des Holocausts ohne die Entstehung und Herrschaft des Nationalsozialismus. Die Erarbeitung der Entstehung des Nationalsozialismus von der Kaiserzeit über die Weimarer Republik bis zum Wahlsieg der NSDAP 1932 mit Regierungsübernahme 1933 gibt historisch-politische Erkenntnisse und nimmt Angst vor einer heutigen Wiederholung in Deutschland. Die Kinder vergleichen die Zeiten damals und heute und erkennen, dass sie nicht ähnlich sind. Hiermit verlieren sie Ängste. Auch müssen die Kinder früh genug die Bedeutung von Wahlen kennen und damit zusammenhängend ein Vertrauen in ihre Kompetenz gewinnen, sich zu informieren und sich politische Zusammenhänge zu erklären.
3. Keine Erarbeitung des Holocausts ohne die Erarbeitung des Widerstandes. Die Erarbeitung des Widerstandes gibt Beispiele für demokratisches Handeln und nimmt Ängste: Alle, besonders aber die Nachfahren der Opfer und die Kinder aus Migrantenfamilien, brauchen Kenntnisse über den Widerstand, um in einem Land leben zu können, in dem der Holocaust geschah.
4. Keine vereinfachende und personalisierende Sprache wie „Hitler hat ...", „Hitlers Opfer" etc.: Kinder könnten glauben, dass nur EIN Mann die Geschichte veränderte und die Gesellschaft machtlos war. Dies würde heißen, dass so etwas jederzeit wieder passieren könnte, und dies würde Angst bewirken.
5. Keine inhaltsleeren Zahlen wie Tausende oder Millionen ohne das gründlich erarbeitete Schicksal eines einzelnen Opfers. Dieses fördert mehr Verstehen und Perspektivenübernahme sowie Empathie als jede Zahl.
6. Keine Erarbeitung des Nationalsozialismus in Verbindung mit einer gleichzeitigen Erarbeitung zur Geschichte der Juden. Bei Kindern könnte der Eindruck entstehen, dass Religion oder Kultur der Juden die Ursachen für die Judenverfolgung gewesen sein könnten.
7. Keine Kenntnisse nur der jüdischen Opfer. Nennung auch der Sinti und Roma, der politisch Verfolgten, der Homosexuellen und der Euthanasieopfer.
8. Keine Überforderung durch schockierende und moralisierende Inhalte: Solche Bilder können Kinder traumatisieren. Die Bilder überlagern die Informationen und somit kognitive Prozesse. Ein Überwältigungsverbot in der Lehre wurde 1976 im *Beutelsbacher Konsens* festgelegt.
9. Keine entwürdigenden Bilder der Opfer. Bilder von verhungerten Menschen und Leichenbergen werden der Würde der Opfer nicht gerecht. Die Bilder bewirken auch eine kindliche Abwehrhaltung, weil Scham für die Deutschen und Wut auf die Opfer, die sich nach Meinung der Kinder nicht gewehrt haben, entstehen können.
10. Kein Unterricht ohne offene und kommunikative Unterrichtsformen. Emotional bewegende Themen brauchen den freien und spontanen Austausch unter Gleichaltrigen und Gestaltungsmöglichkeiten in Sozial- und Arbeitsformen sowie in der Arbeitszeit.
11. Keine Unterrichtserarbeitung in Klassen mit instabilen sozialen Gefügen. Kinder äußern

sich zu bewegenden Themen nur in Lerngruppen, in denen sie Vertrauen empfinden. Manche Lehrende nutzen leider ein solches Thema auch, um ihre Lerngruppe zu disziplinieren.
12. Keine Erarbeitung unter der Leitung von Vertretungslehrern oder Praktikantinnen und Praktikanten. Lehrende müssen die Kinder gut kennen und über einen Zeitraum von mehreren Monaten beobachtet haben, um entsprechend für die Lerngruppe zu planen oder auf sie zu reagieren.
13. Keine Erarbeitung ohne Einbezug der Eltern. Eltern sollten über Ziele, Inhalte, Medien und Methoden informiert werden. Lehrende und Eltern sollten sich auf einen einheitlichen Sprachgebrauch verständigen, zum Beispiel sollte nicht „Hitler hat", sondern „Die Nazis haben" gesagt werden.
14. Keine Erarbeitung ohne den Einbau von entlastenden Methoden wie gemeinsames Singen oder Kreisgespräche und offenen Unterrichtsformen, in denen Kinder durch Malen, Trauern oder gegenseitigen Austausch ihre Emotionen bewältigen können.
15. Keine Erarbeitung ohne das gemeinsame und freiwillige (!) Besprechen von Emotionen. So können Kinder sich aussprechen und Lehrende können helfen. Auch können Lehrende erkennen, welche Emotionen das Verstehen fördern oder blockieren.
16. Keine Zurückweisung kindlicher Rettungsfantasien. Kinder entwickeln oft Geschichten, in denen sie Opfer aus Konzentrationslagern befreien. Dies tut Kindern gut und hilft ihnen, das Ungerechte auszuhalten. Lehrende sollten allerdings darauf hinweisen, dass solche Rettungen äußerst schwierig waren, dass sie aber verstehen, warum Kinder solche Geschichten erzählen oder schreiben.
17. Keine Überprüfung des neuen Wissens in einer Lernkontrolle. Die gemeinsame Erarbeitung des Themas soll in einem offenen, demokratischen Prozess, einem herrschaftsfreien Diskurs (Habermas) stattfinden, wie es das „Lernen im Geschichtsraum" (vgl. Kap. 9)

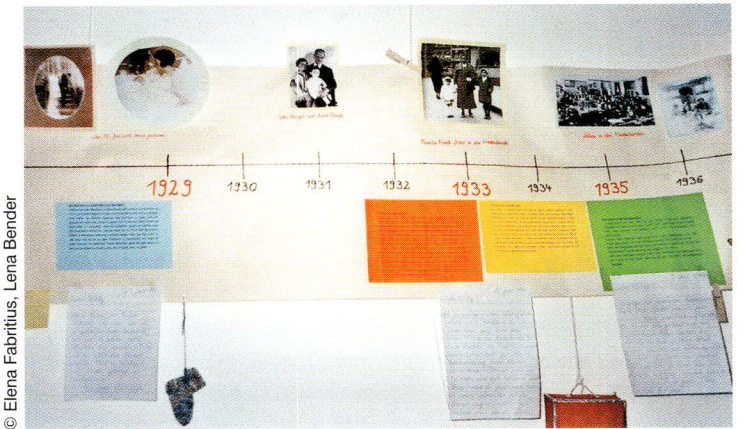

© Elena Fabritius, Lena Bender

Eine Zeitleiste[26] zum Leben von Anne Frank: Oben ist in Bildern ihr Leben dargestellt, darunter parallel die Geschichte des Nationalsozialismus. Das Söckchen symbolisiert die Geburt Annes, der kleine rote Koffer ihren Umzug nach Holland. Die Zeitleiste endet mit dem Suchauftrag des Vaters nach Anne. Parallel zu einer solchen Zeitleiste können Lehrende zum Nationalsozialismus erzählen und aus mehreren kindgerechten Bilderbüchern über Anne Frank geeignete Fotos und Inhalte zur Bearbeitung für die Kinder zur Verfügung stellen. Annes Tagebuch ist für Grundschulkinder noch nicht geeignet.

ermöglicht. Auch ist das Thema mit Emotionen besetzt, die die Lernenden vor große Aufgaben in der Bewältigung dieser Emotionen und im Aufbau von Identität stellen. Nötig ist es darum, die Lernenden während und nach der Unterrichtserarbeitung zu beobachten und durch Gesprächsangebote zu unterstützen.

Gestaltungsvorschläge für das Thema „Migration"

Solange es Menschen auf der Welt gibt, solange gibt es Wanderungen und die damit verbundenen Veränderungen in der auswandernden und in der aufnehmenden Gesellschaft. Dieses zu wissen sollte zentraler Inhalt im Wissenskanon des historischen Lernens für Kinder sein. Durch unser Versäumnis, Kindern rechtzeitig Einblicke in Migrationsgeschichte und in gelungene Eingliederungen zu geben, haben wir dazu beigetragen, dass manche Kinder und junge Erwachsene sich vor Einwanderern ängstigen und fremdenfeindlich entwickeln. In der Sekundarstufe I ist Migration erst Pflichtthema ab Klasse 8 oder 9, ein viel zu später Zeitpunkt, um rassistische Haltungen zu verhindern. Die angeborene und auch bereits erworbene Empathiefähigkeit der Kinder kann bis zu diesem Alter durch Angst oder Wut überdeckt bzw. verschüttet werden.[27] Es ist also möglich, dass die Neugier und Empathie, die Kinder zumeist allem Neuen entgegenbringen, verschüttet wird, wenn wir ihnen als Erwachsene nicht ihre Angst nehmen.

Seit einigen Jahren wird darum das Thema Migration in einigen Schulen bereits im historischen Lernen des Sachunterrichts erarbeitet. Dazu gibt es vielfältiges Unterrichtsmaterial, zum Beispiel zum Schwerpunkt Aussiedler[28], zum Schwerpunkt erste Fremdarbeiter[29], zum Schwerpunkt Deutsche Migranten in Amerika[30], zum Schwerpunkt Flucht nach dem Zweiten Weltkrieg[31] sowie zu weiteren Themen.[32]

Studierende des *Instituts für Didaktik der Geschichte der Universität Gießen* führten drei Unterrichtsvorhaben in dritten und vierten Schuljahren mit bis zu 80 % Kindern aus Migrantenfamilien durch. Sie bearbeiteten mit den Schülerinnen und Schülern, zumeist Nachfahren der sogenannten „Gastarbeiter", die Inhalte „Auswanderungen Deutscher nach Amerika" und „Migration der sogenannten Gastarbeiter nach Deutschland". Die Kinder erarbeiteten sich das Thema mit besonderer Freude und sogar Stolz. In Befragungen sagten sie, dass es etwas *„mit ihnen"* zu tun gehabt hätte. Sie erzählten, zeichneten und schrieben engagierter als zu anderen Themen.[33] Dies bestätigt die These, dass bei Kindern dann ein starker Ausdruckswille entsteht, wenn sie zu herausfordernden Themen arbeiten dürfen, eine wichtige Erkenntnis nach IGLU und PISA. Die „[…] dramatisch gesunkene Lesefähigkeit und Defizite der Schülerinnen und Schüler im Fremdverstehen […]" können wir darum als eine der Herausforderungen sehen, der sich Lehr- und Bildungsplaner gegenwärtig stellen müssen.[34] Das Thema Arbeitsmigration aus Italien, Jugoslawien und der Türkei sowie die Geschichte der Herkunftsländer wird u.a. als Weiterung für den Geschichtsunterricht der Sekundarstufe vorgeschlagen. Unsere Erfahrungen haben gezeigt, dass mit diesen Themen bereits in der Primarstufe begonnen werden kann, je nach Anknüpfungspunkten für die Kinder.

In den siebziger und achtziger Jahren hatten Kinder der damals sogenannten „Gastarbeiter" noch herkunftssprachlichen Unterricht und somit auch angeleiteten Geschichtsunterricht über ihr Herkunftsland.

Wird er vermisst? In einer kleinen Befragung wurden drei Generationen aus sogenannten „Gastarbeiter- und Asylantenfamilien" gefragt, ob die Geschichte ihres Landes oder ihrer Auswanderung hinreichend im Geschichtsunterricht Berücksichtigung findet bzw. fand. Von den interviewten Jugendlichen und Erwachsenen war die Mehrheit der Meinung, dass diese Geschichte behandelt werden sollte.

Die Migrationsgeschichte erhält in diesem Rahmen eine besondere Bedeutung. Migration als Teil der Universalgeschichte der Menschheit zu thematisieren bedeutet, dass Kinder mit Migrationserfahrung sich als Teil einer universellen Erfahrung begreifen und fühlen dürfen. „Migrationen sind in Wahrheit ein ‚großes Thema' der Geschichte: Ein- und Auswanderungsbewegungen, Kulturvermischungen von der Antike bis in die jüngsten Völkerverschiebungen und Vertreibungen. Wir entdecken es erst jetzt wieder an gegenwärtigen, realen Erfahrungen und in emotionaler Betroffenheit. Ein Unterricht, der diese Gefühlsbefindlichkeit nicht zur Sprache brächte und ihre Aussprache und Überprüfung veranlaßte, stünde in Gefahr, folgenloses Wissen weiterzugeben."[35]

Beispiel für eine Unterrichtsdurchführung zum Thema Arbeitsmigration: Das Thema der folgenden Unterrichtseinheit könnte lauten: „**Wie für Gäste eine neue Heimat entstand**".

Mit den folgenden Unterrichtsmaterialien wird das Ziel angestrebt, Kindern ab der dritten Klasse die Geschichte der sogenannten „Gastarbeiter" in Ansätzen zu erklären. Es sollen Perspektivenübernahme und Empathie weiterhin aufgebaut werden, um Fremdverstehen zu ermöglichen. Ziel ist nicht ein Appell an tolerantes Verhalten, sondern Aufbau von Solidarität durch Verstehen von Migrationsprozessen. Um Fachwissen aufzubauen und einen zügigen Einblick in die Migrationsgeschichte der „Gastarbeiter" zu erhalten, müssten die Lehrenden zunächst, nach einer Abklärung der schon vorhandenen Vorkenntnisse, den Kindern mithilfe einer Geschichtserzählung erste Zugänge ermöglichen und einen Sinn- und Ursachenzusammenhang aufbauen. Danach sollten Fragen geklärt und der Wochenplan besprochen werden. Auf dem Thementisch finden die Kinder Material zum Bearbeiten sowie eine Zeitleiste, Zeitkollagen und viele Bilder sowie Karten zum Thema.

Basistext

Der nun folgende Basistext wird von den Kindern im Wochenplan genutzt, er kann Lehrenden und Eltern aber auch als Grundlage dienen, den Kindern von der Arbeitsmigration in den Sechziger Jahren zu erzählen. Der Basistext fördert Sach- und Methodenkompetenz.

Als die „Gastarbeiter" kamen

Solange es Menschen auf der Erde gibt, solange gibt es Migrantinnen und Migranten. Die Menschen wandern aus, weil sie in ihrer Heimat in Gefahr sind oder keine Freiheit oder Arbeit haben. In den letzten 400 Jahren wanderten über sieben Millionen Deutsche nach Amerika aus.
Es wanderten aber auch Menschen nach Deutschland ein. Ein Beispiel: Vor 40 bis 50 Jahren gab es in Deutschland einen Mangel an Arbeiterinnen und Arbeitern. In anderen Ländern suchten zur gleichen Zeit viele Menschen Arbeit, zum Beispiel in Italien, Spanien, Portugal, Griechenland und der Türkei. Die deutsche Regierung schloss darum mit den Regierungen dieser Länder ein Abkommen. Für ein bis drei Jahre sollten Frauen und Männer aus diesen Ländern nach Deutschland kommen. Weil sie nach dieser Zeit wieder zurückkehren sollten, nannte man sie „Gastarbeiter". Viele Männer kamen, aber auch Frauen. Sie wussten nicht, in welcher Stadt sie arbeiten würden und welche Arbeit sie machen sollten. Sie waren sehr fleißig, sparten von ihrem Gehalt und schickten es den Familien nach Haus. Viele Arbeitgeber waren zufrieden mit den „Gastarbeiterinnen und Gastarbeitern". Sie verlängerten ihre Verträge. Nun wollten die „Gastarbeiter" nicht mehr ohne ihre Familien sein und holten diese auch nach Deutschland.
Inzwischen lebt die dritte oder vierte Generation hier. Das macht manchen Altdeutschen Angst. Sie fragen sich, ob diese Menschen ihnen Arbeit oder Wohlstand wegnehmen.

Der Wochenplan

Der Wochenplan ist so gestaltet, dass die Kinder aufgefordert werden, selbstständig nach Literatur oder Material zu suchen. Die Aufgaben ermöglichen eine innere Differenzierung mit einem Anknüpfen an die Erfahrungen und Fähigkeiten der Kinder.

Wochenplan für zwei Wochen

In den nächsten zwei Wochen wollen wir uns mit dem Thema Migration beschäftigen. Migration bedeutet „den Ort wechseln" oder „einwandern und auswandern". Einige von uns und fast alle unsere Vorfahren sind Migrantinnen und Migranten.

Wenn du etwas für unseren Thementisch hast, dann bringe es bitte mit.
Über dem Thementisch hängt eine Karte. Fragt in der Klasse nach, woher jedes Kind bzw. seine Vorfahren kommen. Kennzeichnet diesen Ort mit einer Stecknadel und verbindet ihn zu unserem Schulort mit einem Faden.

Ich arbeite mit _____

Lies den Text „Als die ‚Gastarbeiter' kamen". Unterstreiche, was dir wichtig ist und erzähle es zuerst einer Klassenkameradin/einem Klassenkameraden. Erzählt danach gemeinsam im Kreis oder schreibt auf, was ihr jetzt schon wisst.

Die ersten „Gastarbeiterinnen und Gastarbeiter" kamen mit dem Zug nach Deutschland. Was mögen sie wohl auf ihrer langen Reise gedacht haben? Besprich es mit deiner Gruppe. Jede/r entscheidet sich danach für einen Wunsch, den er auf einen der Wagen aus Papier schreibt. Wir wollen den langen Zug in die Klasse hängen.

Ich arbeite mit _____

Urals Großmutter Nesrin schrieb oft nach Hause. Schreibe auf, was sie wohl nach ein bis vier Wochen über ihre Erlebnisse in Bad Nauheim geschrieben haben könnte. Benutze Urals Erzählung als Hilfe. Beginne so:

Bad Nauheim, 15.8.1964
Meine liebe Familie,
in den vielen Wochen habe ich so viel erlebt …

Vielleicht hat Nesrin ihren Kindern ja auch ein Bild gemalt und nicht geschrieben.
Du kannst auch ein Bild malen.

Wir singen das Lied „In Paule Pumanns Paddelboot" und spielen das Spiel „Ich packe einen Koffer und packe hinein."

In drei Tagen kommen Frau und Herr Ferrara und erzählen uns, wie es war, als sie Italien verließen, um in Deutschland eine neue Heimat zu finden. Überlegt euch in der Gruppe Fragen, die wir ihnen stellen können. Gemeinsam im Kreis suchen wir dann geeignete Fragen für unser Interview aus.

Ich arbeite in der Gruppe mit _____

Stellt euch vor: Frau und Herr Özkan besuchen ihre Kinder in der Türkei und erklären den Kindern und den türkischen Verwandten, dass sie von nun an mit ihren Kindern in Deutschland bleiben wollen. Spielt dieses Gespräch.

Ich arbeite mit _____

Geht am Nachmittag in einer Gruppe auf Spurensuche: Manche Menschen aus den Ländern, aus denen die „Gastarbeiter" kamen, machten in unserem Ort Geschäfte auf. Sucht sie bei einem Spaziergang oder im Telefonbuch und zeichnet sie in den Stadtplan ein.

Zusatz: Wähle aus!
- Welche Wörter oder Sätze sollten Fremde sprechen können, wenn sie in einem anderen Land ankommen? Verfasse allein oder in der Gruppe einen Ratgeber.
- Wie unterschiedlich denken und fühlen Menschen am gleichen Ort und zur gleichen Zeit? Bearbeite die Tabelle in Partnerarbeit.
- Betrachte die Fotos auf der Zeitkollage. Was fällt dir dazu ein? Schreibe eine gute Geschichte und lies sie uns im Kreis vor.
- Lies in den Büchern auf dem Thementisch.
- Im Stadtarchiv hat man uns eine Mappe mit Dokumenten von den ersten „Gastarbeitern" bei uns im Ort zusammengestellt. Es dürfen vier Personen dort arbeiten. Such dir eine Gruppe und plant euren Besuch. Wir müssen euren Plan vor dem Besuch besprechen.

Arbeitsmaterial Quellenarbeit:
Das folgende Arbeitsmaterial ist eine Quelle, die aus einem Interview[36] erarbeitet wurde, da keine geeignete, dem Alter der Lerngruppe entsprechende Quelle zur Verfügung stand. Leider müssen Lehrerinnen und Lehrer oft selbst noch Arbeitsmaterial herstellen. Die Quelle ist zentral für das Vorhaben, Kinder in ihrer Methodenkompetenz und im Fremdverstehen zu fördern.

Ural Özkan erzählt:

Ich bin 22 Jahre alt und studiere Geschichte. Ich bin Deutscher, aber meine Vorfahren sind Türken. Auf dem Bild siehst du meine Großeltern aus Izmir mit meinem Vater Cem (2. von links) und seinen Geschwistern.

1964 bewarben sich meine Oma Nesrin und mein Opa Örgün als „Gastarbeiter" in Deutschland. Warum? In der Türkei wurde ihre Arbeit schlecht bezahlt. Das wenige Geld, das sie verdienten, wurde immer wertloser.
Zuerst wurde meine Großmutter Nesrin genommen. Traurig und froh zugleich machte sie sich auf den Weg. Nach 55 Stunden Zugfahrt kam sie in der Sammelstelle in München an. Sie wurde nach Bad Nauheim geschickt, wo sie am späten Abend ankam. Dort holte sie ihr Arbeitgeber am Bahnhof ab. Er brachte sie in ein Wohnheim, in dem schon andere „Gastarbeiterinnen" lebten.

Am nächsten Tag begann Nesrin ihre Arbeit als Küchenhilfe in einer Kurklinik. Sie hatte oft Angst etwas falsch zu machen, denn sie verstand kein Wort Deutsch. Aber ihre Kolleginnen halfen ihr und sie fand Freundinnen. Bald lernte sie die deutsche Sprache. Nach einigen Monaten erhielt auch mein Opa Örgün eine Arbeit im gleichen Ort. Er ließ die Kinder bei Verwandten zurück.
Meine Oma und mein Opa wollten bald wieder in die Türkei zurück, doch die Situation dort wurde nicht besser. In Deutschland aber brauchte man meine Oma und meinen Opa. Sie beschlossen zu bleiben. 1965 holten sie ihre Kinder nach Deutschland, denn sie sorgten sich und hatten große Sehnsucht. Nun mieteten sie eine Wohnung für die ganze Familie in Bad Nauheim.
Oma Nesrin und Opa Örgün sind erst als Rentner in die Türkei zurückgegangen. Die Türkei ist ihre Heimat geblieben. Wir, das sind meine Eltern und meine Geschwister, leben nun hier als Deutsche.

Arbeitsmaterial Tabelle:
Mithilfe dieser Tabelle sollen sich die Kinder erarbeiten, wie vielfältig die Einstellungen der Menschen zu den Arbeitsmigranten sind. Die Kinder können erkennen, dass diese Einstellungen abhängig von der jeweiligen Situation der Menschen sind. Ihren Motiven und Gefühlen wird nachgespürt. Somit vollziehen die Schülerinnen und Schüler einen Perspektivenwechsel. Sie werden in ihrer Urteilskompetenz gefördert.

Arbeitstext mit Tabelle

1967 bringt Nesrin ihren Sohn Cem, also Urals Vater, in die erste Klasse zur Einschulung. Seit 1964 hat sich so viel für die Familie verändert. Auch die Menschen, die die Familie Özkan in Bad Nauheim kennengelernt haben, denken darüber nach, was sich seit der Ankunft der ersten „Gastarbeiter" vor drei Jahren verändert hat. Trage in die Tabelle ein, was die einzelnen Personen wohl denken oder sagen könnten.

Nesrin	
Ihr Ehemann Örgün	
Der sechsjährige Cem	
Eine deutsche Arbeitskollegin von Nesrin	
Der Arbeitgeber von Örgün	
Ein Supermarktbesitzer, bei dem Familie Özkan einkauft	
Cems Lehrerin	
Die deutsche Nachbarsfamilie	
Wenn du möchtest: Eine Person, die dir sonst noch einfällt	

Wichtiges in Kürze

- Zu den „Großen Fragen", die sich Kinder im Alter von acht bis zwölf erarbeiten sollten, gehören die Themen Arbeit, Macht und Krieg.
- Historisches Lernen liefert zentrale Grundlagen für die Friedenserziehung, weil es erklären kann, unter welchen Bedingungen sich inhumane und undemokratische Haltungen sowie Strukturen etabliert haben und was das mit der Verantwortung jedes Einzelnen zu tun hat.
- Kinder haben vielfältige Kenntnisse zum Thema Nationalsozialismus, Flucht und Migration. Wenn sie danach fragen, müssen sie Arbeitsgrundlagen dazu erhalten, bevor sich falsche und ängstigende Konzepte verfestigen.
- Der Holocaust darf nicht ohne Kenntnisse über die Entstehung des Nationalsozialismus und über den Widerstand vermittelt werden. Besonders diese Kenntnisse bauen historisch-politische Kompetenz auf und geben Hoffnung und Trost. Um in Deutschland leben zu können sind Kenntnisse über den Widerstand besonders für Kinder aus nicht heimischen Familien zentral.
- Historisches Lernen erklärt, dass Migration als Folge von Krieg, Unfreiheit und Arbeitslosigkeit der Normalfall in der Geschichte ist. Angst überdeckt Empathiefähigkeit. Selbst erarbeitetes Wissen über Migration bildet eine Grundlage für Empathie und Solidarität.

Kompetenzen, Ziele und Inhalte im Überblick

Das Erreichen von Kompetenzen und Lernzielen sowie die Erarbeitung von Inhalten und Methoden sind abhängig von der Zusammensetzung und den Vorkenntnissen der jeweiligen Lerngruppe. Da jede Lerngruppe ihr eigenes Profil hat, sind die Altersangaben fließend. Sie geben nur einen ungefähren Entwicklungsbereich wieder und berücksichtigen nicht individuelles Wissen und Können.

Alter	Auswahlkriterien	Kompetenzen/Ziele	Inhalte	Medien
3–6 Phase der Gewöhnung an die Verkehrszeit der Erwachsenen	• psychische Nähe zu den Kindern • Lernfeld Zeit • Orientierungsbedürfnis an Zeitstrukturen • Identitätsentwicklung • Geschichtskultur der Kinder	• Aufbau von Geschichtsbewusstsein • Perspektivenwechsel • Ausbau von Freude an der Auseinandersetzung mit Geschichte • Geschichte als Ergebnis von Forschung erahnen • Orientierung in Zeit und Geschichte • Methoden- und Medienkompetenz: Fachmedien wie Zeitleiste u.a.m. kennen und nutzen können, museale Präsentationsformen erkennen und erarbeiten • Sachkompetenz: Aufbau eines Zäsursystems (Anker) aus Fachbegriffen wie Vergangenheit, Geschichte, Museum, Zeitleiste, Zeitrolle, Globus, Atlas, Saurierzeit, Steinzeit, Römerzeit, Mittelalter, Entdeckerzeit, Unsere Zeit • Urteilskompetenz: Darstellungen vergleichen und deuten /die persönlichen Veränderungen erkennen und beurteilen/die Zukunft planen lernen	• lineare und zyklische Zeit: Tag, Monat, Jahr, Jahreszeiten, Feste • historische Zeit: Feste mitfeiern und Rituale besprechen • mein Portfolio • meine Kindergartenzeit • erzählt bekommen: Geschichtserzählungen und Zeitzeugenerzählungen • Originale und Sammlungen: Aufbau eines Kuscheltiermuseums • Darstellungen zur Vergangenheit vergleichen und beurteilen: aktuelles Kinderspielzeug und passende Kinderbücher • Fachmedien kennen und nutzen	1. Kalender 2. Jahresuhr 3. Erduhr 4. Zeitleiste 5. Zeitrolle 6. Lernarrangements 7. Kinderglobus, Kinderatlas 8. Erzählungen/ Zeitzeugen 9. Kinderbücher und Kinderspielzeug 10. Portfolio: meine Kindergartenzeit 11. Kuscheltiermuseum

5–8 Phase der reflektierten Wahrnehmung von Kontinuität und Wandel	s.o. • erweiterte Geschichtskultur der Kinder • Forscherbedürfnis	• Fortführung, Wiederholung und Ausbau der o.g. Ziele und Kompetenzen • Sach- und Urteilskompetenz: Gemeinsames in differenten Kulturen erkennen: historische Feste und ihre Rituale erleben und reflektieren • Sach- und Methodenkompetenz: die eigene persönliche Geschichte sowie die Gruppengeschichte erarbeiten und darstellen • Veränderungen sehen lernen und beschreiben können • Erweiterung der Fachbegriffe: erforscht, wirklich/erfunden, ausgedacht • Geschichte als Ergebnis von Forschung verstehen	• Fortführung der Beschäftigung mit o.g. Inhalten • historische Zeit: Feste mitfeiern und als historisch gewachsen erarbeiten • individuelle Geschichte erschließen und darstellen • Gruppengeschichte erschließen und darstellen • Veränderungen in der Region: Ort/Bauwerke/Personen/Arbeitsstätten wahrnehmen • was wir wissen oder nicht wissen können am Beispiel der Saurier oder Steinzeit	Medien 1–10 neu: • Das-bin-ich-Heft • Das-sind-wir-Zeitleiste • Zeitkiste • Geschichtsschrank • Globus • Fortführung: 10 • Wiederholung: 9
6–9 Phase der Orientierung an den Kernthemen	s.o. • aktuelle Interessen und Vorlieben aus den Kernthemen • beginnende Beantwortung von Fragen aus den „Stillen Themen" • verstärkte Suche nach sozialer Identität	• Fortführung, Wiederholung und Ausbau der o.g. Ziele und Kompetenzen • soziale Rollen, besonders Geschlechterrollen, reflektieren können • zeitliche und räumliche Orientierungen verbinden • Sach- und Methodenkompetenz: Erweiterung der Fachbegriffe: erforscht, wirklich/erfunden, ausgedacht, fiktiv. Funde, Quelle, Nachbildung, Erzähltext • zwischen Quelle und Nachbildung sowie Erzähltext unterscheiden können	• Fortführung der Beschäftigung mit o.g. Inhalten • Veränderungen wahrnehmen, verarbeiten und Ergebnisse ausstellen: Geschichte des Ortes, der Schule, von Arbeitsstätten etc. • Dinge haben eine Geschichte: Aufbau eines Klassenraummuseums mit Sachquellen • „Indianer und Siedler" oder „edle Ritter und arme Bauern" oder „Kelten und Römer in Europa und im Comic" • Biografien	• s.o. neu: • Geschichtskarten • viele Sach-, Bildquellen und schon einige Textquellen

		• Erweiterung/Ersatz der Begriffe Römerzeit und Entdeckerzeit durch Antike und Neuzeit • Einführung in die Historische Methode • Quellen als Grundlage historischer Erkenntnis nutzen • Medien und Informationen sammeln und verarbeiten können • Urteilskompetenz: Interessen und Fragen aus den Kernthemen erschließen und Geschichte multiperspektivisch betrachten		
8-12 Phase der Auseinandersetzung mit den „Stillen und Großen Themen"	s.o. • politische, soziale und ökonomische Herausforderungen unserer Zeit • Stille Themen aus der Geschichtskultur der Kinder und Jugendlichen	• Fortführung, Wiederholung und Ausbau der o.g. Ziele und Kompetenzen • Kenntnisse gegenwärtiger globaler Fragen und Probleme mit geschichtlichen Ursachen und Erfahrungen verbinden • Herrschaftsstrukturen kennen und beurteilen können • Empathie und Solidarität bewusster ausbauen • Erweiterung der Fachbegriffe: Herrschaftsform, Monarchie, Kaiserreich, Demokratie, Republik, Parlament, Diktatur, Diktator	• Fortführung der Beschäftigung mit o.g. Inhalten • der Kaiser im Märchen/ der Kaiser im Deutschen Kaiserreich • Migration: Deutsche in Amerika oder Aussiedler oder Arbeitsmigration in den 60ern • Nationalsozialismus, Holocaust, Widerstand oder Nachkriegszeit • Arbeit: Längsschnitt oder Arbeit vor 100 Jahren oder Arbeit in der Grundherrschaft u.a.m.	- s.o. • vermehrt Textquellen

KAPITEL 12
Mit Zuversicht in die Zukunft gehen

Ein Brief an Moritz und Emma mit einem Dank und vielen guten Wünschen für die Zukunft

Lieber Moritz,

ich möchte dir für deine Fragen und für deine Antwort (s. S. 79 f.) danken.

Für welche Antwort? Nach über einem halben Jahr wiederholten Fragens, warum deine Babysitterin Lissy aus ihrem Elternhaus ausgezogen ist, hast du dir trotz ihrer geduldigen Erklärungen deine Frage doch letztendlich selbst beantwortet: „Weil du dann länger aufbleiben kannst", hast du zu Lissy gesagt. Du hast Erfahrungen deiner jungen Vergangenheit genutzt, um dir die Gegenwart zu erklären und auf die Zukunft ohne deine Eltern vorbereitet zu sein. Du hast uns gezeigt, dass ein Verstehen dann am besten möglich ist, wenn man an vorhandene Erfahrungen anknüpfen kann. Deine Freude über dein Verstehen hat uns deutlich gemacht, dass wir diese Freude nicht durch eine kurze Verbesserung deiner Erklärung kaputtmachen dürfen, dass wir sie eher ergänzen und erweitern sollten. Deine Erinnerungen, lieber Moritz, tragen nämlich zu dem bei, was du bist und sein möchtest. Wir Großen nennen es „Selbstkonzept", und das sollten wir nicht angreifen. Wir müssen und wollen dich eher unterstützen in deiner Suche nach Orientierung und Identität.

Ich wünsche dir für die nächsten Jahre, dass du in Kindergarten und Schule auf Erwachsene triffst, die dir immer wieder Zeit lassen, etwas in Ruhe zu durchdenken. Ich hoffe für dich und die anderen Kinder in deiner Gruppe, dass ihr dies so tun könnt, wie ihr es ohnehin im Spiel immer macht und könnt: Ihr trefft euch, ihr entwerft eine Situation oder eine Problemstellung, ihr verteilt die Rollen und ihr spielt die Möglichkeiten durch, wie etwas verlaufen könnte. Dies tut ihr am liebsten gemeinsam, manchmal mit Verkleidungssachen oder Spielzeug und immer mit viel Fantasie und Gefühlen. Es fällt euch nicht so sehr schwer, euch in eine andere Person hineinzuversetzen, es fällt euch eher schwer, euch die vergangene Welt anders als die heutige vorzustellen.

Wenn ihr dann noch jemanden ohne Scheu fragen könnt, ob eine Sache wohl so gewesen sein könnte, wie ihr sie spielt, dann freut ihr euch.

Ihr wisst unterschiedlich viel von Indianern oder Römern, dazu befragt ihr die Erwachsenen und ihr wünscht euch Bücher dazu, um kleine Experten zu werden. Ihr wisst aber auch von Dingen, über die die Großen nur leise sprechen, und dann fragt ihr lieber nicht oder ihr fragt eure Spielkameraden. Ich wünsche dir und deiner Lerngruppe, dass die Erwachsenen Rücksicht darauf nehmen, dass euer Wissen und Können so unterschiedlich ist und dass sie dies nicht als Behinderung gemeinsamen Lernens, sondern als Chance begreifen. Ich wünsche euch, dass sie nicht denken, dass ihr noch zu klein seid für die Großen Fragen der Zeit und dass sie euch nicht allein lassen mit euren Machtfantasien, mit euren „Stillen Fragen" zu Krieg, Flucht oder Arbeitslosigkeit der Eltern.

Liebe Emma,

dir möchte ich dafür danken, dass du mir ehrlich gesagt hast, dass du nicht weißt, was Geschichte ist, obwohl du doch so unglaublich viel über Geschichte weißt. Wir Erwachsenen müssen immer wieder berücksichtigen, dass euch manchmal nur unsere Fachbegriffe oder auch der Mut fehlen, um mit uns Großen zu kommunizieren. Leider lächeln die Erwachsenen oft über euch oder sie trauen euch noch nicht zu, über solche Themen zu sprechen, über die ihr euch gern mit ihnen austauschen möchtet. Vielen von euch Kindern fehlen auch nicht nur die richtigen Begriffe, sondern auch zeitliche Einordnungen, und auch darum redet ihr nicht so viel mit uns, obwohl ihr doch so viel Fragen und Ideen habt, die Vergangenheit zu erzählen. Wenn die Erwachsenen euch dazu die richtige Lernumgebung aufbauen und zeitliche und räumliche Orientierungen geben, fällt es euch viel leichter zu erzählen sowie altes Wissen zu verändern und neues aufzubauen. Dann werden die Großen merken, dass ihr nur wenig braucht, damit eure Imagination, eure Motivation und euer Können für ein neues Thema geweckt und erweitert werden: ein Tisch mit Bildern, Büchern, Zeitmedien und manchen anderen Materialien. Diese Lernumgebung *und ein spannendes historisches Thema fordern euch dann so zum Lesen und Schreiben heraus, dass ihr das ganz von selbst lernt und viel motivierter als mit Rechtschreibübungen auf Fertigkopien.*

Dir, liebe Emma, und deiner Lerngruppe wünsche ich Lehrende die wissen, dass ihr euch eure Fragen dann am liebsten beantwortet, wenn ihr dies zusammen tun dürft und wenn ihr Material und genügend Arbeitszeit dazu erhaltet. Die Erwachsenen müssen beachten, dass das Material und die Aufgaben, die sie euch stellen, sehr unterschiedlich sein müssen, weil ihr ja auch alle sehr unterschiedlich seid in eurem Wissen, Können, Zeitgefühl sowie euren Erfahrungen. Wenn die Erwachsenen euch dann in euren Arbeiten begleiten, werden sie merken, dass ihr etwas könnt, was wir Erwachsenen die Historische Methode nennen. Ja, ihr könnt in Ansätzen so arbeiten wie die erwachsenen Historiker, wenn man euch nur lässt.

Für dich und die anderen Mädchen ist es wichtig, liebe Emma, dass die Erwachsenen gegen den Buch- und Spielzeugmarkt gegensteuern, der vor allem die Bedürfnisse der Jungen berücksichtigt. Ich wünsche euch Mädchen, dass ihr euch gleichberechtigt wahrgenommen fühlt, zum Beispiel durch die Auswahl der Themen, der Identifikationsangebote und auch der Methoden. Gleichberechtigt wahrgenommen fühlen sollen sich auch die vielen Kinder und Enkelkinder von Menschen, die aus anderen Ländern zu uns kamen und nun hier heimisch geworden sind.

Liebe Emma, lieber Moritz,

es ist auch für euch spannend, wenn ihr etwas über die Geschichte solcher Kulturen erfahrt, die neben Deutschland auch die Heimat von euren Klassenkameraden sind, zum Beispiel die islamische oder die aramäische. Ganz besonders schön wäre es, wenn ihr alle zusammen eine neue Heimat in eurer Lerngruppe finden könntet, indem ihr erfahren dürft, dass ihr gemeinsam richtig erfolgreich arbeiten könnt und eine kleine gemeinsame Vergangenheit habt, dokumentiert durch die Gestaltung einer gemeinsamen Zeitleiste.

Damit erhaltet ihr dann schon eine der drei zentralen Voraussetzungen für eine stabile Identitätsentwicklung: die Gemeinschaft, hier die Lerngemeinschaft, die ohne verletzende Notenangst eine Lebensgemeinschaft ist. Die zweite zentrale Bedingung habe ich oben schon genannt: Aufgaben, die ihr gut bewältigen könnt und an denen ihr wachsen könnt, zum Beispiel in offenen und differenzierten Lernformen mit der Historischen Methode. Die dritte zentrale Bedingung für die Entwicklung eurer Identität lässt sich auch sehr gut mit der Geschichte verbinden: Orientierung durch Biografien, durch historische Vorbilder, an denen ihr entscheiden könnt, ob sie zu den Vorstellungen, die ihr von euch bereits habt, passen.

Die Inhalte und die Formen eures Lernens ergänzen sich und bilden eine Einheit, die euch deutlich macht, dass ihr kluge Kinder seid, die mit Zuversicht in die Zukunft gehen können. Die Erinnerung an euer gemeinsames forschendes Lernen wird euch auch als Erwachsene Lust machen, Fragende zu bleiben und in der Gemeinschaft Neues aufzunehmen und zu durchdenken.

Diese Bedingungen bewirken, dass ihr euch zutraut, die Gegenwart und Zukunft mitzugestalten, so wie kluge Menschen mit ihren Entscheidungen dazu beigetragen haben, dass eure Gegenwart gestaltet ist.

Und solltet ihr etwas in diesem Brief nicht verstanden haben, dann findet ihr bestimmt einen Erwachsenen, den ihr fragen könnt. Lasst euch aber nicht zu viel Zeit damit, sondern fordert uns Erwachsene immer wieder heraus, denn wir wissen immer noch nicht genug über euch.

Das möchte ich euch alles wünschen, liebe Emma, lieber Moritz, euch und euren Mitlernenden.

Anmerkungen

Kapitel 2

1. Karl-Ernst Jeismann: Geschichtsbewußtsein – Theorie. In: Klaus Bergmann u.a. (Hrsg.): Handbuch der Geschichtsdidaktik. 4. Auflage, Seelze-Velber 1992, S. 40.
2. Vgl. Hans-Jürgen Pandel: Geschichtlichkeit und Gesellschaftlichkeit im Geschichtsbewusstsein. In: Bodo von Borries u.a. (Hrsg.): Geschichtsbewußtsein empirisch. Pfaffenweiler 1991, S. 2; vgl. zu den qualitativen Studien zum Geschichtsbewusstsein von Kindern: Renate El Darwich: Zur Genese von Kategorien des Geschichtsbewußtseins bei Kindern im Alter von 5 bis 14 Jahren. In: ebd., S. 24–52.
3. Vgl. Kerstin Michalik: Historisches Lernen im Sachunterricht – Neue Perspektiven für einen traditionellen Aufgabenbereich. In: dies. (Hrsg.): Geschichtsbezogenes Lernen im Sachunterricht. Bad Heilbrunn 2004, S. 18.
4. Die Kategorie Geschlechtsbewusstsein wurde von Bergmann hinzugefügt, vgl. Klaus Bergmann: „Papa, erklär´ mir doch mal, wozu dient eigentlich die Geschichte?" Frühes historisches Lernen in Grundschule und Sekundarstufe I. In: Klaus Bergmann/Rita Rohrbach (Hrsg): Kinder entdecken Geschichte. Theorie und Praxis historischen Lernens in der Grundschule und im frühen Geschichtsunterricht. 2. Aufl., Schwalbach 2005, S. 23.
5. Gesellschaft für Didaktik des Sachunterrichts (GDSU): Perspektivrahmen Sachunterricht. Bad Heilbrunn 2002, S. 21.
6. Niedersächsisches Kultusministerium (Hrsg.): Kerncurriculum für das Unterrichtsfach Sachunterricht. Hannover 2006, S. 10.
7. Daniel Schacter, zit. nach: Jörg Blech: Die Sprache des Gehirns. In: Der Spiegel 14/2008, S. 141.
8. Odo Marquard: Zukunft braucht Herkunft. Philosophische Essays. Stuttgart 2003, S. 240 f.
9. Ebd., S. 238 f.
10. Fragen und Schülerzitate aus Babett Kurzius: Untersuchungen zum Geschichtsbewusstsein im Grundschulalltag heute. Unveröffentlichte Hausarbeit im Rahmen der Ersten Staatsprüfung für das Lehramt an Grundschulen, Gießen 2004.
11. Im Bereich des Heimatortes beobachteten 70 % der Zweitklässler Veränderungen, im Bereich der Familie 40 % und im Bereich der Schule 90 %. Ähnlich waren die Ergebnisse aus der dritten und vierten Stufe.
12. Zitate aus: Friederike Rinn: Geschichtsbewusstsein von Kindern im Vorschulalter. Unveröffentlichte Hausarbeit im Rahmen der Ersten Staatsprüfung für das Lehramt an Grundschulen, Gießen 2006.
13. Sebastian Gerlach: Die Dimension der Geschichtlichkeit bei Kindern im Grundschulalter. Unveröffentlichte Hausarbeit im Rahmen der Ersten Staatsprüfung für das Lehramt an Grundschulen, Gießen 2008.
14. Kinderzitate aus Gerlach 2008.
15. Vgl. Michael Sauer: Geschichte unterrichten. 5. aktual. u. erw. Aufl., Seelze 2006, S. 29 f.; Vgl. Hilke Günther-Arndt/Michael Sauer: Empirische Forschung in der Geschichtsdidaktik. In: dies. (Hrsg.): Geschichtsdidaktik empirisch. Untersuchungen zum historischen Denken und Lernen. Berlin 2006, S. 7 ff.
16. Vgl. El Darwich 1991, S. 32 ff.
17. Kinderzitate aus: Christina Wolf: Elisabeth von Thüringen – Ein geeignetes Thema für den Gesamtunterricht der Grundschule? Unveröffentlichte Hausarbeit im Rahmen der Ersten Staatsprüfung für das Lehramt an Grundschulen. Gießen 2009.

18 Kurzius 2004.
19 Wiederholungen von Studien werden allgemein als sinnvoll angesehen, so Schmeinck und Kosack, vgl. dazu Daniela Schmeinck/Walter Kosack: Wie Kinder die Welt sehen – Forschungen zu Lernvoraussetzungen von Grundschulkindern. In: Diethard Cech u. a. (Hrsg.): Bildungswert des Sachunterrichts. Bad Heilbrunn 2006, S. 194.
20 Kinderzitate aus Kurzius 2004.
21 Der Begriff „Geschichte selber denken" wurde geprägt von Klaus Bergmann: Multiperspektivität. Geschichte selber denken. Schwalbach 2000.

Kapitel 3

1 Vgl. hierzu die Lehrpläne der Bundesländer, besonders: Hessisches Kultusministerium/Hessisches Sozialministerium (Hrsg.): Bildung von Anfang an. Bildungs- und Erziehungsplan für Kinder von 0 bis 10 Jahren in Hessen. Wiesbaden 2007, S. 82 f.; Niedersächsisches Kultusministerium (Hrsg.): Kerncurriculum für das Unterrichtsfach Sachunterricht. Hannover 2006, S. 10 ff.; Kultusministerium Bremen (Hrsg.): Bildungsplan Sachunterricht Primarstufe. Bremen 2007, S. 26 f.
2 Vgl. Jean Piaget: Die Bildung des Zeitbegriffs im Kinde. Baden-Baden 1974; vgl. zum Zeitbewusstsein die weiteren empirischen Untersuchungen mit unterschiedlichen Ergebnissen im Überblick von Markus Kübler: Die Entwicklung von Zeitbewusstsein bei Grundschulkindern – Werkstattbericht einer empirischen Untersuchung. In: Roland Lauterbach u. a. (Hrsg.): Kompetenzerwerb im Sachunterricht fördern und erfassen. Bad Heilbrunn 2007, S. 69–80.
3 Hans-Jürgen Pandel definiert das Gelingen einer erzählten Geschichte (Narratio) als die Fähigkeit, zwei differente Ereignisse sinnbildend zu verbinden: Hans-Jürgen Pandel: Erzählen. In: Ulrich Mayer u.a. (Hrsg.): Handbuch Methoden im Geschichtsunterricht. Schwalbach 2004, S. 408–424.
4 Bild und Kinderzitate aus: Rinn 2006, S. 52.
5 Vgl. dazu auch Jocelyn Létourneau: Die Selbst-Erzählung. Geschichtsbewusstsein und narrative Identität beim Kleinkind: Argumentationsversuche und Deutungshypothesen. In: Jörn Rüsen (Hrsg.): Geschichtsbewusstsein. Psychologische Grundlagen, Entwicklungskonzepte, empirische Befunde. Köln 2001, S. 177–238.
6 Zit. nach: Rinn 2006.
7 Zit. nach: Gerlach 2008.
8 Zit. nach: Gerlach 2008.
9 Joan Blyth: History 5 to 9. London 1988, S. 2.
10 Vgl. Jan Assmann: Das kulturelle Gedächtnis. 4. Aufl., München 2002, S. 53 f. Das „kommunikative Gedächtnis" entsteht nach Assmann im Spracherwerb und in der Alltagskommunikation, man könnte es als Alltagsgedächtnis bezeichnen. Assmann unterscheidet daneben das „kulturelle Gedächtnis" als das institutionalisierte Erinnern, eine Art Festtagsgedächtnis.
11 Harald Welzer: Das kommunikative Gedächtnis. Eine Theorie der Erinnerung. München 2002, S. 162 u. S. 16.
12 Kästner 2006, S. 17.
13 In England ist es üblich, dass Erwachsene mit den Kindern die Vergangenheit „aufsuchen" und gemeinsam Zeitleisten, ein Buch über das Kind oder die Familie anlegen, vgl. Blyth 1988, S. 37; Donata Elschenbroich: Weltwissen der Siebenjährigen. Wie Kinder die Welt entdecken können. München 2001, S. 159.
14 Vgl. Frieder Harz: Kinder & Religion. Was Erwachsene wissen sollten. Seelze-Velber 2006, S. 120.
15 Vgl. Klaus Jonas u.a. (Hrsg.): Sozialpsychologie. 5. Auflage, Heidelberg 2007, S. 510.
16 Vgl. Dirk Menzel: Der Beitrag des Sachunterrichts zur moralischen Bildung. In: Cech u.a. (Hrsg.) 2006, S. 88.

17 Vadim Oswalt: Historisches Lernen zwischen Heterogenität und Standardisierung. In: Carl-Peter Buschkühle u.a. (Hrsg.): Bildung zwischen Standardisierung und Heterogenität. Wiesbaden 2009, S. 167.
18 Literaturhilfen zum Islam für Erwachsene und Kinder:
Der Koran für Kinder und Erwachsene übersetzt und erläutert von Lamya Kaddor und Rabeya Müller. München 2008.
Karin Schmidl: Islam. Paul und die Weltreligionen. München 2008.
Cornelia Panzacchi: Islam. Hildesheim 2007.
Bundeszentrale für politische Bildung (Hrsg.): Islam. Politische Bildung und interreligiöses Lernen. (Unveränderter Nachdruck) Bonn 2006 (Material für Klassen 3 bis 13).
Ulrich Janßen/Ulla Steuernagel: Die Kinder-Uni: Warum beten Muslime auf Teppichen? München 2006.
Hanna Schott: Kosmos-Uni für Kinder. Der Islam. Stuttgart 2005.
Nicola Barber: Altes Arabien und die islamische Welt. Nürnberg 2003.
Friedemann Bedürftig: Islam. Geschichte und Gegenwart. Köln 2003.
19 Konkrete Unterrichtsideen zum Chanukka-Fest siehe Barbara Bösch: Jüdische Geschichte und Kultur in Brandenburg. Potsdam 2009, S. 73 ff.
20 Vgl. weitere Informationen und Unterrichtsideen in: Nurgül Altuntas/Henning Unglaube: Verschiedene Religionen: Ausdruck kultureller Differenz? In: Grundschule Sachunterricht 34/2007, S. 20–25.
21 Christina Ehlers: Durch die Vergangenheit in die Zukunft. Frankfurt 1989.
22 Rudolf Schmitt: Zeitbewusstsein und Persönlichkeitsentwicklung des Kindes. In: Die Grundschulzeitschrift, Sammelband Sachunterricht. Zeit und Geschichte. Seelze 1998, S. 20.
23 Horst Schaub hat viele dieser Medien beschrieben: Zeit und Geschichte erleben. Berlin 2002.
24 Vgl. Waltraud Holl-Giese: Mit Grundschulkindern die Einschulungsgeschichte rekonstruieren. In: Sache Wort Zahl 31/2003, S. 11–16.
25 Zeitrolle von Lena Bender, der ich für die Überlassung danke. Foto: Rita Rohrbach und Boris Barwinek.
26 Zeitleiste von Christina Wolf, der ich für die Überlassung danke.
27 Zum Beispiel in der Form eines Zollstocks „Metermorphosen: 2000 Jahre. Geschichte am laufenden Meter" (in vielen Museumsshops und in Buchläden).
28 Nicole Wegmann, Lehrerin und Schulleiterin an der Franz-Leuninger-Schule in Mengerskirchen, hat mit ihrer vierten Klasse zum Thema Nationalsozialismus gearbeitet und eine Spurensuche zum Widerstandkämpfer Franz Leuninger gemacht, mit historischen Interviews und Projektpräsentation.
29 Siehe das Ergebnis einer englischen Studie zur Merkfähigkeit von 7- bis 10-jährigen Kindern, vgl. dazu Helmut Beilner: Empirische Forschung in der Geschichtsdidaktik. In: GWU 5/6/2003, S. 293.
30 Vgl. Helmut Sprang: Geschichte ordnen im Geschichtsschrank. In: Bergmann/Rohrbach (Hrsg.) 2005, S. 117–122.
31 Siehe auch: Als unsere Erde geboren wurde. In: Tu was! … im Dezember 12/1993, S. 28–29.
32 Zeitleiste von Melanie Berthold, der ich für die Überlassung danke.
33 Vgl. Kerstin Michalik: Arbeit mit historischen Quellen. In: Dietmar von Reeken (Hrsg.): Handbuch Methoden im Sachunterricht, Hohengehren 2003, S. 223 ff.

Kapitel 4

1 Leseempfehlung zum Thema Kelten, zum Beispiel das Kinder- und Jugendbuch von Gabriele Beyerlein: Gabriele Beyerlein erzählt von den Keltenfürsten. Hamburg 1995.
Beyerlein hat auch die Bücher „Gabriele Beyerlein erzählt von den Steinzeitjägern" und „Gabriele Beyerlein erzählt vom Mittelalter" geschrieben, beide Bücher sind sehr zu empfehlen. Beyerleins Bücher zeichnen sich durch genaue Recherchen und Beschreibungen der Vergangenheit aus. Die

Autorin erhielt 2008 den Heinrich-Wolgast-Preis der GEW für Jugendliteratur zur Arbeitswelt.
2. Vgl. zu diesen Themen die Rahmenpläne aus Niedersachsen (2006) und Bremen (2007). Ein sehr frühes Beispiel für eine Auseinandersetzung mit dem Thema Nationalsozialismus ist die Unterrichtseinheit „Kinder mit dem gelben Stern". In: Gertrud Beck/Wilfried Soll (Hrsg.): Das neue Sach- und Machbuch. 4. Ausgabe für Hessen und Rheinland-Pfalz. Berlin 1996, S. 70–73.
3. Bergmann 2005, S. 13.
4. Vgl. zu Identifikationsmöglichkeiten von Mädchen Silvia Bovenschen, Autorin von „Älter werden" (2007), die in einem Interview fragt: „Wer identifiziert sich denn als Mädchen mit dieser faden Schwester von Winnetou?" In: Johanna Adorján: Nichts gegen Zorn und Grimm. Die Literaturwissenschaftlerin Silvia Bovenschen über geliebte Gegenstände, weibliches Aufbegehren und Texte ohne Fußnoten. In: Frankfurter Allgemeine Sonntagszeitung, Nr. 14, 6.4.2008, S. 27.
5. Vgl. die Aussagen der Playmobil-Chefin Andrea Sauer in: „Mini-Welten". Ein Kinderzeitgespräch. In: Die Zeit, Nr. 35, 21.8.2008, S. 39: „Die ersten Figuren waren ein Ritter, ein Bauarbeiter und ein Indianer – also eher Figuren für Jungs. Aber mittlerweile wird Playmobil auch für Mädchen interessant. Dazu habe ich als Chefin wohl auch beigetragen. Ich habe mich zum Beispiel für die Feenwelt eingesetzt. Aber die Mädchen wollen nicht nur Feen und Prinzessinnen. So kam der Wunsch nach einem kompletten Krankenhaus vor allem für Mädchen."
6. Vgl. Carlos Kölbl u.a.: Die Bedeutung der Lesekompetenz für Sachfächer. In: Psychologie in Erziehung und Unterricht 53/2006, S. 208 f.
7. Ich danke der Lehrerin Clara Marie Giesen für die Umfrage.
8. Vgl. dazu die Ausführungen von Hilke Günther-Arndt über Studien mit Schülerinnen und Schülern: Historisches Lernen und Wissenserwerb. In: Dies. (Hrsg.): Geschichtsdidaktik. Berlin 2003, S. 23.
9. Vgl. Ingrid Paus-Hasebrink: Mediensozialisation von Kindern aus sozial benachteiligten Familien. In: Aus Politik und Zeitgeschichte 17/2009, S. 20–24.
10. Flimmo, Programmberatung für Eltern e.V., Bayerische Landeszentrale für neue Medien, Heinrich-Lübke-Straße 27, 81737 München, Tel. 089/63808-280.
11. Mehr Informationen über die Filme unter *www.bibliothek-der-sachgeschichten.de* (Zugriff: 15.9.2009).
12. *http://www.blindekuh.de/* (Zugriff: 12.5.2008).
13. *http://www.gbiu.de/Hamsterkiste/Sachunterricht/Altamira/altamira.html* (Zugriff: 13.5.2008).
14. *http://www.blinde-kuh.de/bksearch.cgi?rank=small&query=Mittelalter* (Zugriff: 11.5.2008).
15. *http://www.tivi.de/fernsehen/wickie/start/index.html* (Zugriff: 11.5.2008).

Kapitel 5

1. Meyers Lexikonverlag (Hrsg.): Die Geschichte einer Straße. Eine Reise durch die Jahrtausende. Mannheim 1999.
2. Julia Lütgert-Becker/Renate Mann: Himmelsauge. Seelze 2004; dazu die Unterrichtsideen: „Für die anderen sind wir anders". Ein Projekt zum Kennenlernen der indianischen Kultur der Plains- und Prärieindianer. In: Die Grundschulzeitschrift 175/176/2004, S. 22–49.
3. Malbuch Ritterburg. Reihe Wieso, Weshalb, Warum. Ravensburg 2003; Imke Rudel: Ritter. Reihe EMiL Mal- und Mitmachbuch, Hamburg 2006.
4. Die Ritterburg. Reihe Meyers kleine Kinderbibliothek. Mannheim 2006.
Das Mittelalter. Reihe Alltagsleben damals. Tessloff, Nürnberg 2005.
5. Christa Holtei: Die Schatulle des Pharao. München 2008, Reihe Tigerauge. Für Kinder ab neun Jahren; Natalie Pope Boyce, Mary Pope Osborne: Mit Anne und Phillipp bei den Römern. Bindlach 2007, Reihe „Das magische Baumhaus". Für Kinder ab sechs Jahren;

Fabian Lenk: Falsches Spiel in der Arena. Ein Ratekrimi aus dem alten Rom. Bindlach 2002, Reihe „Tatort Geschichte". Für Kinder ab sechs Jahren; Franjo Terhart: Das Geheimnis der Amphore. Ein Mitratekrimi aus dem Alten Rom. München 2006, Reihe „Erzählte Geschichte. Geschichte erleben". Für Kinder ab acht Jahren.

6 Monika Rox-Helmer betont, dass historische Bücher unter anderem auch danach beurteilt werden sollten, ob sie eine „Brücke zur Freizeitlektüre" und „Lesegenuss" bieten, vgl. Monika Rox-Helmer: Jugendbücher im Geschichtsunterricht. Schwalbach 2006, S. 49 ff.

7 Vgl. Rolf Schörken: Das Aufbrechen narrativer Harmonie. Für eine Erneuerung des Erzählens mit Augenmaß. In: GWU 48/1997, S. 727 ff.

8 David Macaulay: Sie bauten eine Kathedrale. München, 18. Aufl. 1999, S. 5.

9 Gerard Coulon: Das Leben der Kinder im alten Rom. Reihe Weltgeschichte für junge Leser. München 2006.

10 Jaques le Goff: Das Mittelalter für Kinder erzählt von Jaques le Goff. München 2007.

11 Ich benutze den Begriff „Holocaust", wie er im Bereich Erziehung, Lehre und mediale Vermittlung eingeführt ist.

12 Willi Fährmann: Der überaus starke Willibald. Würzburg 1994.

13 Judith S. Kestenberg: Als eure Großeltern jung waren. Hamburg 1993.

Kapitel 6

1 Elschenbroich 2001, S. 41.

2 Mehr dazu aus dem schulischen Lernen vgl. Günther-Arndt 2003, S. 39 ff.

3 Martina Langer-Plän/Helmut Beilner: Zum Problem historischer Begriffsbildung. In: Hilke Günther-Arndt/Michael Sauer (Hrsg.): Geschichtsdidaktik empirisch. Untersuchungen zum historischen Denken und Lernen. Berlin 2006, S. 222.

4 Vgl. dazu das Beispiel von Schülerwissen zum Thema Indianer. In: Mechthild Dehn: Kinder & Lesen und Schreiben. Was Erwachsene wissen sollten. Seelze-Velber 2007, S. 118 ff.
Auch Mechthild Dehn geht davon aus, dass es zu Anfang einer Unterrichtserarbeitung wichtig ist, das unterschiedliche Wissen der Kinder zu thematisieren sowie die Kinder mit Expertenwissen einzubinden, aber auch herauszufordern.

5 Vgl. dazu Rainer Krieger: Mehr Möglichkeiten als Grenzen – Anmerkungen eines Psychologen. In: Bergmann/Rohrbach (Hrsg.) 2005, S. 45 f.

6 Hilke Günther-Arndt bezeichnet „conceptual change" als eines der zentralen Probleme des Wissenserwerbs. Vgl. Hilke Günther-Arndt: Conceptual Change-Forschung: Eine Aufgabe für die Geschichtsdidaktik? In: Günther-Arndt/Sauer (Hrsg.) 2006, S. 254.

7 Mehr Kinderaussagen von 140 Grundschülern in Rita Rohrbach: Nationalsozialismus als Thema im frühen Historischen Lernen – Erfahrungen und Unterrichtsmaterialien. In: Bergmann/Rohrbach (Hrsg.) 2005, S. 316 ff.

8 Vgl. Bodo von Borries: Das Geschichtsbewußtsein Jugendlicher. Eine repräsentative Untersuchung über Vergangenheitsdeutungen, Gegenwartswahrnehmungen und Zukunftserwartungen von Schülerinnen und Schülern in Ost- und Westdeutschland. Weinheim und München 1995.

Kapitel 7

1 Deutschland war nach Kriegsende aus der FIFA ausgeschlossen worden und es wurde in Oberligen Nord, Süd, Südwest und West gespielt. 1950 wurde der DFB neu gegründet. Das Saarland und die DDR waren eigene Mitglieder in der FIFA.
2 Informationen zu Fußball, Nation und Geschichte unter *http://www.bpb.de/methodik/EJVTHF* (Zugriff: 25.6.2008).
3 Donald A. Polkinghorne: Narrative Psychologie und Geschichtsbewusstsein. In: Jürgen Straub (Hrsg.): Erzählung, Identität und historisches Bewusstsein. Frankfurt/M. 1998, S. 24.
4 Unterrichtsgespräch zitiert nach Marcel Klaus Bisdorf: Auf den Spuren des Freiherr vom Stein. In: Bundeszentrale für politische Bildung (Hrsg.): Demokratie verstehen lernen. Elf Bausteine zur politischen Bildung in der Grundschule, Bonn 2008, S. 161.
5 Vgl. ebd., S. 151–161.
6 Hessisches Kultusministerium: Lehrplan Geschichte. Bildungsgang Realschule, Jahrgangsstufen 5-10. Wiesbaden, S. 3 f. *http://www.kultusministerium.hessen.de/irj/HKM_Internet?uid=ab43019a-8cc6-1811-f3ef-ef91921321b2* (Zugriff: 12.12.2008).
7 Vgl. Hilke Günther-Arndt/Michael Sauer: Empirische Forschungen in der Geschichtsdidaktik. Fragestellungen – Methoden – Erträge. In: Dies. (Hrsg.) 2006, S. 10 f.; vgl. Jürgen Straub: Geschichte erzählen, Geschichte bilden. Grundzüge einer narrativen Psychologie historischer Sinnbildung. In: Straub (Hrsg.) 1998, S. 81–169; vgl. auch Elfriede Billmann-Mahecha: Empirisch-psychologische Zugänge zum Geschichtsbewusstsein von Kindern. In: ebd., S. 290 f., Elfriede Billmann-Mahecha stellt fest, dass Kinder versuchen, historische Sachverhalte mit den ihnen vertrauten Abenteuergeschichten zu verbinden und auf diese Art und Weise Geschichte zu verstehen.
8 Misskonzepte werden in der Literatur auch Fehlkonzepte, misconceptions, naive Theorien, intuitive Theorien, Umgangswissen und vorunterrichtliche Vorstellungen genannt, wobei, je nach Schwerpunktsetzung und Fächern, zum Teil keine genauen Unterscheidungen in der Begrifflichkeit vorgenommen werden.
9 Axel Hacke/Michael Sowa: Der Weiße Neger Wumbaba. Kleines Handbuch des Verhörens. München 2004, S. 11 f.
10 Befragung im Rahmen einer Seminarveranstaltung an der Justus-Liebig-Universität, Didaktik der Geschichte, Wintersemester 2008/09, durch Dr. Hans-Jörg Wilhelm.
11 Die Postbank hat einen kostenlosen Planer mit Museumstipps herausgegeben: Deutsche Post AG (Hrsg.): Mach was! Planer Geschichte. Bonn 2008.
12 Karl-Ernst Jeismann: Geschichte und Bildung. Beiträge zur Geschichtsdidaktik und zur Historischen Bildungsforschung. Paderborn 2000, S. 78.
13 Befragung im Rahmen einer Seminarveranstaltung an der Justus-Liebig-Universität Gießen, Wintersemester 2008/09.
14 Walter Köhnlein: Leitbild: Verstehen im Sachunterricht. In: Maria Fölling-Albers u.a. (Hrsg.): Jahrbuch Grundschule III, Seelze 2001, S. 103.
15 Vgl. Bodo von Borries: Alters- und Schulstufendifferenzierung. In: Mayer u.a. (Hrsg.) 2004, S. 116 f.
16 Zu den gelungensten Bilderbüchern zu Elisabeth von Thüringen gehört: Philipp und Caroline von Ketteler: Der Ring der Elisabeth. Elisabeth von Thüringen. Ihr Leben für Kinder erzählt. Münster 2007. In diesem Buch wird nicht verklärt, dass Elisabeth ihre Kinder weggab, sondern den jungen Leserinnen und Lesern erklärt.
17 Vgl. Thüringer Kultusministerium (Hrsg.): Lehrplan für die Grundschule und für die Förderschule mit dem Bildungsgang der Grundschule. Erfurt 1999, S. 221.

Kapitel 8

1. Bettina von Arnim, zit. nach Jeismann 2000, S. 87.
2. Vgl. ebd., S. 91; vgl. Klaus Bergmann: Geschichtsdidaktik. Schwalbach 1998, S. 270–280.
3. Vgl. hierzu auch die Forschungsansätze und -ergebnisse von Michael Gebauer: Ich und die Welt verknüpfen. Lebenswelt, Identitätskonstruktion und Kompetenzerwerb im Sachunterricht. In: Hartmut Giest/Jutta Wiesemann (Hrsg.): Kind und Wissenschaft. Bad Heilbrunn 2008, S. 59–68; Claudia Schomaker/Ruth Stockmann: Einstein, Newton, Merian – Studierende begegnen Wissenschaft. In: ebd., S. 277–290.
4. Detlef Pech plädiert zum Beispiel für ein Lernen an Biografien, auch zum Holocaust, da Biografien die Komplexität historischen Geschehens fokussieren können, vgl. Detlef Pech: unfassbar (,) ungeklärt. In: *www.widerstreit-sachunterricht.de*, 3. Beiheft 2006, S. 58.
5. Seyran Ates in einem Interview mit Canan Topcu, Redakteurin Frankfurter Rundschau, zit. nach „… und eine andere Vorstellung von Fürsorge". In: Erziehung und Wissenschaft 3/2008, S. 11.
6. Unterrichtsmaterial zu Merian. In: Rita Rohrbach: Eine bemerkenswerte Frau. Nachdenken über Maria Sibylla Merian. In: Bergmann/Rohrbach (Hrsg.) 2005, S. 255–268;
Materialien zu Merian, Liebig, Hildegard von Bingen, Gutenberg und den Geschwistern Scholl in: Rita Rohrbach: Kinder entdecken bedeutende Menschen in ihrer Zeit. Geschichte im Unterricht der Grundschule ab Klasse 3. Donauwörth 2007.
7. Zit. nach Richard Blunck: Justus von Liebig. Berlin 1983, S. 11 f.
8. Peter Härtling: Hölderlin. Frankfurt/Main, Wien, Zürich 1978, S. 24.
9. Vgl. Beate Sodian: Entwicklung des Denkens im Alter von vier bis acht Jahren – was entwickelt sich? In: Titus Guldimann/Bernhard Hauser (Hrsg.): Bildung 4- bis 8-jähriger Kinder. Münster 2005, S. 11.

Kapitel 9

1. Zur Notwendigkeit, von den Erfahrungen und Fragen der Kinder auszugehen und Schülerinnen und Schüler selbst ermitteln zu lassen und sie nicht zu belehren: Klaus Bergmann 2000; Klaus Bergmann/Rita Rohrbach: Chance Geschichtsunterricht. Schwalbach 2005.
2. Zuerst beschrieben in Rita Rohrbach: Lernen im Geschichtsraum – Ein Überblick über Lehr- und Lernwege zu Beginn des Historischen Lernens. In: Bergmann/Rohrbach (Hrsg.) 2005, S. 71–116.
3. Erklärungen zu diesen Unterrichtsformen: Zum erfahrungsbezogenen Unterricht vgl. Hilbert Meyer: Unterrichtsmethoden. Frankfurt/M. 1988, S. 198 ff.; zum situierten Unterricht vgl. Andreas Hartinger und Dženana Mörtl-Hafizović: Lehren und Lernen in situierten Lernbedingungen. In: von Reeken (Hrsg.) 2003, S. 254–255; zum Lernen in Projekten vgl. Ludwig Duncker: Projekte im Sachunterricht. In: Ludwig Duncker/Walter Popp (Hrsg.): Kind und Sache. Zur pädagogischen Grundlegung des Sachunterrichts. München 1994, S. 145–160; zur konstruktivistischen Lerntheorie vgl. Kersten Reich: Konstruktivistische Didaktik. Weinheim 2006.
4. Mehr zu anregungsreicher Lernumgebung und Lernbegleitung vgl. Dagmar Kasüschke: Die Welterkundung junger Kinder aus frühpädagogischer Perspektive – Herausforderungen an eine Elementardidaktik. In: Roland Lauterbach u.a. (Hrsg.): Lernen und kindliche Entwicklung. Elementarbildung und Sachunterricht. Bad Heilbrunn 2009, S. 57–68.
5. Vgl. ebd., 2009, S. 66.
6. Zur eigenen Sprache vgl. Hans-Günter Lerch: Tschü lowi. Das Manische in Gießen. Gießen 1992.
7. Bodo von Borries 2004, S. 121.
8. Manfred Spitzer behauptet, dass ein guter Lehrer vor allem eines können sollte, nämlich gute Geschichten über sein Fach zu erzählen. Vgl. Manfred Spitzer: Lernen. Gehirnforschung und die Schule des Lebens. Heidelberg 2006, S. 194.

9   Kasüschke 2009, S. 61.
10 Bundesministerium für Bildung und Forschung (Hrsg.): Impuls für Aufstieg und Bildung. Ausgabe 2008/09, Bonn/Berlin 2008, S. 16.
11 Olaf Hartung plädiert dafür, die Adressiertheit an ein Publikum ernst zu nehmen und einen Ernstcharakter von Geschichtsschreibung durch Schülerinnen und Schüler zu ermöglichen. Vgl. Olaf Hartung: Geschichte – Schreiben – Lernen. Plädoyer für eine stärkere Schreiborientierung im Geschichtsunterricht. In: Zeitschrift für Geschichtsdidaktik 7/2008, S. 156–165.
12 Vgl. Anne Breuer u.a.: Zeit überbrücken, Zeit verlieren, Zeit verschwenden? – Zum Umgang mit Zeit in freien Lernsituationen. In: Margarete Götz u.a.: Zeit und Lernen. Zeitschrift für Grundschulforschung 1/2008, S. 47.
13 Vgl. Joachim Kahlert: Sachunterricht in der Grundschule. In: Fölling-Albers u.a. (Hrsg.) 2001, S. 78.
14 Vgl. zum Prinzip der Multiperspektivität die Einordnungen und Unterrichtsvorschläge für die Sekundarstufe in Bergmann 1998.

Kapitel 10

1   Hessisches Kultusministerium/Hessisches Sozialministerium 2007, S. 82 und 84.
2   Vgl. Bundesministerium für Bildung und Forschung (Hrsg.): Zur Entwicklung nationaler Bildungsstandards – Expertise. Bildungsforschung Band 1, Bonn/Berlin 2007, S. 97.
3   In allgemeinen Lehrplänen wird generell zwischen Sach-, Methoden-, Medien- und Sozialkompetenz unterschieden. In der Fachdidaktik Geschichte werden u.a. die folgenden Begriffe zur Kompetenzbeschreibung genutzt: Frage-, Methoden-, Medien-, Sach-, Präsentations-, Orientierungs-, Gattungs-, Interpretations-, Organisations-, Reflexions-, Urteils-, Rekonstruktions-, Dekonstruktionskompetenz, narrative Kompetenz und geschichtskulturelle Kompetenz.
    Sauer unterscheidet zwischen Sach-, Orientierungs- und Medien-Methoden-Kompetenz. Die Forschungsgruppe FUER differenziert zwischen den Teilkompetenzen Sachkompetenz, Historische Fragekompetenz, Orientierungskompetenz und Methodenkompetenzen als Re-Konstruktionskompetenz sowie De-Konstruktionskompetenz. Vgl. Andreas Körber: Die Dimensionen des Kompetenzmodells ‚Historisches Denken'. In: Andreas Körber u.a. (Hrsg.): Kompetenzen Historischen Denkens. Ein Strukturmodell als Beitrag zur Kompetenzorientierung in der Geschichtsdidaktik. Band 2, Neuried 2007, S. 89–154.
    Pandel unterscheidet zwischen Gattungskompetenz, Interpretationskompetenz, narrativer Kompetenz und geschichtskultureller Kompetenz. Vgl. Hans-Jürgen Pandel: Geschichtsunterricht nach PISA. Schwalbach 2005, S. 26 f.
4   Vgl. Sekretariat der Ständigen Konferenz der Kultusminister der Länder in der Bundesrepublik Deutschland (Hrsg.): Bildungsstandards der Kultusministerkonferenz. München/Neuwied 2005, S. 16 f.
5   Vgl. Detlef Pech: Damit das Ich nicht verloren geht. Biografie und Autobiografie im Kontext des Sachunterrichts. In: *www.widerstreit-sachunterricht.de*, Ausgabe 7/2006.
6   Vgl. zu diesem Begriff ebd., S. 6.
7   Sehr gute Unterrichtsideen und Hinweise zu diesem Bereich finden Lehrerinnen und Lehrer hier: Marco Adamina/Hans-Peter Wyssen: RaumZeit. Raumreise und Zeitreise. Hinweise für Lehrerinnen und Lehrer und Klassenmaterial ab 3. Schuljahr. Herausgegeben von der Kommission für Lehrplan- und Lehrmittelfragen der Erziehungsdirektion des Kantons Bern, Bern 2005.
8   Vgl. Vadim Oswalt: Raum. In: Mayer u.a. (Hrsg.): Wörterbuch der Geschichtsdidaktik. Schwalbach 2006, S. 149.
9   Vgl. zum heimatkundlichen Sachunterricht bzw. zur regionalen Erschließung die Beiträge in Leonhard Blumenstock (Hrsg.): Einführung in den heimatkundlichen Sachunterricht. Weinheim und Basel 2005.
10 Vgl. *www.geschichtswettbewerb.de*. (Zugriff: 15.9.2009)

11 Frieder Harz: Kinder & Religion. Was Erwachsene wissen sollten. Seelze-Velber 2006, S. 153.
12 Bild aus Marjane Satrapi: Persepolis. Eine Kindheit im Iran. Zürich 2000 und 2001, S. 7.
13 Vgl. die Studien von Waldis und Buff. Sie stellten nach einer Befragung Jugendlicher fest, dass im Lernbereich „Geschichte und Politik" solche Themen gewünscht wurden, die einen aktuellen Bezug hatten, wie zum Beispiel Wohlstand und Armut, Wandel der Familie, Migration und Zweiter Weltkrieg. Monika Waldis/Alex Buff: Die Sicht der Schülerinnen und Schüler – Unterrichtswahrnehmung und Interesse. In: Peter Gautschi u.a. (Hrsg.): Geschichtsunterricht heute. Eine empirische Analyse ausgewählter Aspekte. Bern 2007, S. 177–210.
14 Die „Großen Fragen", Krieg sowie Flucht und Arbeit, kann man den „Epochaltypischen Schlüsselproblemen" von Wolfgang Klafki zuordnen. Er definiert die Friedensfrage, die Umweltfrage, die Ich-du-Beziehung, die gesellschaftlich produzierte Ungleichheit und die Menschenrechte, die Technik- oder Medienfrage, vgl. Wolfgang Klafki: Neue Studien zur Bildungstheorie und Didaktik. Zeitgemäße Allgemeinbildung und kritisch-konstruktive Didaktik. 4. Aufl., Weinheim/Basel 1996.
15 Vgl. Detlef Pech/Markus Rauterberg: Umgangsweisen „von früh bis spät" – Skizze eines „Bildungsrahmens Sachlernen". In: Roland Lauterbach u.a. (Hrsg.) 2009, S. 97.
16 Astrid Kaiser: Menschenbildung in Katastrophenzeiten. Hohengehren 2007, S. 108.
17 Vgl. dazu das Dossier „Kinder sehen Krieg" der Bundeszentrale für politische Bildung, *http://www.bpb.de/themen/0Q500Q,0,0,Kinder_sehen_Krieg.html* (Zugriff: 10.7. 2008).
18 Detlef Pech betont die Verknüpfung von Lebensgeschichte und Ort im Thema Nationalsozialismus, sodass Kindern ein Zugang zur erlebten Ausgrenzung einer verfolgten Person ermöglicht wird, vgl. Detlef Pech: Lernen in Konfrontation mit dem Grauen? Zur Auseinandersetzung mit dem Holocaust in der Grundschule. In: Astrid Kaiser/Detlef Pech (Hrsg.): Die Welt als Ausgangspunkt des Sachunterrichts. Baltmannsweiler 2004, S. 145–151.
19 Vgl. die Unterrichtsmaterialien zu Bingen, Merian, Gutenberg, Liebig und den Geschwistern Scholl in: Rohrbach 2007.

Kapitel 11

1 Christa Wolf: Kassandra. 10. Auflage, Darmstadt/Neuwied 1983, S. 76.
2 Vgl. Dietmar von Reeken: Schimanski, ein Deutscher? In: Sache-Wort-Zahl 27/2000, S. 44.
3 „Wann der Krieg beginnt, das kann man wissen, aber wann beginnt der Vorkrieg. Falls es da Regeln gäbe, müsste man sie weitersagen. In Ton, in Stein eingraben, überliefern. Was stünde da. Es stünde, unter andern Sätzen: Laßt euch nicht von den Eignen täuschen." Wolf 1983, S. 76 f.
4 Alle Materialien sind einzusehen und zu erhalten unter *www.weltinderschule.uni-bremen.de*. Das Projekt lief früher unter dem Namen *Eine Welt in der Schule*.
5 *http://www.transfer-21.de/index.php?p=365* (Zugriff: 11.10.2008).
6 Vgl. dazu die Arbeitsmaterialien in Rita Rohrbach: Im Kaiserreich vor 100 Jahren. In: Grundschulunterricht 11/2003, Materialseiten 1-16.
7 Vgl. Susanne Popp: Geschichte der Arbeit. In: Waltraud Schreiber (Hrsg.): Erste Begegnungen mit Geschichte. Bd. 2, Neuried 1999, S. 1287–1321.
8 Zum kreativen Schreiben vgl. u.a. Josef Memminger: Schüler schreiben Geschichte. Kreatives Schreiben im Geschichtsunterricht zwischen Fiktionalität und Faktizität. Schwalbach 2007.
9 Vgl. zu Kenntnissen der Kinder über Krieg den Überblick von Dagmar Richter: Politische Kompetenzen im Sachunterricht fördern – zum Stand der Forschung. In: Roland Lauterbach u.a. (Hrsg.): Kompetenzerwerb im Sachunterricht fördern und erfassen. S. 59–67; vgl. das Dossier von Maya Götz: Kinder sehen Krieg. In: Bundeszentrale für politische Bildung (Hrsg.), Bonn 2005.

10 Vgl. Bayrischer Rundfunk, Kinderprogramm: Willi wills wissen. Wann ist Krieg und wann ist Frieden? München 2006; Fachhochschule Köln (Hrsg.): Kinder und Krieg. CD-Rom, Köln 2000; vgl. Kindernothilfe e.V. (Hrsg.): Kinder im Krieg, Unterrichtsmaterialien für den fächerübergreifenden Unterricht. Grundschule, Sekundarstufe 1, Düsseldorf 2005.

11 Konzeptuelles politisches Wissen als einen Beitrag zur Friedenserziehung im politischen Lernen fordern auch: Christiane Dettmar-Sander/Wolfgang Sander: Krieg und Frieden, Terror und politische Gewalt. In: Dagmar Richter (Hrsg.): Politische Bildung von Anfang an. Bonn 2007, S. 185–198; Thomas Goll/Eva-Maria Schauenberg: Krieg und Frieden. In: Bundeszentrale für politische Bildung (Hrsg.): Demokratie verstehen lernen. Elf Bausteine zur politischen Bildung in der Grundschule. Bonn 2008, S. 137–150.

12 Vgl. etwa ein problematisches Kinderbuch zum Nationalsozialismus (s. S. 68) und die vielen Personalisierungen in den Medien. Selbst in so einer sonst guten Jugendzeitschrift wie *Floh*, konzipiert für Kinder ab der fünften Klasse, steht eine Überschrift wie „Hitlers Opfer", vgl. Bayerischer Lehrer- und Lehrerinnenverband im Verband Bildung und Erziehung Berlin (Hrsg.): Floh 12/2005, S. 7. Auch die ausgezeichneten WDR-Filme *Oft bin ich bang …*, konzipiert für den Grundschulunterricht, tragen leider den Untertitel „Kindheit unter Hitler".

13 Vgl. Carlos Kölbl: Geschichtsbewußtsein im Jugendalter. Grundzüge einer Entwicklungspsychologie historischer Sinnbildung. Bielefeld 2004, S. 355.

14 Vgl. Klaus Wahl (Hrsg.): Fremdenfeindlichkeit, Antisemitismus, Rechtsradikalismus. Reihe Texte zur Inneren Sicherheit. Bundesministerium des Innern, Berlin 2001.

15 Bild aus Maya Götz: Wie deutsche Kinder den Irakkrieg sahen. In: Bundeszentrale für politische Bildung (Hrsg.): Kinder sehen Krieg. http://www.bpb.de/themen/G9NYXA,1,0,Wie_deutsche_Kinder_den_Irakkrieg_sahen.html#art1 (Zugriff: 1.9.2008).

16 Vgl. dazu die Beschreibung der Unterrichtseinheit zur Nachkriegszeit von Dieter Schödel, unter Mitarbeit von Jochen Huhn: Perspektivität im Unterricht der Grundschule. In: Bundeszentrale für politische Bildung (Hrsg.): Vergangenes sehen. Perspektivität im Prozeß historischen Lernens. Bonn 1995, S. 45–121.

17 Bild aus einem 3. Schuljahr

18 Karikatur aus: Christian Schulz: Erinnern und verschweigen. In: Bundeszentrale für politische Bildung (Hrsg.): Themenblätter im Unterricht 14/2002, Arbeitsblatt B.

19 Meik Zülsdorf-Kersting: Zwei Seiten einer Medaille – oder: Wie konstruieren Individuen Geschichte? In: Zeitschrift für Geschichtsdidaktik 2008, S. 191.

20 Vgl. Beck/Soll 1996.

21 Vgl. Rita Rohrbach: „Hitler tötete alle armen und ungehorsamen Leute". Ein Erfahrungsbericht über ein Projekt zum Mythos Hitler in der Grundschule. In: Geschichte lernen, 9/1996, S. 20–26; Dies.: Nationalsozialismus als Thema im frühen Historischen Lernen – Erfahrungen und Unterrichtsmaterialien. In: Bergmann/Rohrbach (Hrsg.) 2005, S. 298–366; Andrea Gernhöfer: Der Krieg – ein notwendiges Thema für den Sachunterricht. In: Kerstin Michalik (Hrsg.) 2004, S. 87–101; Andrea Becher: – eingesammelt – Ein Unterrichtsprojekt zum Lernen an Biographien im Sachunterricht der Grundschule. In: *www.widerstreit-sachunterricht.de*, Beiheft 3/2006, S. 17–34.

22 Vgl. die Diskussionen in Jürgen Moysich/Matthias Heyl (Hrsg.): Der Holocaust. Ein Thema für Kindergarten und Grundschule? Hamburg 1998; Heike Deckert-Peaceman: Holocaust als Thema für Grundschulkinder? Frankfurt/M. 2002; Dies.: „Warum gibt es immer noch Nazis". In: Kerstin Michalik (Hrsg.) 2004, S. 71–101; Detlef Pech u.a. (Hrsg.): Möglichkeiten und Relevanz der Auseinandersetzung mit dem Holocaust im Sachunterricht der Grundschule. In: *www.widerstreit-sachunterricht.de*, Beiheft 3/2006; Dietmar von Reeken: Holocaust und Nationalsozialismus als Thema in der Grundschule? Historisch-politisches Lernen im Sachunterricht. In: Dagmar Richter (Hrsg.): Politische Bildung von Anfang an. Demokratie-Lernen in der Grundschule. Bonn: Bundeszentrale für politische Bildung 2007, S. 199–214.

23 Eine Verschiebung der Diskussion vom Ob zum Wie konstatiert auch: Alexandra Flügel: „Kinder können das auch schon mal wissen ..." - Nationalsozialismus und Holocaust im Spiegel kindlicher Reflexion und Kommunikationsprozesse. Opladen 2008, S. 319.
24 Auf den Spuren der Familie Schaeffler in München-Solln. Ein zeitgeschichtlicher Beitrag der Klasse 4b der Reinhard-Wallbrecher-Schule zum Projekt *Pieces for peace* des St. Anna Schulverbundes im Schuljahr 2006/2007. Beispielseite S. 9.
25 Vgl. Shulamit Imber/Naama Shik-Eytan: Das pädagogische Konzept der Internationalen Schule für Holocaust-Studien in Yad Vashem. In: *http://www1.yadvashem.org/education/German/pedagogia.htm* (Zugriff: 8.1.2009).
26 Ich danke den Lehrerinnen Lena Bender und Elena Fabritius, die diese Zeitleiste erarbeiteten, für die Überlassung des Fotos.
27 Lisa Laurenz: Die Schlüsselrolle der Empathie. In: Funkkolleg Psychologie Nr. 12, S. 2. *http://www.hr-online.de/website/specials/wissen/index.jsp?key=standard_document_36172406&rubrik=40214* (Zugriff: 3.2.2009).
28 Birgit Häbe: Aussiedler – fremd in der Heimat. In: Eine Welt in der Schule 1/1995, S. 4–11.
29 Dietmar von Reeken 2000, S. 42–47.
30 Rita Rohrbach: Das Thema Migration als ein Beitrag der Geschichte zum Interkulturellen Lernen. In: Bergmann/Rohrbach (Hrsg.) 2005, S. 269–297; Dies.: Von Levi Strauss und anderen. In: Kerstin Michalik (Hrsg.) 2004, S. 105–122.
31 Waltraud Schreiber: Heimat verlieren – Heimat finden. Flucht, Vertreibung und Integration in der Folge des Zweiten Weltkrieges. In: Michalik (Hrsg.) 2004, S. 135–151.
32 Kerstin Michalik: Fremde in der Stadt – das Beispiel Hamburg. In: Grundschule 7–8/2004, S. 55–60; Theresa Nolte: So kam ich unter die Deutschen. In: Grundschule 6/2007, S. 36; Nurgül Altuntas/Henning Unglaube: Warum viele „Gastarbeiter" in die BRD kamen. In: Grundschule Sachunterricht 34/2007, S. 26-32.
Kinder- und Jugendbücher zum Thema u.a.: Karin Gündisch: Das Paradies liegt in Amerika. Weinheim/Basel 2000.; Sabine Skudlik/Kirsten Strassmann: Ich mag Fatma. Augsburg 1999.
33 Ergebnisse einer Unterrichtsdurchführung mit Studierenden der Didaktik der Geschichte (Justus-Liebig-Universität Gießen) in einer dritten Klasse an der Grundschule in Lollar, Wintersemester 2005 und 2006.
34 Vadim Oswalt: Europäische Geschichte im Unterricht einer Migrationsgesellschaft. Neue curriculare Akzente und die aktuellen Lehrpläne der Bundesländer. In: Bettina Alavi/Gerhard Henke-Bockschatz (Hrsg.): Migration und Fremdverstehen. Geschichtsunterricht in der multiethnischen Gesellschaft. Idstein 2004, S. 97 ff.
35 Jeismann 2000, S. 98.
36 Ich danke Ural Özaltin für die Erzählung seiner Familiengeschichte und für das Familienfoto.

Die Fotos stammen, soweit nicht anders angegeben, von der Autorin.

Was Erwachsene wissen sollten

Wer hat die Erde gemacht? Warum feiert man Weihnachten? Und wieso essen muslimische Kinder eigentlich kein Schweinefleisch? **Kinder & Religion** liefert Ihnen das nötige Wissen, um diese Fragen kindgerecht beantworten zu können. In jedem Kapitel finden Sie zahlreiche Ideen, wie Sie mit Kindern eine Begegnung mit der Religion gestalten und ihnen religiöse Inhalte veranschaulichen können. Das Buch macht Vorschläge, wie man im Gespräch mit den Kindern deren Vorstellungen von Gott aufgreifen und gemeinsam weiterentwickeln kann.

FRIEDER HARZ
Kinder & Religion
21,5 x 23 cm, 175 Seiten
ISBN 978-3-7800-5224-7, € 18,95

MECHTHILD DEHN
Kinder & Lesen und Schreiben
21,5 x 23 cm, 139 Seiten
ISBN 978-3-7800-5222-3, € 16,95

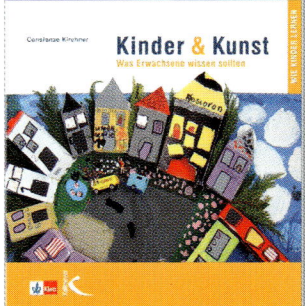

CONSTANZE KIRCHNER
Kinder & Kunst
21,5 x 23 cm, 160 Seiten
ISBN 978-3-7800-8028-8, € 24,95

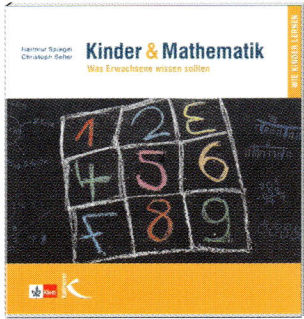

HARTMUT SPIEGEL | CHRISTOPH SELTER
Kinder & Mathematik
21,5 x 23 cm, 112 Seiten
ISBN 978-3-7800-5238-4, € 16,95

Alle Preise zzgl. Versandkosten, Stand 2010.

Telefon: 05 11 / 4 00 04 -150
Fax: 05 11 / 4 00 04 -170
leserservice@friedrich-verlag.de

Sie möchten gleich bestellen?
Unser Leserservice berät Sie gern!

www.klett-kallmeyer.de

Ein Plädoyer für mehr Musik in der Grundschule

BETTINA KÜNTZEL

Kinder & Musik

21,5 x 23 cm, ca. 128 Seiten

ISBN 978-3-7800-1054-4, ca. € 24,95

Erscheint im Frühjahr 2010!

Musik bietet Kindern einen schier unbegrenzten (Selbst-) Erfahrungs-, Handlungs- und Experimentierraum. Am musikalischen Handeln ist zugleich der motorische und psychische Entwicklungsstand ablesbar. Die Autorin zeigt, wie Kinder Musik und Klang erleben, sich musikalische Fertigkeiten aneignen und sich damit ausdrücken.

Praktische Hinweise, Unterrichtsbeispiele und Übungsmaterial unterstützen die Grundschullehrkräfte darin, Musik fächerübergreifend zu einem festen Bestandteil ihres Unterrichts zu machen.

Telefon: 05 11/4 00 04 -150
Fax: 05 11/4 00 04 -170
leserservice@friedrich-verlag.de

Sie möchten gleich bestellen?
Unser Leserservice berät Sie gern!

www.klett-kallmeyer.de